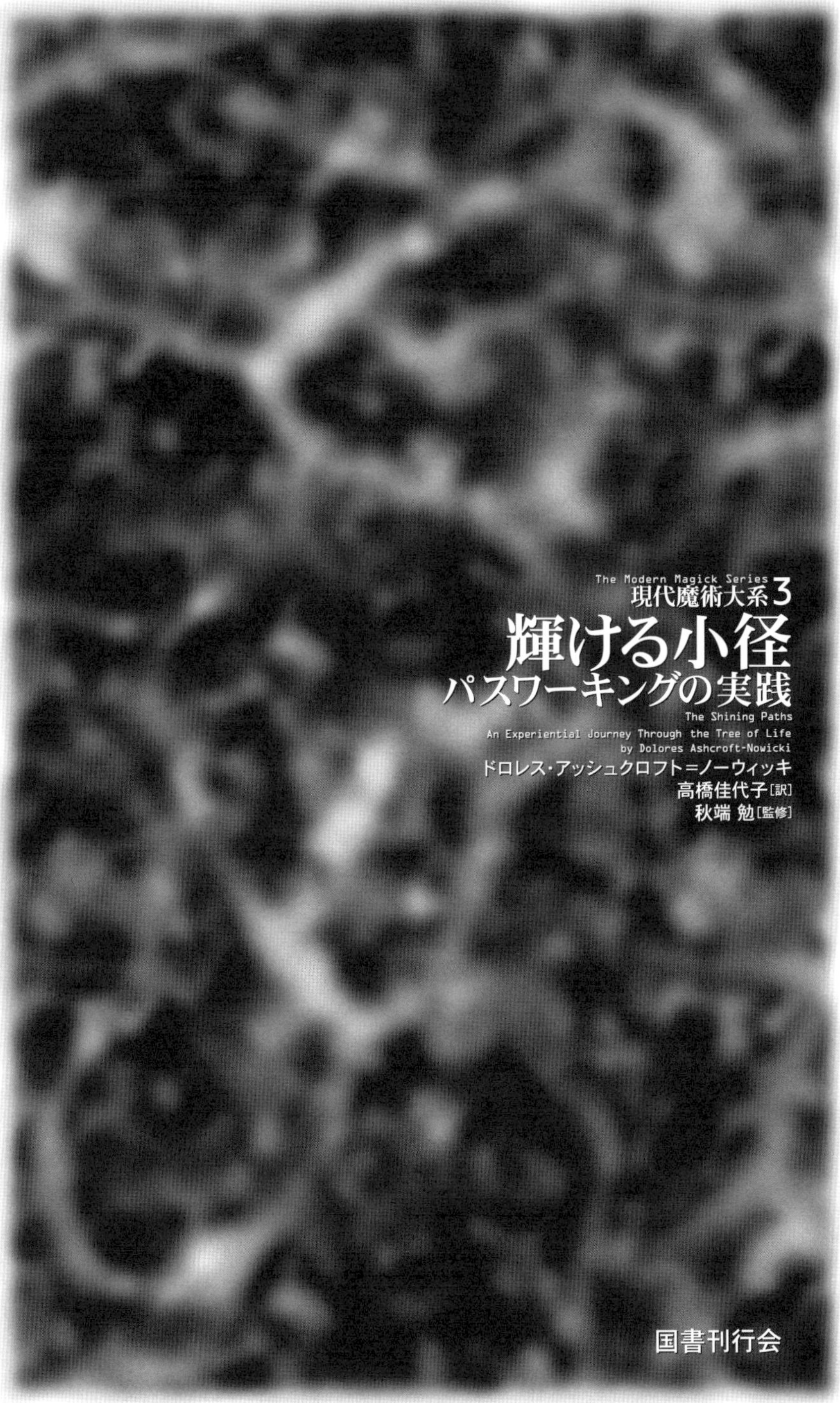

The Modern Magick Series
現代魔術大系3

輝ける小径
パスワーキングの実践

The Shining Paths
An Experiential Journey Through the Tree of Life
by Dolores Ashcroft-Nowicki

ドロレス・アッシュクロフト=ノーウィッキ
高橋佳代子［訳］
秋端 勉［監修］

国書刊行会

献辞

人生のいかなる旅路も、良き道連れと歩んでこそ意味があるのです。

本書はキャサリン・カーツと、ケイトリンとジョン・マッシューズ、こよなき三人の旅仲間に捧げます。

前書き

生命の木の活用法や象徴、属性などについての考え方は、使っている人の数だけあるでしょう。ですから本書に書かれているパスワーキングこそが唯一の正しいやり方だと思って欲しい、とはとてもいえません。本書の内容は、私が二十年ほどソロの魔術師として、また二、三人から二百人を超えるグループで作業してきたことの成果です。それだけが根拠になっています。効果があるのは、本書を執筆中に私が経験してきたことから保証できます。私はそのおかげで、本書を書き出したころの自分とはもはや違う人間になっていますから。

本書の最初の五章だけは少し異なる形ながら人前で実践したことがあります。残りは完全に書き下ろしで、他のどの作品にも依存していません。

小径と光球を描写するにあたって、私は教師として最もふさわしいと思う象徴や概念を用いています。その点で大胆な選択をしている場合もありますが、私はこの内容で良しとしています。ある程度の自制心さえあれば、こうした作業に馴染みのない初心者でも容易に実践できる内容になっています。

私はここに、巻末の対応表を使わせてくれたガレス・ナイトに感謝の意を記します。加えて、ナイト氏の二巻本 *A Practical Guide to Qabalistic Symbolism*＊を、本書を使うための基礎知識としてお勧めします。さらに、すべての小径を試して無傷で通り抜けてきた「謳われざる英雄たち」にも感謝の意を表します。そして最後に、私がうんざりするほど、原稿のスペルミスをことごとく指摘して、打ち直させてくれた息子のカールにも感謝しています。

ドロレス・アッシュクロフト＝ノーウィッキ

＊ 未邦訳、以降は『象徴ガイド』と略記。

始めに

本書は主に、生命の木やパスワーキングの技法などについてある程度の知識を持つ人に向けて書かれましたが、オカルトの研究を始めたばかりの学徒にとっても役に立つ情報源となることでしょう。本書に収録したパスワーキングはどれも周到に検証されていますし、そのためには上級者ばかりではなく、比較的初心者にも検証に参加してもらいました。その中には「光の侍従（ＳＯＬ）」の教育課程で学んでいた人もいれば、正式な修練を受けていない人もいました。ですから、初心者でもさほど案ずることなく取り組めるでしょう。

生命の木の「三十二の小径」について語る時は、実際に光球と光球を繋いでいる文字通りの「小径」が二十二しかないことを忘れてはいけません。残る十は、木そのものを構成する光球、もしくは流出です。それはいわば、影響力が溜まる池か貯蔵所として描写できるもので、それぞれの小径の起点と終点として機能します。光球は、そこに繋がる小径からの痕跡や木霊を集積するため、パスワーキングの際も重要になります。精巧に織り上げられた模様の木ですから、どの光球にも他の光球ばかりではなく、光球同士を結ぶ小径から取り込まれた影響力の欠片も含まれています。この影響力の相互作用こそが、「いかなる光球にも木あり」というカバラの教えの根底にあるものです。

このようなことから、光球を訓練場所として利用する人はかなり拡大した影響を受けることになります。そのため本書では、光球でのパスワーキングを「小径」ではなく「体験」として、異なった扱い方をしています。また、光球から光球へと渡る連絡線についても、「小径」以外に数多くの言葉を使って描写されます。時には「鍵」や「戸口」、場合によっては「レイライン」とさえ呼ばれることもあるのです。つまり精神の大地を横切って、発想や才能、技能など、金の鉱脈のように、通常意識の表面下に潜む豊かな資源を掘り出させてくれる小径となるわけです。

カバラ伝統の純粋主義者は小径のこうした使い方に難癖をつけるかもしれませんが、生命の木もまた、全ての曼荼羅《マンダラ》と同様に雛形、人が使うための道具に過ぎません。適切に使えば、人類の大求道の一つである「自己の理解」を深めるために役立つ道具なのです。伝統とは重要な役割を担う素晴らしいものですが、新たな成長を締め出してしまうほどに自らの思考をその支配下に置いてしまっては、周囲の無知から解き放たれた内なる高次の自己という、生命の木の概念そのものを否定するのと同然でしょう。すべての道具や伝統、型や教義、発想や発明などには、当初の用途を超えて発展させていく余地があるはずです。カバラもその例外ではありません。

パスワーキング《小径の作業》とは、かつては非常に時代遅れで、しかもさして正確ではない、「霊的視覚における幻視」

の名称で知られていた作業を指す、比較的新しい用語です。精神の中の自己を一連の状況や風景、出来事などの中に投影できるという、人間特有の不思議な才能を活用することで得られる、主観的な体験を指しています。それは心の画面に映して映画のように観ることができますし、精神が訓練されれば、五感を総動員して、参加者として経験することも可能になるのです。

前者の方法は、人々の八割が白日夢を見たり、空想にふけったりする時に無意識に使っています。私たちは日頃、楽しいことや不快なことに直面しようとする際に、この才能を利用して心の準備を整えるのです。例えば歯医者の予約がある時は、実際に処置室に入る前から、その辛い体験に何回も耐えることになるでしょう。また重要な面接の前には、その最中に起こり得るどんな危機にも対応できる余裕を得ようとして、頭の中でリハーサルします。少女のファースト・キスや初めてのデートは、彼女の心の画面に何回も映し出されること体験するのです。過去の出来事に関しても、刺激的なものや愉快なものは、この能力を活用して追でしょう。結婚式や卒業式なども、思い通りに再生できるビデオ・テープになります。実際、どの人間にも小さいながら効率的なタイム・マシンが作り込まれているのです。

残る二割のうち一割の人は、目的をもって白日夢を見るために、この能力を利用しています。彼らは、ある事実を偶然に発見したのか、誰かに教わったのでしょう。それはいうなれば、感情的な欲求を燃料にして、白日夢を絶え間なく繰り返すような単純な手段で、自分の精神を成功のためにプログラミングできる、という事実です。これこそ、あらゆる「あなたも成功できる！」本の根拠なのです。しかし数時間で効果が出る、などと期待せずにやり通す忍耐力を持っている人は少ないですし、惰性という悪徳を打ち破って、それ無しでは始まらない感情を呼び起こせる人は、さらに少ないでしょう。

最後の一割が、オカルトの手法を訓練で会得していて、この才能を最大限に活かせる人たちです。しかしこの人たちは、大好きなアイドル歌手とのデートを夢見る若い事務員や、見栄えの良い新規事業を積み上げようとしている重役希望者などにはわからない危険を冒しているのです。

現実世界に対処できない性格の人には、この主観の世界があまりにも現実的になってしまう危険性があります。『ダンジョンズ&ドラゴンズ』などのファンタジー・ゲームも、実際には世俗的なレベルで行われるパスワーキングの現代版なのです。楽しく遊べますし、想像力や視覚化能力などを伸ばすためにも有効でしょうが、意志の弱い人にとっては麻薬のように中毒しやすいものでもあります。これがパスワーキングのマイナス面です。極端な場合は、現実世界から退行してしまう恐れもあります。

こうしたことから、各々のオカルト流派ではパスワーキングの知識と実践が厳重に守るべき秘伝とされてきました。幻影の深層の誘惑に耐え抜ける能力を持つと証明できた者にのみ、その使い方が伝授されたのです。しかし既に述べて来たように、あらゆる伝統は新しい手法に道を譲るものです。少数の人たち以外にも、内面的知覚の扉を開放して、自己規律の習慣さえあれば達成できる自己理解への新たな手法を提供する時が来ています。私を含めて、「魔術師」と呼ばれて良いであろう多くの人が、ずっと前からこのように考えているのです。

それでは、パスワーキングはどれくらいの頻度で行うべきでしょうか？　こうしたことに対する反応は人次第なので、それを観察する何らかの方法が必要になります。学院や個人教師による修練を受けずに作業している人は、十日から十四日ほどの期間、自らの作業を検証してみなければなりません。初心者は一週間に一回のパスワーキングで十分でしょうが、訓練を受けている学徒ならば、週に二回でも耐えられるはずです。

何日か過ぎて、病みつきになってきたような気がする場合は、すぐに十日間に一回程度に減らしてください。早く家に帰ってこの新しい世界に入りたいと、毎日を忙《せわ》しなく過ごすようになれば、危険信号です。どんなオカルト的作業も、日常の生活や仕事より重要だと見做してはいけません。一ヶ月間ほど継続してみて、一週間に一回の頻度にうまく対応できているようならば、五日間に一回の頻度にするのも良いですが、それを決して超えてはなりません。例外があるとすれば、特別な訓練を受けている学徒だけでしょう。

　パスワーキングとは、テンプルやロッジで行われる儀式と同程度か、場合によってはそれ以上の威力を持つ、一種の儀式であることを忘れないでください。それが物理世界に対して発揮できる力は、軽視されやすいのです。人が「妖精の虜」になって、本来の人格の跡形もなく、見えない精神世界に消え去っていく場合もあります。内面世界を探検して学ぶのは良いのですが、現実逃避の手段として使用してはいけません。しかし労なくして得るものなし、です。努力すれば利益もまた絶大で、その結果、精妙な界層《レベル》に対する意識が鋭くなり、さらに自制心も集中力も高まることでしょう。

　生命の木を構成している小径の世界は創造的アストラル《星幽》界といって、気を逸らした途端に物事が溶けてしまうような、流動的な世界です。これが初心者や経験の浅い人に、不便な思いをさせる要因の一つです。精神的な鍛錬がある程度の強さまで達していないうちは、心像《イメージ》をあまり長く保っていられないことに気づくかもしれません。そうした場合は、心の整理ができるまでの間、灰色の霧のようなものに包まれてしまうこともあります。この現象が起きても……まあ、精神的に鍛えられた人にもうまくいかない日は時々ありますから、起きないとは限りません……何も怖がることはありません。それは、思念体によって造形されるのを待つ無定形な塊である、アストラル界層の本当の姿を見ているに過ぎないのですから。

また自分以外にも、これらの界層を使用している人がいることを頭に入れて置くべきです。一再ならず、他人の思念体を拾い上げる恐れさえあります。例えば古代ギリシアの象徴体系を用いたパスワーキングの最中に、中世の甲冑を身に着けた馬上の騎士が駆け込んできたような際には、このことを思い出すと良いでしょう。作業をあまり邪魔していないのであれば、構わずにいてください。そのうちに消えるはずです。消えないようならば、誰か連れ戻しに来てください！　といった要求を心の中で発信しましょう。何があっても、魔法の剣を想像して四方八方に振り回したりしてはなりません。こうした行為は、何よりも早くアストラルの界層に棲まう者たちの裏面を呼び起こしてしまいますから。なお、本書に記載されているすべてのパスワーキングで、生命の木に纏わる大天使たちの下で作業するのには、守護を受けるという側面もあるのです。

光球と光球を繋ぐ本来のパスワーキングには、必ず作り込まれる明確な道標があります。この道標は二種類あって、その一つは小径に対応する星座や惑星の記号か、場合によっては同じ意義を持つ神の姿形。もう一つは、小径に対応するヘブライ文字です。これは生命の木でのパスワーキングに限った話です。他の伝統に属するパスワーキングでは、その詳細は異なっても、似たような道標を用いるでしょう。こうした道標にはさまざまな用途がありますが、道標を探したり確認することが、小径の形象から気を逸らさせないという、無視できない重要な役割を果たしているのです。

始めたばかりのころは、気が散るのを止められず、無関係な心像《イメージ》が現れる場合もあるでしょう。しかし、慌てる必要はありません。そうしたものをきっぱりと脇に置いて、正しい心像《イメージ》を思い起こしましょう。当初は一回のパスワーキングでも、これを何度もやらなければならないかもしれませんが、忍耐強く頑張れば、新しい意志力が次第に開花して、小径を最初から最後まで安定させられるようになります。ただし、時間がかかるのです。一方そのおまけとして、この能力が日常生活にも浸透するようになり、物理レベルでも精神的な能力を増加させてくれることでしょう。

気を散らすもう一つの要因には、連想の連鎖があります。何かについて考えているうちに、無作為な思いつきによって急に脇道に逸らされてしまうようなことは、誰もが折々に経験しているでしょう。自分の考えを引き留めようとしても、あっという間に精神の銀河の彼方に到達してしまうのです。こうしたこともオカルト的な訓練法として有用だったりしますが、パスワーキングの最中では苛立たしくなります。小径に厳密に沿わなければ、目前の課題とはまったく関係ない思想や概念などの、紛う方なき迷宮に迷い込んでしまう恐れがあるのです。

なお、パスワーキングの中には、最初の象徴に精神を集中させた上で、心像《イメージ》が浮かぶままに任せる「受動的作業」というやり方もあります。そこに出てくる象徴や心像《イメージ》はとても複雑なものになり得ますし、そうしたものに精通していなければ混乱しやすいので、どちらかといえば指導者の下で訓練している上級の学徒に役立つ手法です。そうでなくても、象徴学や民族の神話などについての勉強は、それらに関連するオカルト的な作業できっと役に立ちます。また将来、自分のパスワーキングを組み立てる時にも、大きな助けになるでしょう。

どの旅にも始まり、中頃、終わりがあるものですが、パスワーキングも例外ではありません。すべてはマルクトの神殿から始まります。他の光球や小径へと旅立つ場合でも、この神殿が始発駅になり、最後に帰ってくる終着駅にもなるのです。本書では生命の木に存在する神殿を全部十分に説明していますが、特にマルクトの神殿の描写に注目してください。一瞬で苦労せずに思い出せるようになるまで、その細部に気を配りながら築き上げるのです。これが、パスワーキングを中断せざるを得ない時の安全策にもなります。作業中に邪魔が入らないように気をつけるべきですが、万一の場合には、この神殿の様子を思い浮かべるだけで、物理世界のレベルまで後一歩のところへ素早く、安全に戻ることができるのです。

こうした作業についてまったく経験がないならば、一回のパスワーキングを最初から最後まで通しで行う前に、二つか三つの段階に分けて、徐々に自信をつけるのも良いかもしれません。前述した小径の記号やヘブライ文字は、このためにも役立つでしょう。まず小径の主要な、根本的な意味を表すヘブライ文字ですが、パスワーキングが三分の一くらい進んだ辺りで、石や木などに見かける場合が多いです。ここは立ち止まって戻るには都合の良い場所でしょう。小径を歩みながら受ける霊的影響を示す星座や惑星の記号も、同じように使えます。これは、出会った人物が身に着けている記号として現れる場合もあれば、空を見上げると惑星が見える場合もあります。

この文字と記号について詳しく勉強すれば、それぞれの小径に関する理解が広がり、苦労は必ず報われるでしょう。こうして勉強しているうちに、ゆくゆくは生命の木の隠れた小径も発見できるかもしれません。隠れた小径は幾つもあるのですが、自分で見つける必要があります。誰かに案内してもらったり、それを開くための鍵を渡してもらうことはできないのです。

パスワーキングとは、自分の内宇宙を探検する小悟の旅《ミニクエスト》だと見做してください。最も不可思議なSFやファンタジーの物語と同じくらい面白くてたまらない冒険です。ただし本は棚に戻したり、物語は忘れたりすることもできるのに対して、パスワーキングはあなたの人生のすべてのレベルに影響を及ぼし、その教訓を咀嚼できるまで影響が消え去ることはありません。

パスワーキングの効果は人によって現れ方や度合いが異なります。経験のある人は新参者より早く、より大きな効果を見るでしょう。しかし労なくして得るものなし。まず必要なのは努力と、未知の領域を探検する意欲です。もちろん探検することで、あなたの内面世界の境界線は広がります。そして外側にあるものは、常に内側にあるものを反映して行くのでしょう。

輝ける小径

目次

第I部

第Ⅱ部

輝ける小径——パスワーキングの実践

The Shining Paths

第Ⅰ部

マルクトからイェソドへ

第三十二の小径は、時に「テリブル《おそるべき》・タウの小径」と呼ばれたりもしますが、それで気落ちしないでください。「テリブル」という言葉は無知と慣用のせいで、今でこそ「恐るべき」といった意味になってしまいましたが、ここでは本来の「畏るべき」の意味で使用されているのです。

この、〈タウ〉と呼ばれるシンボルや、「悲哀と修練を通じて得られる理解」といったその内面的な意味は、マルクトからイェソドへと渡るパスワーキングで重大な役割を担います。これはオカルトを勉強する人にとっては、さまざまな形で見慣れているシンボルです。大文字のT字型（図1）は初期キリスト教の美術品によく見られますし、三重のタウ型（図2）は儀式用の記章やフリーメーソンの象徴体系などで見ることができます。

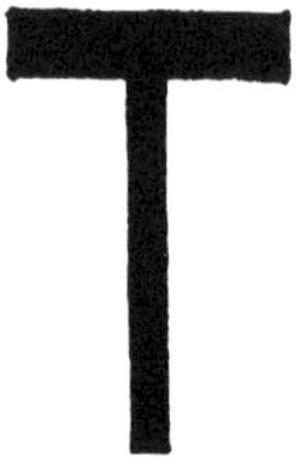

図1

図2

図3

実際のヘブライ文字〈図3〉は内面的な意味こそ同じですが、形がかなり異なっています。この文字はタロットの大アルカナ〈吊された男〉に見られますが、そこでは「犠牲を通じた知識の獲得」が、「生贄にされた王」の死に投影されることで強調されています。タウ、木、生贄という連結した三つのシンボルは、キリスト教を始めとして、世界樹に九日九夜自らを吊して魔術の知識を獲得したオーディンの神話や、クラフトにおける楢王の伝統まで、幅広い神秘伝統の基礎になっています。どれも第三十二の小径が教える教訓、すなわち我々の内面にある冥界へと降りていく必要性を指摘しています。私たちはこの小径を歩むことで、自らを縛《いまし》めることで体得する修練を学びます。それはつまり、魂のカタルシスなのです。

ヘブライ文字の形を勉強するのも良いでしょう。そうすれば、文字と小径が持つ意味について多くのヒントが得られますから。ヘブライ語は、中国や日本で使われている表意文字と、西洋のより抽象的な文字との中間的な存在です。どんな文字も一つ以上の動作や形状で構成されますが、ヘブライ文字や極東の絵画的な筆文字では線の太さが変わる面も加わり、文字の形と意味に微妙なニュアンスが加味されるのです。昔の英語の書体にも同様の要素がありましたが、その主な目的は装飾でした。また漢字には、単体の字もあれば多数の字が組み合わさっている場合もあるので、一つの漢字に見えても実際には文章ほどの意味を伝えていることがあります。ヘブライ文字の形状をよく見れば、同じような情報が得られるのです。タウの形は洞窟や女性の腰帯などを連想させてくれます。特に腰帯は囲い込みや締めつけを象徴するもので、かつてはその結び方によって意味合いが変わるものでもありました。ぎゅっと締めれば処女、緩く結べば人妻。そして締めないままならば妊娠、つまり闇に囲まれた新しい命を物語っているのでした。これらの意味は、旅人たちを錯覚による生命の圧迫から再誕生へ導く点で、第三十二の小径と類似しています。

この小径ではマルクトとビナーの繋がりが明白になっていて、「大いなる母」もさまざまに変装し、特に「生と死の与え手」としての一面でその姿を見せています。また『イェツィラー文』*はこの小径を「星々の巡りを司る、管理的知性」と呼んでいますが、これは小径の果てにあるイェソドへの言及です。なぜならイェソドの神秘体験とは、「機械仕掛けの宇宙」の幻影だからです。私たちもその機械仕掛けの中の歯車なので、物事の仕組みの中での自分の居場所を見つけるに当たっても、この小径が役に立つことがあります。

これから乗り出そうとしている旅路は、隠れた恐怖が待ち受ける潜在意識への降下であると同時に、新しい命を約束してくれる、高次の自己への上昇でもあります。それぞれの小径で巡り会う象徴や対応関係などは、初心者にとって混沌としているように見えるかもしれません。ちょうど星空を一見しただけでは、何の形状も見当たらないのと同じことです。よくよく見れば、星しか見えなかったところにも模様が見えるようになるでしょう。

＊『智恵の三十二の小径』（J. S. Rittangel, edited and translated, "The Thirty-Two Paths of Wisdom", in *Liber Iezirah*, 1642.）は、十三世紀以前に成立した著者不明のカバラ文献であり、『象徴ガイド』等には「イェツィラー文」（Yetziratic Text）の名称で引用されている。

すべての下降神話はこの小径に属しています。私たちはペルセポネの物語を使うことになるのですが、オルペウスとエウリュディケでも、イシュタルとタンムズでも、強いていうならばヨナと鯨を使っても良かったでしょう。どれも肉体的、あるいは精神的な通過儀礼を描いているのです。

ペルセポネは魂、デメテルは悲哀の側面を見せる〈大いなる母〉に当たる、とする解釈もできます。いわゆる悪役のハデスは実際には物語の英雄です。その別名プルートが「富」を意味する彼こそ、魂が自らの深みに飛び込んで、そこに隠されている宝を探すように圧力をかけてくれる冥界の主《あるじ》なのです。

ほとんどの登場人物は女性ですが、まずハデスとカロンに注目してください。どちらも影のような静かな存在で、いろいろな意味で入れ替えられても良いような人物です。彼らの役目は、私たちが必要としている新しい経験に、大抵は溺れそうな深さまで落とし込んでくれる、最初の一押しを強調するところにあります。一方のヘカテ、デメテル、ペルセポネは三柱ともビナーの側面を表し、同じ三日月鎌が象徴になっています。三日月鎌は〈土星〉の記号も様式化した形で象っているものであり、かつては「穀物王の儀式」などで作物を刈り取って束ねたりしたことを思い起こさせてくれる象徴でもあります。昔から凶星とされてきた土星は大鎌を持つ顎髭の老人として描かれたりしますが、密儀伝統の奥義によれば、本当は女性です。顎髭の女は太古から使われている象徴であり、調べてみる価値があります。彼女こそ唯一の生と死の与え手、改めて与えるために奪い取る〈大いなる母〉なのです。

ペルセポネの神話をよく読めば、この小径のもう一つのシンボルが明らかになるでしょう。それは「リズム」です。叔父ハデスとの婚姻によって、処女神は冥界の女王、実質、死者たちの女王へと変身します。したがって彼女は人類、四季のどちらでも、生と死の干満を支配することになるのです。このテーマは月の母の登場によって強調されますし、神殿の白黒のタイルも同じです。参入者は歓喜の白いタイルと同様に、悲哀の黒いタイルを喜悦に満たされ踏むのです。これが理解できたならば、第三十二の小径を歩む人の内面にも同じリズムが呼び起こされます。

この小径は参入者が死ぬ時に歩む小径でもあります。意識的に始める場合もあれば、どのアデプト《達人》も不慮の死に備えて用意する、いわば時限錠をかけたパスワーキングとして行う場合もあるのです。また、これが次の転生の基礎になることもあります。自らの深みの探求に熟練した魂なら、来世に好ましい条件を作ることもできるでしょう。

パスワーキングで最良の効果を得るためには簡単なルールがあります。眠りに誘うだけなので、満腹した直後に行うのは厳禁です。ゆったりした服装と静かな環境は不可欠です。誰からも邪魔されない、という決まりも作っておきましょう。深く被れるフードのついたローブがあれば役に立ちますが、必須ではありません。完全な暗闇では眠くなりますから、蠟燭の明かり程度はあった方が良いでしょう。星幽界で迷子になってしまう、などとは心配しなくて大丈夫です。そのようなことはこの段階ではまず起きませんし、よほど愚かなことをしない限り、どの段階でも起きないはずです。出発点に戻りたくなったら、マルクトの神殿を思い浮かべるだけで良いのですから。

いっぺんに二つの小径に挑むのは、はっきりいって「駄目！」です。少なくとも一年以上の経験を積むまでは止めて欲しいのです。なぜなら、小径とは効果をもたらすものであり、二つ合わせれば効果も倍増しますから。どの小径を選ぶかによっては、その効果を持て余す可能性が十分にあります。

心像《イメージ》を作り上げる際には、自分をその真ん中に入れておきましょう。単に眺めるのではなく、星幽的な目を通して観ているのか、確かめ続けてください。時間を要しますが、そのうちにできるようになります。それぞれの小径が精神に刷り込まれるに連れて、どんな時にでも歩めるようになるでしょう。さらに上達すれば、不適切な環境でもできるようになります。訓練には静かな環境が不可欠ですが、この技能に熟練した後は、たとえFAカップ決勝戦の群衆に囲まれた状態でも、小径を歩むことができるのです。

　これらのパスワーキングは、導師《メイガス》や女司祭《プリーステス》が心像《イメージ》を作り上げるようなやり方で、儀式的な環境で利用することもできます。そうすれば、とても良い効果が得られます。

　何があっても、パスワーキングとは白日夢に耽るための口実に過ぎないなどと誤解しないでください。それはとんでもない思い違いです。

第三十二の小径

　周りの世界への知覚が徐々に消え去り、その上にマルクトの神殿がゆっくりと現れて来ます。神殿の中は、サンダルを履いた足にひんやりと感じる、白黒タイルの床面が方形に仕上げられています。左に北壁、背後に西壁、右に南壁があって、これら三方の壁には豪華なステンドグラスで彩られた丸窓が設えられて、その方位を表象する聖獣が描かれています。北には、黄金色の小麦と朱赤の雛芥子を背景に、翼のある牡牛の姿があります。背後の西には、鮮烈な青空の中、鷲が太陽へと飛翔して行きます。そして、翼のある獅子が炎に取り囲まれて、南を守護しています。

前方の東壁には重い楢材の扉が三つ並んでいますが、どれも把手や鍵穴がありません。この扉の手前には、二本の柱が床から天井まで延びています。向かって左側の柱は黒檀で、右側は銀でできていますが、どちらの上にも柘榴を象って彫り上げた黄金を被せた柱頭が載っています。神殿の中央に立つ祭壇は、磨かれた黒い木で作られた二重の立方体です。それを覆う手織りの麻布の上には小麦の穂が撒き散らされています。

祭壇の上には濃い青色のクリスタルガラスでできたボウルもあって、その中に灯《ひ》が点《とも》っています。これは、背景の伝統に拘わらず、密儀のどの祭壇にも見られる灯《あか》りで、それが点っていない限り、真の神殿に接しているとはいえません。さらに旅路に出る際には、心に反射したこの灯が旅人を守り、内面世界で出会う者に見せる光の標《しるし》にもなるのです。祭壇の上には香油を燃やす青銅のランプも吊り下がっており、ほのかな芳香で神殿を満たしています。

祭壇の向こう側にマルクトの大天使、サンダルフォンが立っています。彼の風貌は黒っぽい巻き毛に葡萄の房と葉を編み込んだ青年で、その瞳には地球がまだ幼かったころに得た叡智と、その地球がもはや若くないための悲哀が宿っています。彼が身に纏うローブは、赤茶、黄金およびアップルグリーンの色彩が混在しています。彼の優しい眼差しに反して、力強いオーラが周りの空気を微かに輝かせると共に、時折閃光を走らせているのです。

私たちは祭壇の前に立って、旅に備えて心の準備を整えます。用意ができると、サンダルフォンは中央の扉の前に移って、扉に向かって五芒星を描きます。その印は、しばらく空中で燃えてから消えます。同時に、タロットの〈世界〉を描き出した帳が、扉を覆って形になるのです。それはますます明るくなって、第三十二の小径へと通じる三次元的な戸口に変わります。私たちは柱の間を通って前に進みます。木の葉の輪に囲まれた踊り子は、宙に浮いたまま動きません。もう一歩だけ進んで、さまざまな色が渦を巻いているところへと入って行きます……。

私たちは色鮮やかな花が咲く牧草地に立っています。左手に森があって、右手には雛芥子の朱赤が点在する麦畑があります。前方では、牧草地が緩やかな坂になって、小川が流れるところへと下ります。小川を渡ると白くて平たい踏み石も見えますが、向こう側には石灰岩の絶壁が高く聳えて、その頂上から流れ落ちる滝の水が、崖の麓に深い滝壺をなしています。後ろを振り向けば二本の木が立っていて、その間には、タロットの〈世界〉が掲げられているのです。

右側から泣き声が聞こえて来ます。女性の一団が麦畑を横切って、私たちの方へ近づいてくるようです。先頭を歩く女は長身で豊満な胸の、成熟した美女ですが、その顔は心痛で窶《やつ》れています。下ろしたままの長い髪は縺《もつ》れていますし、両脇から連れの女性たちに支えられて歩いています。彼女が通り過ぎると大地が枯れて死んでいくようで、先ほど通ってきた畑も、すでに乾ききった茶色になっています。一団の一人に何があったのかと尋ねると、女神デメテルが実の弟、冥王ハデスに攫《さら》われた娘を探しているのだ、といわれます。彼女が娘を探し回る間には、蔑《ないがし》ろにされている大地のすべてが死んで行くのです。一団は遠ざかり、私たちは坂を降りて、川を渡ります。

崖の麓《ふもと》では、齢を重ねた櫟《くぬぎ》の木が滝壺の側に生えていて、滝の後ろに開く洞窟の入り口を半ば隠しています。進むべき道はこちらです。洞窟のなかは冷たく湿っていて、奥の棚に置かれている小ぶりのランプ一灯だけが照明になっています。薄暗がりから、ヘカテの洞窟にどんな理由で入るのか、と尋ねる声が聞こえます。暗さに慣れてきた私たちの目には、ローブを纏った人影が洞窟の奥に見えて来るので、ペルセポネの王国を探している、と女神に答えます。するとヘカテは立ち上がり、棚のランプを手に取ってから、ついてくるように、と招きます。洞窟の一番奥には、とても入る気になれないような、狭い地下道への入り口があります。彼女はこれを指して、ハデス《冥界》への道だ、勇気があるなら歩むが良い、と告げます。そして私たちに銀貨二枚ずつと、棚から取ったランプを渡してから、元の場所に座り直して、夜の帳《とばり》が落ちるのを待ちます。

地下道は洞窟よりも冷え冷えとしています。床はでこぼこで、滑りやすくなっています。ランプの薄暗い光では、お互いを見失わないよう、手を繋いで行かなければなりません。水が滴る壁は、私たちを窒息させようと迫ってくる感じがします。完全に前屈みにならないと通れないくらい天井の低いところもあれば、無理やり身体を押し入れなくてはいけないほど狭いところもあります。とにかく、ゆっくり動かなければなりません。風も絶えまなく、女が苦しむような声でうなり続けています。この音と、いつまでも下へ下へと続く曲がりくねった窮屈な小径を併せて考えると、あたかも巨大な生き物の陣痛に巻き込まれているかのような気持ちになって来ます。

冷えた手足を休めようと立ち止まれば、水の流れる音が聞こえます。その場から数歩だけ先に進むと、火を噴く炬火に照らされた、広大な地底洞窟に辿り着くのです。

遥か上の天井からまるで凍った涙のようにぶら下がる大きな氷柱は、岩壁に奇妙な影を落としています。この凍りついた場所の真ん中を横断して、暗くて深い川が勢いよく流れています。これこそ、ステュクスにかけて誓う！　と神々が最も神聖なる誓いを立てる際に呼びかける、三途の川なのです。その凍えた流水は、生と死を分ける自然の垣根になっているのです。

川岸には杭に舫《もや》われた舟があって、その側に男が立っています。いえ、本当は人間ではないのかもしれません。彼は背が高く恰幅もよい姿で、濃い顎髭の上から私たちを眺める黒い瞳は少しも揺るぎません。これほど寒いのに、身に着けるものは革の腰巻一枚と、革の小袋を下げた幅広いベルト、サンダルのみです。彼の周りには薄ぼんやりとした人影が群がり、何かを懇願するかのように両手を差し出したまま、伏し拝んだり、揺れ動いたりしています。また彼を摑んだり引っぱったりしようとしても、その幽霊のような手は彼の身体を通り抜けてしまうのです。この群衆はきっと、ステュクス川の渡し守カロンが渡し賃として要求する、オボロス《銀貨》無しで埋葬された死者たちの霊なのでしょう。

　カロンは影の薄い群衆をかき分けてこちらへと向いながら、私たちを手招きします。近づくと、死者たちが私たちの周りに押し寄せて、その声もか細い囁きのように耳に入ってきます。しかしカロンが道を空けさせると、彼らは青白い手を揉み絞り、泣きながら引き下がって行くのです。

　私たちが乗り込むと、カロンはすぐに舟を出してくれます。櫂《かい》の水を切る音だけが静かな空気を乱す中、静粛に川を渡っていきます。カロンは力一杯に漕ぐので、汗の滴がその顔と髭に浮かび、広い胸からも滴り落ちます。

　間もなく向こう岸に着きます。舟を降りながら、銀貨を一枚ずつカロンに渡します。すると、彼はこの先の道を指差してくれます。巨大な高さの両開きの門が松明に照らされて、上の闇へと溶け込んでいくように見えます。両方の門扉には、中央にヘブライ文字の〈タウ〉がはめ込まれています。この文字をよく見て、自分の心に留めておいてください。そのうち、再び見ることになりますから。

　門扉が弧を描いて開くと、私たちは前に進んで、赤と灰色、紫、藍色などといった薄暗い色調の壁掛けで飾られた大広間に入ります。その両側には雛壇に鉛の玉座が据えられており、片方に冥界の主ハデスが、もう片方にはベールの下に王冠を被り、銀の三日月鎌を手にした女性が座しています。

ハデスの御前に参上すると、その足元の暗い影から唸り声が聞こえてきます。黒い猟犬が立ち上がると、何と三つもある頭を擡《もた》げて、私たちが近づいてくるのを見張ります。三組の目が私たちを睨み、鋭い歯が覗く三つの口からは三枚の舌が垂れています。番犬のケルベロスが暗黒の主人を守っているのです。

私たちは死者の大広間に立って、恐る恐るその王者を見上げます。身長も身構えも堂々としている男です。その目は髪の毛と髭に同じ闇夜のような黒ですが、彼が身体をやや前に傾けると、その瞳には笑いを仄《ほの》めかす何かが見えてきます。黒玉《ジェット》の王冠は松明の光で輝いていますし、古代ギリシア風の上衣から露わになっているのは、老人の肉体どころか、運動選手の腕と脚に見えます。

彼は立ち上がって玉座から降り、ついて来るようにと誘います。そして死者の女王、「畏怖さるべきペルセポネ」と呼ばれる王妃の下まで導いてくれます。主人であり恋人でもある叔父が近づくと、彼女はベールを上げます。そこには花の冠を被った少女の笑顔がありました。皺が寄り枯れ果てた肌の老婆ではなく、愛する人の腕に抱かれて安らぐ、温かい生命力に満ちた女性なのです。

偉人も凡人も、若者も年寄りも、男も女も、みな定められた時刻に闇の中に下り、この場所、再生の君主と貴婦人のもとへ辿り着きます。彼らこそ、我々の地上の肉体の精髄を授けてくれる、この大地の父母だったのです。

脇の壁には、壁掛けに覆われた鏡があります。ハデスは私たちをその前に案内して、覆いを外しながら、中を見るように促します。液体のように見える鏡のガラスは、常に動いています。私たちの精神はその深みへと引き込まれて行きます。これが「真実の鏡」であり、その中に見えるのは私たちの本当の、原初的な自己の姿。つまり私たちが形を纏う前の姿であり、時の果てに取り戻す姿でもあるのです。

覆いが落ちると、周囲には誰もいません。ケルベロスだけが私たちを案内するために待っています。彼に続いて入り口とは別の扉を抜けると、そこは海岸です。星の散りばめられた夜空に、土星が低く大きく、輪にはめ込まれた宝石のように漂っています。月も海からゆっくりと上がってきて、私たちの足元まで延びる光の通り道を作ります。そこで足を踏み出すと、海面は固く、ほとんど沈みません。

海面に静かに浮かぶ月球の中に、動き回る朧げな人影が見えて来ます。その半透明な深みから、ほかならぬ月の母が歩み出るのです。霞んだ黒と銀のローブを纏って、髪からは三日月の角を覗かせる彼女は、命という賜物を携えて、その子供たちのところへと来てくださいます。

彼女は、私たちを両腕で包んで、胸に抱きしめます。その髪の毛には遍く大地の香りが籠っています。一人ずつに唇をつけて、自分の永遠の命を口から吹き込んでくれます。そして私たちには、彼女に頼り過ぎずに自らの強さを見つける必要があるので、そっと押し戻してくれます。

すると、彼女は遠々しく平静なビナーとして、月の球に帰ります。私たちも海岸に戻って、その青白い円球が夜空に昇っていくのを見送ります。そうしているうちに、ケルベロスの吠える声が聞こえてくるので、振り返ってみると、浜辺を散策している主人の横で跳ねて遊んでいるではありませんか。この果てしない世界の海岸で、どこにでもいる人の子のように、神と獣が一緒に戯れているのです。

それから犬と主人に付き添われて、がらんとした静かな大広間を通り抜けると、カロンが待つ凍りついた洞窟まで登ります。近づくと、カロンは立ち上がって、二枚目の銀貨を受け取ります。舟に乗り込んだ私たちは、ハデスの粛然たる姿を眺めつつ、岸を離れます。

向こう岸で降りると、哀れな亡霊たちが静かに犇《ひし》めいています。次回からは彼らの渡し賃として、銀貨を何枚か余分にサンダルフォンに頼みましょう。そうすれば、彼らも月の母の下へ、再生へと辿り着けることでしょう。カロンへの感謝の言葉は相変わらず無言で受け入れられますので、私たちは向きを変えて、帰り道を探します。もはや知っている道ですし、もう怖くないので足早に進みます。ヘカテの洞窟に戻るのに、たった数分しかかかっていないようにさえ思えます。ランプを棚に戻して、外に出ます。

小川を渡るころには夜半にかかっており、月が空高く昇っています。周囲の大地は、夜の物音や多様な香りに溢れています。娘と一緒に月光を浴びながら散策しているデメテルも見えます。母娘の楽しそうな笑い声が耳に響く中、帳を通り抜けてマルクトに戻ります。

通ってきた扉をサンダルフォンが封印します。私たちは感謝を捧げようと、祭壇の前に立ちます。大天使は微笑んで、黒い柱の柱基に置かれている銀貨の鉢を指し示します。そこに入っているものを、自分や亡霊たちのために必要な分だけ使っても良いそうです。そして神殿の風景が少しずつ消えて、通常の世界が徐々に見えて来ます。これで最初の旅路が終わります。

マルクトからホドへ

第三十二が自己発見の小径だとすれば、第三十一は他者との関係を発見し、その発見から何かを学ぶ小径になります。どの小径も自分について何か新しいことを示してくれる可能性があるのです。それは必ずしも嬉しい発見だとは限りませんが、何かを学べるに違いありません。旅路を始めたばかりの人間とは、言わば金剛石の原石のようなもの。旅を重ねるごとに新しい切子面が削られて行きます。そしてこの過程は、物質世界でも研磨剤のように働いて、金剛石全体が光り輝くようになるまで続くのです。

この小径は〈火〉や、火を利用することで得られる物心両面の恩恵に関わる小径です。太陽と月の位置や軌道上の動きを規則正しくする小径であることから、「永続的知性」とも呼ばれています。行き先は、「形の柱」の柱基にある交流のセフィラー、ホドです。この位置からわかるように、ホドに属するものはすべて形あるものとして、あるいは概念や雛型として、形而的な意味合いで人間に利用されることになります。人類は、火を恐れるどころか、それを利用する唯一の動物です。その限界を試行錯誤で学んできた上に、アスベスト《石綿》という不思議な鉱物を用いることで、その力に抵抗することさえできるようになりました。

　火はずっと昔から聖なるもの、第一に神々の所有物だとされて来たのです。ちなみに、「火盗人」の神話は他の民話に比べても事例の数が多い分野です。人類は、火を発見して使えるようになるまで、獣や天候などのなすがままに甘んじるしかありませんでした。火を味方にすることで、日没後の光が与えてくれる活動時間はもちろん、温もりと安全、加熱した食物などを得ることができました。その後、鍛冶場の技芸や金属加工の熟達などという発展も続いて現れるのです。

　火はものを焼き尽くして変えてしまうことから、物理的な変容を象徴するようになりました。火から立ち上る煙が空気中に散っていく様子は、原始人の目にとても魔術的に見えたことでしょう。焚刑がありふれていたころには、焼くことで物や人を変えて、浄化できると思われていました。そのため、魔女を火炙りにすればその魂が救われる、とされたのです。とにかく煙は明白な変化であり、変化こそ「化学」の根拠ですから、生命の木では化学もホドに属することになります。

　この小径は、前述の「永続的知性」の他に、「問いの小径」と呼ばれても良いかもしれません。何しろ、疑問符で舗装されているような小径ですから。だれ？　なに？　なぜ？　いつ？　どうやって？　これらこそ、第三十一の小径を示す道標です。黎明期の人類は自分より大きな獣に狩られるばかりで、大概は寒くひもじい人生だったでしょう。火が登場するまでは、奥深い質問を問いかけたり、洞窟の壁に野牛を描いたりする暇がなかったはずです。しかし火があって、石器時代風の炭火焼きステーキを腹に収められるとなれば、いろいろなことを考えたり、焦げた枝を使って壁に線画を描いたりして、時間を潰したりもできるようになります。すると突然、自らの思想を表現する絵が描けるようになりました。人類は情報を記録する技術を身につけたのです！

火が思考を刺激するのは事実ですし、思考こそ形状の根本なのです。思考なくしては、何かを物理のレベルまで発展させることなどできません。冬場の会話や討論は、今でも炉火などを囲んで行うことが多いでしょう。もちろん日が長くなる夏では、他にやることがたくさんあります。しかし火さえ焚けば、数分も経たないうちに人々が集まって喋り始めるか、静かに炎を見つめるものです。

この小径は、炉火や野営の焚火から、家族、部族、民族などまでを縮図的に表します。ちょうど惑星が太陽の周りに形成されたのと同様に、家族の単位も火を中心にして発達したのです。火山や太陽の火から魂、知性、強いていえば体温といった平凡な火までも……すべての火がこの小径に属しています。火とは神々の元素であり、彼らも当初は手放すのをとても嫌がる大切なものだったそうです。神話によれば、ある進取的なトリックスターが盗まなければどうにもならないほどでした。このトリックスターが盗み取った火を人類に渡したのも、概ね、手を焼いてしまったからではないでしょうか！

この小径のヘブライ文字は「歯」を表す〈シン〉ですが、その形は祭壇の上から燃え上がる三つの炎の舌を思わせます。人類が最初に火を使った用途の中には、光や温もりの他に食物の加熱もあります。確かにこれで歯ごたえが楽になり、人は生きやすくなったことでしょう。歯は死んだ後でも最も長く残ることが多い身体の部位ですし、歯の化石からはさまざまなことが解明できるのです。こうしたことから「歯」は、人の最も永続的な部分である「魂」に銘記される知識の集積を象徴することになります。

『イェツィラー文』によれば、ホドの根源は師父たちの光球ケセドにあります。つまり上位であるケセドからの教えが、ホドではより理解しやすい形に簡略化されているのです。したがって、この小径は上位のレベルから引き渡される学識の小径でもあります。火は空腹で凍えている時に襲ってくる怠惰から人を解放してくれましたが、この「怠惰」は我々が出発したマルクトの悪徳でもあるのです。人類は原初の炉火を囲んで「言葉」という新しい魔術を編み出しましたし、何よりも恐ろしい「闇」への恐怖を解いてくれたのも火です。とはいっても、この恐怖はいまだに人間の心に潜んでいます。子供部屋で点ける終夜灯は、遥か昔の洞窟で焚かれた火を継承しています。

最もよく知られている火盗人は、その名が「先見」を意味するプロメテウスです。ある神話では、人類を創造した誉れが彼に与えられています。巨神族《ティーターン》の一柱である彼は、巨神族がオリュンポス山の神々と戦った際、どちらが勝つのかわかるまで様子を覗うことにしました。ここで、ホドに対応する神の姿形はゼウスの外交的手腕ある使者、ヘルメスだということを思い出してください。

ヘルメスもプロメテウスも狡猾さに恵まれており、共通点の多い二柱です。人の創造を終えたプロメテウスは、命を吹き込むようにアテネを説得しましたが、人類の繁殖する勢い（人って変わらないですよね……）に驚愕したゼウスから、皆殺しを命じられてしまいました。するとプロメテウスは彼一流の狡猾さをもって、人は神々に崇拝と生贄を提供してくれるだろう、と指摘します。それでゼウスは人類の存続を赦す一方、火の使用を禁じて、人の寿命があまり長くならないように講じたのです。

しかし自分の創造物を愛するプロメテウスは、ヘパイストスの鍛冶場から火を盗み出し、人類に与えました。そのため鎖で岩に縛られて、鷲に肝臓を食い千切られる刑を課されることになったのです。しかも鷲が眠っている夜中には、肝臓が再生してしまいます！　プロメテウスはこうして自らを犠牲にしたため、ティファレトに対応する神の姿形に入りますが、この第三十一の小径にも属しています。

火は人類の好奇心や、種として不滅に見えるところを表すために格好の象徴でしょう。なお「不滅に見える」といいましたが、あの手この手で自らの存在に終止符を打とうと非凡な発明の才を発揮してきたにも拘わらず、なのです。火とは、人間を構成するものでいえば神々に帰属する部分であり、それなしでは人類も動物の一種……それも、恐らくは絶滅種……に過ぎなかったでしょう。

歓待もこの小径の一面です。この概念は、人類の進化において大きな前進となった一歩でした。人間が狩人から農夫へと変わり、小麦が主食となった時、パンは歓待の象徴になりました。この考え方は現代まで続いています。初めて会う人や訪問者をパンと塩でもてなすのは、その人を家族に迎え入れることを意味します。こうしたささやかな事柄から大きな概念、国家、宗教などが発達して行くのです。

私たちは今でも、言葉や文学で「火」の神聖さを大切にしています。例えば「命の灯火」や「情熱の炎」について語ります。「焼けぼっくいに火がつく」という表現も使ったり、人が「愛の灯を燃やしている」とさえいったりします。さらに「火を吐くように」口論したり、「自由の炎」について長々と演説したりすることもあるでしょう。

この小径は生命の木の基礎的な小径の一つです。第二十九の小径と共に、魂が登り行く、その全体の構造を支える控え壁として、負荷や重圧を受け止めてくれるからです。

第三十一の小径

マルクトの神殿では、立って祭壇の灯を熟視するサンダルフォンが私たちに気づくと、振り向きつつ、歓迎の温かい微笑みを見せてくれます。彼との間には、すでに絆が生まれ始めているのです。彼のいう通り、左側の扉の前に移ります。彼のしなやかな指が動く跡には、空中に揺らめく炎の軌跡が残ります。それが溶けて消えると、〈審判〉のタロットの帳が、扉を覆うようにして形作られます。少し震えるように帳が動くと生命を持ち、その中を一人ずつ通り抜けます……。

私たちは先ほどの帳がかかる洞窟を背にして立っていますが、どうやらここは高い山腹のようです。周囲の地面には剝がれた泥板岩や岩石などが散らばって、その間を形のはっきりしない道が縫っています。後方の絶壁は、山頂まで垂直に切り立っています。山裾の方には、育ちの悪い樹木や突き出した岩の露頭が点在する、荒涼とした低木地帯が見えます。そしてその遥か向こう側に青いしみのように見えるのは、もう一つの山脈でしょう。

日は暮れかけていますし、これからの道のりは長いので、私たちは足を滑らせながら、小道を下り始めます。時々、風に奇妙な形に削られた岩を通り過ぎますが、中には不思議な黒っぽい繊維質の鉱脈が見える岩もあります。サレムの王メルキゼデクが地球に贈った三つの賜物の一つ、アスベストです。このアスベストは、火に試されることはあっても、決して焼き尽くされることがないので、魂の象徴になっています。

先には、もう一つの洞窟が見えます。その入り口の前では小さな焚火が燃えていて、幼い子供を胸に抱きかかえた原始人の女が番をしています。周りに彼女に似た人が何人か腰を下ろして、燃え殻の中から摑み出した肉の切れ端を食べています。これまでの食事の残り屑があちらこちらに散らかっています。この人たちは、粗野に思えるでしょうが、我々の祖先です。未来から訪れた私たちの姿は彼らには見えません。彼らにとっては、火とはいまだに恐れて、不思議に思うべき新しいものなのです。

小径に戻ろうと振り向くと、目の前に青年が立っています。長身で誇らしげな顔つきの彼は、太陽のように明るいオレンジ色のマントを纏い、腰に空の鞘を下げています。砂漠の奥まで連れて行ってくれる、案内役なのです。彼はついて来るようにと手招きして、岩の間を抜けていくような、もっとなだらかな道へと導いてくれます。

しばらくの間、無言のまま歩いて行きますが、鷲の叫び声が聞こえてくると、立ち止まって空を見上げます。急降下してくる鷲が襲いかかってくるのではないかと恐れ、慌てて頭を竦《すく》めます。しかし案内役の彼は、上の方を指しています。そこには、岩の上で大の字になっている男がいるではありませんか。彼は背丈が巨人そのもので、髪の毛と髭が縺れています。裸のまま鎖で岩に縛られて、拘束されているようです。脇腹には、鷲の嘴や爪に引き裂かれたのか、大きく開いた傷口があります。

鷲が再び舞い降りて来ますが、男が背中を反らして苦痛に耐えているのを、為す術もなく見ているしかありません。彼の唇からは一切の音が漏れることもなく、その瞳だけが太い眉の下で燃えています。納得の上でこの刑に服しているプロメテウスは、静かに苦しむのです。大きく広げられた腕、激しい苦痛、脇の傷……その様子は、人類の「救い主」とはさまざまな姿で現れ、さまざまに苦しむのだ、ということを思い起こさせてくれます。

どんな知識も代償を払って手に入れるものです。プロメテウスはその代償を厭わずに、愛の心から支払っています。私たちは彼を助けられません。いいえ、助けてはならないのです。自ら進んで犠牲になったのですから、それを邪魔してはいけません。しかし近くに澄んだ水が溜まっている場所がありますから、少し飲ませて、額の汗も拭ってあげれば、多少とも慰めになるでしょう。辛く感じるかもしれませんが、彼のためにそれくらいしかできないのです。

太陽はそろそろ地平線まで沈んで、影も長くなってきました。私たちはようやく砂漠の縁に着いたようです。案内役の彼は、私たちの目には見えない進路に沿って、先を急ぎます。色鮮やかなマントは暗闇の中で色を失ってきたので、彼の姿は私たちの少し前を行く灰色の影に見えます。あちらこちらに小さな灯りも見え始め、私たちが歩くにつれて近づいて来るようです。やがて、それは遊牧民の野営地で燃える焚火だとわかります。案内役の男性はいつの間にかどこかへ消えてしまったので、私たちだけで野営地を探検して、この人たちについて学ぶしかありません。

最初の焚火は、赤々と輝く熾火《おきび》の上に大きな鍋が吊されている、料理のための焚火です。美味しそうな匂いがするせいで、かなり遠くから歩いてきたことを思い出します。女たちと子供は私たちの回りに集まって、平たいパンや、風味づけした熱い肉と飯が盛られた碗を差し出してくれます。飲物としては、素朴で甘い椰《ヤ》子《シ》酒もあります。もてなしてくれている彼女たちは、ひっきりなしに喋り続けます。私たちの服、髪、顔に手を触れては、何か感想をいい合っているようです。女性はみな長身で淑《しと》やか、簡素な服装ながら威厳に満ちています。子供たちも丈夫で逞しく、笑い声が溢れています。彼女たちは、ついでに水の入った鉢まで持ってきて、手を洗わせてくれます。あるものは何でも喜んで分けようと、豊かな笑顔で伝えてくれるのです。

こうした火の周りで、家族が育ちます。子供たちも見知らぬ人を歓迎して、できればその人から何かを学ぼうとする人間に育てられます。炉火とは、それなくしては他のいかなる火も燃え立たない、愛の火です。その炉辺で、男と女がお互いの夢や希望、欲求などを分かち合います。女の力の源であるこの火は、その光が心を清らかにしてくれるために、男にとっても知恵の源になります。この「炉火の小径」こそ、最も神聖な小径であり、充実とは何かを知るためには誰もが歩むべき小径なのです。

ご馳走してくれた人たちに感謝しながら、次の焚火に向かいます。ここでは青年の集団が、武器や戦闘、古代の英雄、心の理想などについて話し合っています。笑いながらお互いをからかったりもしますが、近くにある別の焚火には気がつかない振りをしています。そこでは乙女たちが、噂話をしながら糸を紡いだり、布を織ったりといった用事に励んでいます。この二つの焚火の間には、青年と乙女の恥ずかしげな視線が密かに飛び交っています。これこそ愛へ、そしてやがては炉火へと導く「若さの火」なのです。

二人の青年が飛び上がって、模擬戦で剣を交えます。突いては相手の攻撃を受け流しながら、飛んだり避けたりする様子は、まるで儀式舞踏のようです。二人とも自分の血管に流れる若い血潮と、乙女たちのはにかんだ憧れの視線を意識しているに違いありません。私たちはこの歓喜の場面を後にして、他からかなり離れた次の焚火へと向かいます。

これは特別な知識の火で、ここで番をしているのは、その治療の腕のために尊敬されている老婆です。病気の子供を連れた若い母親が、薬草が煎じられるのを待っています。他に比べると小さな焚火ではありますが、その炎は助けが必要な人々を引き寄せるのです。しかしこのような火の番をするには、部族から離れなければなりません。なぜなら他者への奉仕とは、自らの犠牲を要求するものだからです。

老婆は煎じ薬を子供に飲ませて、母親の元へ返します。すると母親は報酬として一枚のパンと、椰子の葉に包んだ数個の棗《ナツメ》を焚火の側に置いていきます。それから老婆が私たちの方を向くと、焚火の光に照らされたその額に、入れ墨があるのに気付きます。彫られている印は、この前ハデスの門にはめ込まれていた、あのヘブライ文字です。私たちがそれを見て、その意味も解ったことを認めるように、老婆は手を挙げて挨拶してくれます。私たちも挨拶を返して、先へ進みます。

次の焚火は、婚約を取り決めようとしている二家族の長老たちに囲まれているようです。この火も炉火と繋がっています。この結婚によって、二つの家族は親しくなります。若い二人はお互いを選んでいますが、恋に夢中になっているだけではないと、家族も納得させなければなりません。若いカップルも命の連鎖を繋ぐ環の一つであり、どの環もできるだけ強固にしなければならないのです。

私たちの右手には、もっと大きな焚火が見えます。その回りには、幸せそうな子供たちの顔がぎっしりと集まっています。長老の一人が語る昔話を聞いているようです。子供たちは、こうやって部族の掟や習わしを学ぶのです。長老は人間が作られた時のことや、部族の先祖のために火を盗んだ白い烏《からす》のことを物語っています。一年と一日、太陽の国に向かって飛んだ烏は、そこで燃えている枝木を盗み取って、さらに一年と一日、それを運んで帰ってきました。火はとても熱くて、烏の美しい白い羽を真っ黒に焦がしてしまうほどでしたが、それでも貴重な火を人類に届けてくれた、という物語です。この部族は勇敢な烏を今も変わらず尊敬しているようです。物語を終えた語り部が、通って行く私たちを見ようと振り向くと、その額にも例の印が見えます。彼は笑顔で挨拶し、次の焚火を指し示してくれます。

私たちはたくさんの焚火を通り過ぎていきます。一人か二人しかいない火や新婚夫婦の火、三、四人の家族、老婆とその息子……。しかし独りぼっちにされている者はどこにもいません。この部族は一致団結して、何かを必要としている人を世話しています。食べ物や愛情、救いの手などが必要な人は、放置されることなどありません。未亡人も孤児も、妻を亡くした若い夫とその子も、子に先立たれた老親も……みんな、部族の生活に引き入れられるのです。

次の焚火は少し違っています。ここは長老たちが集まって、部族の掟を論じたり適用したりする場所です。誰でもここに来て、裁きを求めたり、不満を明かしたりできます。ここに集っている男女は長寿のために尊敬され、知恵も敬われています。彼らは焚火の周りに円をなして座っていますが、上座にいるのが長老の長《おさ》でしょう。誰もが敬意を表すこの人には、部族の中で起きた出来事など、部族に関わるすべての事柄が報告されるのです。

長が背中を丸めて座っている様子からは、男か女かわかりにくいのですが、その首には水星の記号を象ったタリスマンが下がっています。さらに、この人の額にもお馴染みの印があるようですが、この印が「知識を求める者」を示しているのは、もはや明らかです。

私たちは部族の長の前まで案内されます。深い皺だらけの顔の瞳には、知性の光が輝いています。か細い手で招いてくれるので、私たちは長の言葉を聞こうと、腰を曲げて屈みます。一人ずつ、自分だけに向けた知恵を授けられる一時《いっとき》です。

その先には、最も激しく燃える火があります。鍛冶場の火です。近づくにつれて、金槌が金床に打ちつけられる音や、鞴《ふいご》の溜め息をつくよう音がはっきりと聞こえてきます。そこで働いている鍛冶は長身で逞しく、プロメテウスにも劣らない体格です。この「鍛冶」こそ、第三十一の小径の内なる象徴的人物なので、この点について深く考えるべきでしょう。彼は今、空から落ちて来た星の鉄、私たちがいう「隕石」から剣を作っているようです。炎を象ったその柄には、黄玉《トパーズ》がはめ込まれています。

鍛冶は、私たちに挨拶しようと振り向いて、笑顔で歓迎してくれます。金槌を脇に置いてから、鞴を動かしていた眠たそうな子供の頭をくしゃくしゃと撫でながら、帰るようにいいます。それから私たちを鍛冶場の向こう側、野営地の近くにあるオアシスまで案内してくれます。水の中を覗き込むと、深みからはホドの魔術的心像である「両性具有者」の姿が浮上します。その手に握る黄金の杖には二匹の蛇が絡まっていて、先端には翼ある松毬《まつかさ》がつけられています。これが「カドゥケウス」として名高い、人類に言葉をもたらした使者ヘルメスの伝令杖なのです。

鍛冶は、オアシスの水の中を再び覗くように促します。今度は自分たちの顔が映っていますが、それぞれの額には、私たちと同類の人たちがみな負っているあの印が見えるではありませんか。

小径を歩み出すことで、人知を超える大きな「何か」に、自らを捧げてしまっているようです。少し動揺した気持ちで、鍛冶と一緒に鍛冶場に戻ります。そこで待っていたのは、オレンジ色のマントを背に回し、黄金の胸当てを見せている、ホドの大天使ミカエルです。ヘパイストスは先ほど作っていた剣を取ると、彼に渡します。最古の神々の一柱から、「火の主たち」に並ぶ大天使への贈り物です。剣を受け取ったミカエルは、作り手に敬礼するようにそれを掲げます。ヘパイストスは応えて笑顔を見せ、会釈します。

そろそろ帰路につく時間です。静まり返った野営地を横切って行きますが、私たちが帰るのを眠らずに待っている人たちもいます。治療者、教育者、長老の長、鍛冶はみんな、聡明な眼差しで私たちを見送るために来てくれるのです。さらに野営地の端に来ると、山への帰り道を早めようと、馬を用意して待ってくれている青年もいます。夜に咲く砂漠の花の香りが漂う風は温かく、私たちを抱き上げて、砂の上をすいすいと飛ぶように運んでくれます。あっという間に山脈が近づき、巨神が鎖で縛られている岩と、マルクトに繋がる洞窟の暗い入り口が見えて来ます。

山の麓で馬を下りて、青年に感謝を伝えます。彼はその手綱を集めて、部族の元へと戻って行くのです。私たちはミカエルと一緒に長い坂を登りますが、そろそろ疲れが出て、休みたい気分になっています。眠っている鷲を通り過ぎて、安らげない巨神に、水をもう少し飲ませてあげます。洞窟の部族も、我々の未来を夢見ているのか、眠っているのです。マルクトへと続く洞窟の入り口で、ミカエルにはまた会える時が来るだろうと思いつつ、別れの挨拶をします。彼も剣を掲げて、敬礼してくれます。そして私たちは彼に背を向けて、マルクトの神殿に戻ります。

背後で扉が封印されると、祭壇の前に立ってさまざまなことを考えますが、中でも特にプロメテウスについて思いを巡らせます。静かに普段の世界が形作られて行きます。これで、帰ってきました。

イェソドからホドへ

三つ目の旅路は「心像《イメージ》の宝物殿」とも呼ばれるイェソドから、ホドの光球へと渡るものです。パスワーキングはイェソドの神殿から始まりますが、出発点はいつものようにマルクトです。

この小径のヘブライ文字は〈レシュ〉で、意味するのは、精神と呼ばれる謎を包蔵する聖なる容器、人間の知性の座である「頭」です。占星術ではこの小径は太陽に対応しています。この小径を歩むことで、自らの精神の比較的暗い片隅に光を当てて、自分をよりよく知ることができるのです。ちなみに、タロットの〈太陽〉は「世界の主」とも呼ばれますが、我々の地球も太陽がなければ生命を維持できない星だと思えば、妥当な表現でしょう。

『イェツィラー文』は、この小径とは「人が天空と惑星を調べ、そのしきたりを学び得る集合的知性」だと宣言しています。ゆえに科学、特に最も深いオカルト的な意味での占星術に関連する小径だといえます。夢や直観が重んじられる月の光球から、規律正しい精神の光球へと渡ることで、科学的な事実と天来の当て推量とが程良く混ざり合ったものになります。数多くの偉大な発見を生み出してきた組み合わせなのです。

第三十の小径は「機械仕掛けの宇宙」の幻影で知られるイェソドから、太陽の王道伝いに、輝く精神の幻影で知られるホドの光球へと導いてくれます。そのためこの道中は知識の日光と直観の月光という光とともに旅をすることになります。また占星術の用語で言えば、二つの発光体が「衝《しょう》」になっています。出生図ならば緊張関係を示す状態ですが、緊張とは必ずしも悪いこととは限りません。バランスの取れた判断力へと繋がる場合もあって、そのために自分について新しい何かを悟り得るのですから。この小径に見られる太陽と月の緊張関係も同様に、意識と潜在意識を連結させることで、天来の直観が現実になる道を開いてくれます。

この小径では、陽の下に曝す必要のある自分の中の隠された部分――例えば僅かな暖気さえ与えれば、丈夫に成長して実を結びそうな未熟なアイディアや切望など――から覆いを外すことができます。ある小径が他よりも重要だ、などということはありませんが、小径によっては反応が強く出るものもあって、特にこの第三十の小径は、気づかないうちにかなり深いレベルで効果を引き起こす場合があります。現実と幻想は、釣り合っていれば「美」を生み出せますが、どちらかがあまりにも強調されると大混乱しか出てきません。ここで見えて来るのは、ほとんど衝動的に行動していて思想も無作為に浮かぶ傾向にある無意識の状態から、より整理された生活と思考方法へと移行しつつある人間の姿です。これは、ケセド的な影響がホドを経由して反響していることも一因なのです。

古代には多くの大師たちが人類の元へとやって来て、農業や芸術、医術、音楽、冶金術などを教えてくれました。さらに、他者に対する行動を自制する助けとして法律も与えてくれたのです。しかし、これによって潜在意識を二の次にしたため、人類の思考方法が均衡を欠くような結果を引き起こしてしまいました。二つの思考形態は調和して働くはずでした。パスワーキングの目的は、対立する二面として二つの光球を、そしてそれを釣り合わせる作因として小径を利用することで、二つの思考方法の間で均衡を作り出すところにあります。第三十の小径では、精神の理性的な部分と直観的な部分が調和して働く、均衡の取れた状態にしたいのです。

この小径には〈太陽〉が割り当てられているので、例え属性としてだけでも、太陽に纏わる神の姿形が気になるでしょう。アポロンが太陽神だけではなく、予言の神でもあったことは、この小径に占星術が占めるる位置を思い起こさせてくれます。未来の出来事を予知する手段としての占星術は、一部の人が思っているほど、でたらめなものではありません。何しろ、潮汐表《ちょうせきひょう》は月の観察に基づいているのですから。また、ある惑星が合《ごう》になると太陽フレアが発生するとされており、NASAがその時期に有人宇宙飛行を避けるために頼りにするほどに、正確に予測できるそうです。

この小径に基づいた神話として、エジプトの太陽神ラーと月の女神イシスの間で繰り広げられた頭脳戦の話があります。イシスは蛇を作り出して、ラーの踵に嚙みつかせました（神の姿形は、必ずといって良いほど踵が弱点になっています）。自分の創造物ではない蛇の猛毒に対して無力なラーは、イシスを呼んで治療を要求します。彼女は、秘密の名前さえ教えてくれれば、と条件をつけて承知しますが、実はこの秘密さえ握れば、彼を支配できるのでした。彼がこの条件を拒むと彼女は帰ってしまいますが、苦痛があまりにも酷くなったラーは、結局は名前を教えて治してもらうしかありませんでした。この時から太陽の力が衰え、月の力が増したといいます。この物語は太陽と月が敵対していた例なのです。

これとは対極の例として、サイエンス・フィクションというジャンルの物語があります。一九三〇年代初期、この「現代の神話」を書く作家たちの洞察力と想像力は、まさにイェソドの折り紙つきでした。精神が夢の世界に解き放たれたわけですが、その「夢」はまた根づいて育ち、やがて離陸して月や火星に着陸した上で、宇宙の彼方へと飛んで行く「事実」になりました。夢の力を決して甘く見てはいけません。夢とは、それなしでは人類もここまで生き残らなかったであろう、現実の基礎です。ついでに言うならば、最初の本格的な宇宙飛行計画が「アポロ計画」と名づけられたのも、本当に偶然なのでしょうか。

ホドが火に関連しているように見えながらも、その神殿は「ホドの水神殿」とも呼ばれることに気づくでしょう。これを理解するには「ホドの根はケセドにあり、ケセドもまた大海たるビナーに根づく」とされる伝承を参考にしてください。さらに、ホドは「形の柱」の柱基に位置しているので、その柱を伝って火の光球ゲブラーからの要素を取り込みつつ、流れ落ちる「水」的な影響を受け入れているのです。ホドは変容の光球だということを忘れないように。火と水を合わせれば、蒸気になるのです。

多くの流派ではホドにラファエルを対応させていますが、私はミカエルを使っています。この大天使は、本当はホドとティファレトの双方で入れ替えてもよい存在なので、私は訓練を受けた際に学んだ体系を使うことにしました。ミカエルを使う理由については『象徴ガイド』の上巻、第十四章の第八項で詳しく説明されているので、詳細はそちらを参考にしてください。

第三十の小径

神殿に立ってサンダルフォンを待っていると、彼はその優しい手を私たちの肩に置きながら、背後から登場します。心の寂《しず》かな部分に響く彼の歓迎の言葉に、私たちも同じ方法で応えます。

彼はもう見慣れてきた印で中央の扉を開いてくれますが、今回はイェソドの神殿に着くまで帳が現れることはありません。先へ歩けば、菫色《すみれいろ》の霧が立ち込めてきて、足下の坂道すら見えないほどです。しかし、ひとしきり歩くと、前方に微かな銀の輝きが見えて来ます。それがイェソドの扉です。両開きの扉が弧を描いて開くと、私たちは月神殿へと入って行きます。

神殿の中は円形の空間になっていて、銀の壁に囲まれた床には、深い青色のタイルがはめ込まれています。床の端に月の位相を描いた模様が配置されています。足元には銀の細い三日月が見える黒檀の丸、左側には黒檀と銀が半分ずつの丸、向こう側には完全に銀の丸、右側には黒檀の丸があります。前方には三日月型の池があって、輝く真珠母の小さな橋が架けられています。祭壇は白い大理石で作られており、その上に置かれた銀の皿に灯が点《とも》っています。頭上の紺碧の天井空間には、九つの銀のランプが吊り下がっています。

祭壇の後ろ側には銀の筋が走る菫色の幕がありますが、それが少し震えてから開くと、一つ一つの動作が音楽の和音に感じられるほど、優美な大天使の姿が明かされます。御遣いガブリエルが、私たちの目の前に立っているのです。菫色と銀色の大きな翼を畳んだ彼は、嵐で荒れた海のような緑色の艶やかな瞳を輝かせて、歓迎してくれます。私たちは、世界のキリストたちの告知者《聖別された者》を前にして、畏怖に喉元を摑まれているような気持ちで立ち竦みます。周囲には海の音と香りが広がっています。

ガブリエルの無言の要求に従って、扉の前に立つ彼の元へ向かいます。彼のような存在の側にいるのは私たちにとって辛いとわかっているらしく、古代ギリシア風の上衣を着た青年に変身しています。浅黒い肌に黒っぽい髪を銀の紐で纏めた姿ですが、緑色の瞳はそのままです。彼が扉を開けてくれると、タロットの〈太陽〉を描いた帳がゆっくりと現れます。私たちはその帳を通り抜けて、陽光の眩しい街路に歩み出ます……。

白い建物が建ち並んだ都市を見渡す丘の上に立っています。足元の道路は大きな広場へと続きます。ここから船で混み合っている港が見えますし、その先には、天辺に火が燃える高い煉瓦の塔があります。ファロス島の大灯台です。そうなると、広場に面して堂々と建つ非常に美しい建物こそ、世界中の学問の十字路、アレクサンドリア図書館でしょう。

その白い髪や髭に似合わず元気な足取りの男が、私たちを迎えに道を登ってきます。捻った黄金のトルクを首に巻いています。その様式が、トルクも男もケルト民族の出自であることを物語っています。かのブリテンの大魔術師、マーリンが手を差し出して、歓迎の挨拶をしてくれるのです。

彼は広場まで案内してくれます。大きな図書館の前に立ち止まって、有名なエメラルド・タブレット《翠玉板》を抱えた、神聖なるポイマンドレスの浮き彫りを眺めてから、階段を上って大広間に入ります。室内は涼しく、陽光に溢れた街路の後で心地よく感じます。両側の壁に縦に長い窓が数面ずつ並べて設置されています。床には十二星座を描いたモザイクがあって、それぞれの惑星もみな正しい位置と室に配置されています。部屋の四隅に、四聖獣の彫像が立っています。

この大広間の窓を使って、人類が知識を得てきた手段を示す「生きる絵画」を見ることができるようです。その知識が悪用された場面も見られますが、私たちは人類の過ちから何かを学べるのでしょうか。

最初の窓の前に立ち止まると、そこに見えるのは……宇宙、無限大の宇宙です。一点の光が現れ、みるみるうちに成長して星に、いえ、私たちの太陽になります。太陽系もその周りに形成されるので、宇宙の大舞踊での所定の位置を守りながら近づく、それぞれの惑星に注目します。最初に親である太陽に寄り添って廻る、小さくて速い水星がやって来ます。その次に地球の姉妹惑星、雲に覆われた金星が優雅に通って行きます。青と緑の宝石のように見える地球も、そのすぐ後を追います。赤く埃っぽい火星が、その名マルスの由来となった戦神の如く、宇宙を大股に横切ります。後に来る木星は、胸に紅玉の心臓を飾って、その壮大さで窓を満たします。真珠のように煌めく美しい輪の神秘的な土星が、すーっと通り過ぎるのを見て、思わず息を呑みます。天王星も、海王星も、冥王星も、みな時と場所をきっかり守りながら、その後を追って来るのです。

我々の太陽系など、宇宙の紋様を形作る部分はどれも、その体系を司る神の言《ロゴス》が命の種を撒く庭園、にたとえてもいいでしょう。その種は、芽吹く場合もあれば、芽吹かない場合もあります。どちらにするのかは、自らの意志のみに委ねられていますから。

ここに見えるものはすべて、我々が探求していくために用意されたものです。この未踏の地へと運んでくれる知識はすでに揃っています。しかしその知識もまた、苦労して会得したものなのです。我々は、知性という賜物をどのように使ってきたのでしょうか？

次の窓はもう一つの「太陽」を見せてくれますが、こちらは暖める代わりに破壊を為し、成長を促す代わりに焼き尽くす、人工の太陽です。原爆が落とされた直後の広島を見ているのでした。目を逸らさないでください。見ることができなければ、学ぶことも叶いません。真実とは、時に、この窓に映っている力の乱用と同じくらい辛くて耐えがたい場合もあります。しかし人類には、いったん学んだことを頭から追い払う術がありません。太陽に匹敵する力を使えるようになった今も、それを脇に置いて忘れることなどできないのです。人類もろとも地球という惑星まで破壊できるこの力は、「悪」そのものに見えるかもしれません。でも、人間の意図によってのみ、悪になるものなのです。力を求めて探し出した時は、それを制御することが第一要件でしょう。そして力を手に入れた以上、その発見をしたことでお互いを咎めたりするよりも、安全に人々の役に立てる方法を探さねばなりません。頭を砂に突っ込んで、原子力の存在を忘れることは不可能です。それはもう現実なので、我々が作り出したものにうまく対処する他に、道はないのです。

次の数面の窓は、人類が学んできた医療術の知識を示してくれます。さまざまな治療の業《わざ》が次々と目に入ってきます。古代エジプトの医療師が、薬草や自然療法などを使ったり、麻酔として催眠術を用いて、原始的な脳手術を試みたりしています。銀の鍼を皮膚に刺入《しにゅう》して病気を治す中国の医師もいます。しかしその一方で、無知で迷信深い中世ヨーロッパの医者たちが見えます。黒死病が欧州全土を席捲し、不潔でむさ苦しい生活のせいで病気が広がっていきます。十九世紀になっても普段着のままで、器具の洗浄さえせず、しかもブランデーを麻酔に手術をする医師がいるではありませんか。これでは、まるで退化しているかのようですが、ほら、こちらには現代的な病院が映っています。懸命に頑張れば、学んで進歩することも可能なのです。かつては致命的であった病気も、今では抑制されたものもあれば、完全に根絶されたものもあるでしょう。そして何よりも、この何世紀にも渡る一連の場面を束ねる絆として見えてくるのは、状況が最悪になってもなお、人を癒したいと熱望し続ける医療者たちの心なのです。

さて、こちらに見えるのは、たかだか百年前の奴隷市場です。夫婦や親子が別々に売られるために引き裂かれて行きますし、赤ん坊の場合は、幼なすぎて売る価値がないか、育てるには金がかかるなどといった理由で、殺されることもあります。我が民族に優れた知識があるのだから、他の民族を所有する権利もあると思い込むと、同じ人間に対してこんなことさえできてしまうのです。そしてこちらでは、栄養も好く幸福そうな人々が暮らすアステカの村が栄えているようですが、しかし宗教に熱狂する他文化に征服されてからはどうでしょう。破壊され略奪され、礼拝所も壊され、汚されています。そこに見える黒焦げの山々は、かつては生きた人間でした。これが人間が他人に贈る物でしょうか。

一方こちらには、多様な民族が一緒に勉強する大学の教室があります。芝生の上に座って音楽を奏でる若者たちもいます。アフリカから来た教授が、ヨーロッパ人の学生たちに講義しているようです。アステカとスペイン、双方の血筋を誇る子孫が、かつて先祖たちが争った土地を耕作しています。白人の裁判所で、白人を相手に訴訟に成功しているナバホの若手弁護士も見えます。そうです、人類は学ぶこともできるのです。

大広間の向こう側では、これまでとは違う風景が見えます。ここでは、過去の導師たちが再び生きているようです。弟子たちと話す老子に、埃っぽい道を歩きながら説法するブッダ。同郷の人々に講話するソクラテス、数の理論を展開させるプラトン、山上から垂訓するイエス。ケプラーも、ダ・ヴィンチも、ガリレオも、ベーコンもみな、ここで見て、その言葉を聞くことができます。一つの窓には、木の輪っかに長い枝を偶然刺し通したネアンデルタール人が、それを見て、当惑した表情を浮かべている風景が映っています。この図書館の窓にだって、それなりにユーモア感覚があるようです。

窓は、いつも同じ風景を見せてくれるわけではありませんし、見せて欲しい風景を期待通りの形で見せてくれるとも限りません。しかし、何かを学べるのは確実です。アレクサンドリアは、物理レベルでのみ破壊されたようです。ここアストラルや上位の精神レベルでは、今も存在しているのでした。

マーリンは小さな扉を指し示します。その上部を支える楣石《まぐさいし》に、ヘブライ文字の〈レシュ〉が刻み込まれています。彼が扉を開けてくれるので、そこを通るとさまざまな色や香り、平和な空気で満ち溢れる美しい庭園に歩み出ます。そこではあらゆる獣や鳥が何も恐れることなく、自由に動き回っています。私たちの手に鹿が鼻を擦りつけてきます。私たちも手を伸ばして、低い枝に寝そべってのんびり眠る獅子の鬣《たてがみ》をかきむしってみます。獅子はごろごろと喉を鳴らしますが、私たちに構わずに眠り続けます。

こちらに多くの水鳥が集まっている湖があります。その中の島には、ホドの魔術的心像が見えます。両性具有者は、我々の肉体的な部分と精神な部分……あるいは女性的で直感的な「月」の性質と、男性的で論理的な「太陽」の性質……など、一緒になって一つの完全体となるべき、人間の天性を構成する二つの側面を明らかにしてくれます。私たちは水辺に座って、果してこの二つの部分を引き合わせて調和させることに成功できるのか、と思案に耽ります。何しろ太陽と月は、何事においても、均衡させる必要があるのですから。マーリンの眼差しは、私たちの気持ちを理解しているかのようです。彼もかつては、今の私たちと同様に、長い道のりを歩み出したばかりの探求者だったのです。偉大な導師はみな、我々と同じような喜びや恐怖を知り、生き抜いてきた現世の人でした。ですから私たちもまた、彼らのように成れるはずです。

平和と安楽は進歩を促進しません。成長するためには争い、乗り越えなければならない障害が必要になります。このことを理解できる人は少なく、大抵の人は、戦争と饑餓と病気さえなければ人類は幸せだろう、と信じています。でも本当のところ、人類はそれでは死に絶えてしまうでしょう。人間とは、自らの失われた神性を取り戻そうと、奮闘し苦悩することを要求する仕組みになっているものなのです。苦悩することで知識を増やし、知恵を深めます。これこそ「エデン《楽園》からの追放」に表される真相です。それは、存在の意味を完全に理解するための旅立ちでした。

これで両性具有者という象徴の高次なる意味が一つ、見えてきたような気がします。万物の仕組みには、たとえそれが苦痛に繋がるとしても、対極が必要なのです。私たちは立ち上がって、マーリンと一緒に大広間に戻ります。太陽の光に満ちた広場に再び出ると、人々で賑わっています。マーリンとしばらく話してから、丘を登り、帳のかかっている扉に戻ります。そして扉の前では、窓が次に何を見せてくれるか必ず見に来る、という約束を兼ねて、別れの挨拶をします。

帳を通り抜けて、イェソドの神殿に入ると、愛と理解の表情を浮かべたガブリエルが、水の入った銀の杯を用意して待っています。彼は、私たちが月の水を飲んでいる間は静かに待って、それからマルクトに下る霞んだ小径まで案内してくれます。そしてマルクトの神殿に入ったら、サンダルフォンが最後の扉を封印します。これから、学ばなければならないこと、やらなければならないことが山ほどあります。知識とは、危険も伴うものですが、我々の遺産なので賢明に使わねばなりません。神殿は、ゆっくりと消えて行きます。

マルクトからネツァクへ

小径のどれかに「要注意」という標識を立てるべきだとするなら、私はこの第二十九の小径にします。とはいっても、普通の意味での「危険」があるわけではなく、大半の人がそっとして置きたいあれこれをかき回しやすいのです。しかし、それでもなお重要な小径です。いわば地から出て土に属する事柄を扱う小径なので、学徒にはよく、少し品がないと見なすか、噛みつかれないように早く済ませるものだとする傾向があります。どちらの態度も間違っています。第三十一の小径と並ぶ控え壁《バットレス》として、そこから上に延びる生命の木の全重量を受け止める大切な小径です。さらに『イェツィラー文』によれば、この小径は「あらゆる身体とその増殖を形成する……身体的知性」だそうです。そう、この一言からわかるように、これこそ「性」の小径なのです。

第二十九の小径は、身体ができてくる過程やそれを動かす仕組みなど、身体に関連している小径です。性欲や、男を女に引き寄せる力などは化学的な反応によるものですから、この小径は内分泌系にも大きく関わっています。しかし、それだけでは決して終わりません。伴侶や子孫、部族など、他者に対する人類の態度を司る小径でもあります。また、初期人類の「神」に関する概念がほとんど作物と動物と女性が豊饒であってほしいという欲求を中心にできていたため、神に対する人類の態度もある程度はこの小径に支配されています。つまり欲求が根源的であればこそ始原の神々が要求され、その神々もまた単純な生贄を要求するのです。こうした土壌から、古代の豊饒神崇拝や神聖娼婦の秘儀、王と女神（あるいは女王と神）が結ばれるヒエロス・ガモス《聖なる結婚》などの慣習が生まれて来ました。

第二十九の小径に割り当てられている〈月〉のタロットからは、小径の内容について多くのヒントが得られます。まず、淵の中から海の生き物が出ているのは、私たちの根源母体である海から生命が誕生してきたことを示すには良い象徴でしょう。景色は快適で、積み重なる知識を暗示する二つの塔が立っています。淵の辺《ほとり》に狼と犬が座っており、分類上は同じ種の動物でありながら、片方が野生でもう片方が飼い慣らされているのは、上辺こそ文明で装っているものの、我々の内部には原始の力が死に絶えずに休眠状態にあることを思い起こさせてくれます。

月そのものは、我々が住んでいる地球の潮の他に、男と女のより深い内面的な潮に働く影響力をも象徴しています。この命の潮は私たちが生きている間は干満を続けるので、我々もかなりの程度まで月球に支配されているのです。宗教生活においても、月は昔から重要な役割を果たしてきましたし、それは今でもあまり変わっていません。人類がさまざまな姿で知られてきた月の女神を崇拝しなくなったことなど、一度もないのです。

ヘブライ文字の〈コフ〉は後頭部、小脳が入っている部分を示します。伝説によると、最初の迷宮の設計は、小脳の複雑に入り組んだ様子を参考にしたそうです。また小脳は、クンダリニーの力が上昇してくる脊柱に繋がる部分でもあります。さらに心霊中枢である延髄も、いわゆる「神秘的な力」を保有しているか、少なくとも保護する大脳辺縁系に繋がっています。コフの文字の形状そのものは、人間の直立した姿勢を示唆します。

対応する星座の〈魚座〉は、小径の二元性、つまり小径の本質である男女の両面を示しています。魚座生まれは一般的に夢想家で感情的になりやすい人ですが、このどちらも、控えめにいっても、恋する人の特徴そのものでしょう。小径のヴィーナス的な側面はその象徴からも明らかであって詳しく述べるまでもありませんが、角と勃起した男根を特徴とする森林の神パンもここで一役買っています。パンは多くの小径に割り当てられる神の姿形であり、実にその名前が「すべて」を意味しているくらいです。光球を象徴するものとしてもマルクト、ネツァク、コクマーのどれにも相応しく、極めて強力な神の姿形なのです。アプロディテが受容する女性の側面であるように、パンは豊饒化する男性の側面であり、どちらも相手なくしては機能できません。愛の女神アプロディテが愛人としてアレスを好んだとする神話もありますが、パンもアプロディテの夫へパイストスも、泡から生まれた女神の仕事に必要な創造力の「火」の側面を共有しています。ちなみにアプロディテの仕事とは、愛は世界を動かす、というではありませんか！

この小径は、性の肉体的な側面はもちろん、それに関連する多様な感情まで含み込んでいる必要があります。そうでなければ、旅路は地に足がつかないことになります。さらに、これは「自然の小径」と呼ばれることもありますが、確かに母なる地球の豊かな自然環境は、同じように豊かであるヴィーナスの豊満さに匹敵するでしょう。でも「母なる自然」は貴婦人とはほど遠い振る舞いをすることもある、と心に留めておくと良いでしょう。タロットに描かれている犬のような動物たちを思い出してください。雌犬《ビッチ》の方が手懐けにくい、とよくいわれます。また「自然は赤い爪と牙を持つ」という昔からの格言もとても的確ですし、特に自然の最も成功した作品、人類にはぴったりです。生存に必要な「適応性」も、第二十九の小径の一部なのです。

この小径の裏面——そう、裏面もありますよ——の一つは、人類がこの惑星で唯一生き残る生物になりたいというあからさまな野望です。この地球を、共に分かち合わなければならない相手であるたくさんの動植物を毎年殺し続け、人類自身をも絶滅に追いやるまで繁殖を重ねると決意しているかのように見受けられます。世界的な人口爆発は、狂ってしまった第二十九の小径そのものです。

対をなす特性の小径なので、女主人アプロディテ（またはヴィーナス）にも二つの面があるのは意外なことではありません。そこで黒いイシスと白いイシスの神秘に言及せねばなりません。それだけでも一冊の本が必要になるほど広範な題材ですが、ここでは、愛と美の女神にさえ暗黒の双子がいる、と述べるに留めておきましょう。ただし「暗黒」とは必ずしも「悪」を意味するのではなく、実際にはそうした意味を持っている場合はかえって希なのです。この点については、イシスとその姉妹ネフティスに関する伝説を勉強すると大いに役立つでしょう。オカルトの作業を始めたばかりの初心者は決まって白いイシスに傾きがちになって、彼女が黒に転化する折に衝撃を受けてしまいます。しかし黒い側面を怖がる必要は何もありません。むしろ黒の側面から入った方が良いのです。根気よく待っていれば、彼女は必ず白いイシスに変身しますから。より詳しい説明を求めるならば、ガウェイン卿の妻、ラグネル夫人の物語を読みましょう。それから、聖書の『雅歌』も参考にしてください。

第二十九と第三十一の二つの小径には多くの類似点があります。二つが合わさって、火と水という元素の対極と、カドゥケウスと呼ばれる象徴的な形象の始まりを形成しています。またマルクトからホドへと導き、水神殿で終わる火の小径が「叡智の青い光線」の開始点であるのに対して、第二十九の小径は火の側面で終わる水の小径になっていて、さらに「力の緑の光線」の開始点でもあるのです。生命の木ではこうした入れ替わりの側面を度々見出すことになるので、それを深く探究することをお勧めします。そこには、隠れた小径を見つけ出すための鍵がありますから。

第二十九の小径

私たちの周りに現れる神殿は、花の香りで満ちています。サンダルフォンはアシム《火の霊たち》の一団と戯れていて、火花のようなアシムは、彼の差し出した両手の上で踊りながら、光るＤＮＡの螺旋に見える複雑なパターンを作っているのです。大天使が私たちを見つけて挨拶をしに来ると、アシムは天井まで築き上げたパターンを保ったまま、空中で動きを止めます。そしてサンダルフォンは、ちらちら光るアシムの側を通って行く私たちに、この踊りは私たちのために実演したものだ、と教えてくれます。私たちの存在の根源的な文様を思い出させようとしているのだそうです。そこでアシムに感謝の念を送ると、とたんに彼らは列を解いて、私たちの回りに群がって来ます。アシムと触れ合う初めての機会ですが、乱れ打って弾ける花火の真ん中に立っているような気持ちになります。手や頭に纏わりついてきて、私たちが活きた蛍でできている人間に見えるほどです。やがてサンダルフォンの一言で、アシムは私たちから離れて、祭壇に戻っていきます。

タロットの帳が扉を覆って現れます。月に照らされ荒涼とした風景は、寒々しく険悪な雰囲気を帯びています。帳の絵が立体化し生命を得たら、私たちはそれを通ろうとしますが、ほんの一瞬、タロットの淵の水面に足を踏み入れた感触を覚えます……。

熱く湿った深い密林へとすぐに入って行きます。周囲の空気はいろいろな音で満ち溢れていますし、腐敗した植物の臭いが鼻を襲います。地面は湿地らしく、足の下で沈みます。回りの木々は……これは木と呼べるのでしょうか、どちらかといえば巨大な羊歯に見えます。私たちが知っている美しい花にいつかは進化するであろうと思われる突起物は、今では醜く膨れた緑色のこぶに、原始的な色のしまをつけたものに過ぎません。これこそ、何百万年も前の地球なのです。何もかもが荒削りで、精力に溢れていながら落ち着きがなく、激しい世界です。そして、それがいずれ変わってくることを示唆する手がかりなど、どこにもありません。

いきなり凄まじい悲鳴が聞こえてきます。私たちは大きな羊歯の薮に身を潜めて、呆気に取られる光景を目撃します。巨大な蜥蜴のような動物同士が戦っているのです！　片方が小さく、雌のように思えます。この時代には譲り合いなどありません。小さくて弱い方が死ぬのです。私たちは戦闘中の動物を放っておいて、急ぎ足でその場を去ります。

辿れる小径などないので、一歩前に進む度に、行く手を阻む活きた緑の壁を押し退けて行かねばなりません。やがて茂みが少し薄くなって来ると思うと、かなり開けたところに出ます。進む先には、直立した二本の立石に、横石を載せて作られた石の門があります。横石にヘブライ文字の〈コフ〉が刻み込まれています。そして門の前には、生き物が立っています。しばらくしてから、それが女だ、ということに気づきます。彼女は背が低くて、ずんぐりしていて、色も黒い……それも現代のアフリカ美人に見るサテンのような黒さではなく、冴えない泥じみた色です。片目が潰れていて、だらりと開けた口には歯がありません。彼女の肉体には対称性の片鱗もありませんし、これだけ離れていてさえ、口臭と体臭が鼻を突きます。

石でできた「時の扉」の向こう側を窺うと、もっと素敵な風景が見えますが、扉を通る前に通行料を払わねばなりません。そしてその「通行料」とは、この番人への接吻です。通行料を払えないか、払いたくない場合は、神殿に戻ってください。遅かれ早かれいつか彼女を通過せねばなりませんが、代価を払うまでは先へ進むことができないのです。

通行料を払ったら、私たちは門を通り抜けて、次の時代区分へと移ります。ここもいまだ原始的な地球ですが、動植物の形はかなり変化しているようです。木々は、私たちの時代のものによく似ています。さらに、ネアンデルタール人もクロマニョン人も登場しており、大地と自らの運命をすでに造り変え始めています。

私たちは平地の草原を横切って歩きます。小さな馬のような動物の群れが見えますが、近づくと散り散りに走り去ります。行く先に雑とした獣道が曲がりくねって、木深いところへと入って行きます。いよいよ暗くなって来ますが、前方には焚火が見えます。そこには石器時代の人たちが十二人ほど集まっているようで、そのうち数人は年寄や親に抱かれている乳児から七歳くらいまでの子供です。まだ若い女が二人、大人の男が三人いて、男の一人は見るからに長です。

彼らは焚火の上で肉を丸焼きにしていますが、みんなが発している音から判断する限り、これほどたくさん食べられるのは久しぶりのようです。六つくらいの男の子が、お腹が空き過ぎたのか待ちきれず、垂れ下がっている腿肉を摑み取ろうとします。すると、長がたちまち怒りの叫びを上げ、子供の頭を打ち叩きます。火の向こう側までもんどり打って飛ばされた男の子は、頭から血を流しながら、地面の上に縮こまって動かなくなります。我が子を守ろうと飛び上がった母親は、長を嚙んだり引っ搔いたりしますが、無念、男の力には敵いません。彼女は悄気た様子で引き下がり、気を失った男の子を抱き上げて、頭の深い傷から流れる血を舐め取り始めるのです。

肉がそろそろ焼き上がって来ると、狩人たちから好きなところを取ります。女たちはその次で、子供と年寄りは最後まで待たなければなりません。母親も自分の取り分を引っ摑んで、歯で襲うかのようにがつがつ食べます。しかし、もう少しで食べ終わるところで、子供が起き出してきたのに気づきます。彼女は手にしている肉と子供とを、交互に見遣ります。その間で視線を移しつつ、鈍い思考で頭の中に浮かんでくるイメージを整理しようとします。そして、少しずつ見えてきたようです。まだ腹ぺこだというのに、彼女は子供のところへ肉を持って行き、彼の唇に肉汁を擦りつけて、吸うように促します。

ぼんやりしているものの意識を取り戻した子供は、食べ物を少し嚙むことで慰められたのか、ゆっくりと寝入ります。満腹した狩人の長は、さらなる慰めを求めて、女を子供から引き離して物陰に連れ込みます。手短に交接を済ませてから、男は火の側に戻ります。女も忍び足で子供が寝ている場所にひっそりと戻って、彼を抱き締め、寄り添って寝入るのです。私たちは、狩猟での成功や、満ち足りた腹などを夢見る人たちを後にして、その場を離れます。

木々の間を歩いていると、空が白み始めて、そのうちに夜が明けます。やがて、日干し煉瓦でできた茅葺きの小屋が何軒か固まっているような、原始的な集落に辿り着きます。集落の中央には、男根を象った一本の立石があります。その表面は何らかのシミで黒ずんでいますが、何のシミなのか考えたくないような気がします。

集落の向こう側では、男たちが集まって山羊を生贄にしているところです。山羊は怯えて踠《もが》きますが、その運命はすでに決まっています。許しがたい行為に思えますが、これはこの村人たちにとって、塩や水と同じくらい必要なことなのです。神々の助けなくしては作物が育たず、家畜も殖えず、女たちも不妊になってしまいます。ですから邪魔をしてはいけません。第三十一の小径を歩んだ時のように、距離を置かねばなりません。そのためには、どの生贄も無駄にならない、ということを忘れずにいましょう。それでこの場面を見て耐えるのが楽になるわけではないのですが……しかし、サンダルフォンに助力を求めて呼びかけることで、山羊の苦痛と恐怖を取り去ることくらいはできるでしょう。山羊はぐったりと踠かなくなり、穏やかに目を閉じます。そして刃物に命を取られる時、身震いさえもしないのです。これくらいのことはしてあげられます。小径で目にすることに指示がない限り干渉すべきではないのは、中でも学びにくい……とはいえ、どんなに辛いと思っても、必ず従わねばならない掟なのです。

女たちが持つボウルに受け止められた山羊の血は、立石のところに運ばれて、その上に注がれます。現代人の目と感性からすれば酷い光景ですが、人類の神々を崇拝する作法がどのように変わってきたのか理解するためには、こうした事柄に怯むことなく向き合わねばなりません。私たちが賛同できるわけではないのですが、こういうものだったのですから。生贄を供えた女たちが去って行くと、男たちは集って、儀式の次の段階を始めます。私たちもこれで旅路を続けなければなりません。

森の木がまばらになり、より手入れされたような景色になってきたと思うと、海に向かって勢いよく流れる、溢れんばかりの川に差しかかります。私たちは川を渡る石橋に立って、激流の中でゆったりと泳いでいる二匹の黄金色の鯉をしばらく眺めます。向こう岸には花園へと続く木戸がありますが、その中で咲いているのはほとんどが薔薇、あらゆる色の薔薇です。このアプロディテの庭園を、歓喜の気持ちで散策して行きます。庭園の木々は囀《さえず》る小鳥で活気に満ち溢れていますし、いろいろな種類の小動物も自由に走り回っています。

静かな空気の中、笛の甘美な音色が聞こえてきます。森林や海辺、山岳や谷間のイメージを呼び起こすその節回しは、私たちの心の琴線に触れ、精神にも魂にも染み込みつつ、何かを訴えかけてきます。その中には、愛してくれる愛しい人たちの声も聞こえてくるような気がします。私たちは思わずその音を追い始めます。糸に引っ張られているかのように、夢見心地で歩くのです。さらにあらゆる動物や鳥も、庭園のあちこちから雄と雌の番《つが》いで現れ、私たちについて来ます。進み行く小道の両側には彫像が並んでいて、どれも恋する人を表したものになっています。エロスとプシュケ、ロミオとジュリエット、アベラールとエロイーズ、ダンテとベアトリーチェ、アントニーとクレオパトラ……歴史と文学上の恋人はみなここにいるのです。

行く先に、白い石で建てられた神殿が見えてきます。雲のような白い鳩の群れがその周りで飛んで、入り口前の広い階段では、二頭の立派な豹が寝そべったまま陽の光を浴びています。私たちが追っている、音楽を奏でる「笛吹き」も、その階段の上に座っています。赤銅色に焼けたその胴体は陽光に光って、その琥珀色の瞳も、私たちの呆気に取られた顔を面白がっているかのように、輝いています。緩やかな螺旋を描いて広がる角。日光で暖まった階段の上で寛いで伸ばした毛深い脚。保護者であり友でもある彼に向けて、静まり返った動物たちが示している崇敬の態度……どれをとっても、私たちが今や〈パンの大神〉の御前にいることを物語っています。

軽く開いた官能的な唇から先ほど吹いていた葦笛を下ろして両手に持つ彼は、その唇に歓喜の笑みを浮かべます。欠伸をしながら背筋を伸ばして堂々と立ち上がると、彼に「豊饒の神」と名乗る資格があることは、もはや疑いようもありません。

神殿の中から女が出てきます。とはいうものの、死すべき定めの人の子が滅多に目にすることのないような、崇高な女性です。愛と美の女神がご自身の花園にお出ましになったのです。膝まで流れ落ちるその髪は蜂蜜色の真綿に見えて、その瞳も柔らかく輝きます。その唇は接吻を誘うようで、その誘いに山羊足の神が直ちに応じるほどです。その裸体こそ女らしさの極致である、彼女の面前に立っているだけで、どの男性の心も魅了され、どの女性も彼女を祀る神殿になるのです。

動物たちは神々しい二柱の回りに集まって、優しい愛撫や褒め言葉などを授かろうと寄り添います。女神の声は葦笛と同じような性質があるらしく、私たちも祝福の手を翳していただけるように、彼女の側へと引き寄せられます。彼女なくしては、喜びも愛もなければ、地球を豊かにする新しい命の恵みなどあり得ないものでしょう。花も木も、獣も鳥も、虫も魚もみな、彼女の祝福を得てこそ子孫を儲けられます。愛と愛の喜び……これこそ、彼女が地球上のすべての生き物に贈る賜物なのです。

パンは貴婦人の手を取り、神殿の入り口の方へ連れて行きます。そこでいったん立ち止まって、二柱は振り向いて、外に集まっているみんなに笑顔を見せてから中に入るのです。私たちも小径に戻って帰途につきますが、動物たちは身動きしないまま、何かの合図を待っているかのように、閉ざされた扉を静かに眺めます。私たちが恋人たちの彫像を通り過ぎ、花々の香る庭園を抜けて木戸に着いた辺りで、女の愛の歓声が遠く神殿の方から聞こえてきます。それで幻惑が解け、動物たちは林の中に溶け込み、庭園は寂しく静まり返ります。

川を渡って集落へと戻ると、その様子が変わっています。石の男根に代わって、絡み合っている男女を表す彫刻が置かれており、それも血のシミではなく、花や果物で覆い飾られているのです。満足げな山羊の乳を絞っている村の女性は、手に軽く頭突きしてくる子山羊を優しく撫でてやります。私たちは、集落の人たちが、ずっと穏やかな作法で生命力を崇拝するようになったことを喜びながら、先へ急ぎます。

空が暗くなって来ます。月光の下で、石器時代の部族が眠っているところに辿り着きます。狩人の長は寝ずの番をして、一団を見守っているのです。母親に寄り添って寝る男の子は頭がいまだに痛むらしく、すすり泣きながら眠っています。長は子供が寝ている場所に行って、側にしゃがみ込みます。一瞬、内面的な葛藤と戦っているように見えますが、それから不器用に宥める仕草で子供の髪の毛を撫で下ろします。それで子供が目覚めてしまうと、二人はしばらく、自分の人生と意識に新しい何かが登場してくるのを感じるのか、見つめ合います。長は今、歴史に残るちょっとした瞬間を作り上げているのを理解しないまま、ゆっくりと、ほとんど辛そうに、頬笑んで見せるのです。

彼はこれまで母親がやっていたのを真似て、子供を抱き上げると、焚火の側へ抱えて行きます。そこで二人は温かい連帯感を味わって座ります。父親の腕に包まれた子供は安全と温もりを知ります。世の中に新しい種類の愛が生まれる瞬間なのです。私たちは、この新たな親しみに浸っている二人を後にして、帰路に戻ります。

夜明けの光で、行く先には石の門と、その向こう側にある原始時代の密林が見えて来ます。あの黒いイシスも私たちを待っているようです。時の扉を急いで通り抜けたら、彼女の姿が揺らめいて変容して、ごく短時間で次々と、石器時代の女に、集落の女性、華やかなベドウィン族の衣装で着飾った少女、硬貨が煌めく頭飾りを被ったユダヤ人の乙女、身のこなしが誇り高く黒い肌もサテンのようなヌビア美人、赤い婚礼服を着る中国人の花嫁……など、女らしさの多彩な姿がもれなく披露されると、最後には麗しいアプロディテご自身が、歓迎の腕を広げて私たちの目の前に立っています。彼女はぞっとするほど醜かった時にもらった接吻をみんなに返してから、再び姿を消します。

急ぎ足で密林を通り抜けると、タロットの帳が私たちの帰りを待つように、二本の羊歯のような木の間に吊り下げられている場所を見つけます。煌めくアシムの姿も、帳の向こう側から微かに透けて見えます。帳を押して入って神殿へ抜け出ると、火花たちが回りに群がって来ます。まるで、漂い続けるアプロディテの気配を呑み込んでいるかのようです。扉の封印を終えると、サンダルフォンは、私たちを祭壇の前に導いてくれます。すると後から突然、さざ波のように流れる笛の旋律と、豪快な笑い声が聞こえてきます。びっくりして振り向くと、パンがそこに立っているではありませんか。祭壇の灯りで艶めく角の頭を反らし、蹄を広く踏ん張って立っている彼は、今度は静かに手を伸ばして、私たちの頭を撫でてくれます。石器時代の父親がしていたのと同じ仕草ですが、彼の方は明らかに、私たちが抱える精神的、肉体的な欲求を理解しているのです。神殿はゆっくりと消えます。

イェソドからネツァクへ

第二十九の小径が「性」の肉体的な側面に深く関わっていたのに対し、第二十八の小径はより高次の、完璧になった面に相当するといえるでしょう。これは、この小径を「自然の知性……それにより太陽の下に存在するあらゆるものが完成され、完璧になる」と説明する『イェツィラー文』の記述と合致します。

　イェソドからネツァクへと渡っていく旅路なので、それぞれの魔術的心像である「力強い裸の男性」と「美しい裸の女性」とを繋ぐ小径になります。この二つの心像《イメージ》はすなわち、ティファレトの太陽の下に暮らしていたころのアダムとエバの姿。霊的な意味では完成された完璧な二人でありながら、その先の教育が施されるマルクトの王国にはまだ入っていません。バランスの支点に立っている彼らは、これからマルクトに落ちるか、今のままで留まるか、選択せねばならない立場にあります。そして、その支点といえば「光をもたらす者」ことルキフェルでしょう。彼は聖書で描かれている邪悪な蛇ではなく、偉大な力を持つ霊的存在なのです。神性を目指す人類の進歩において極めて重大な役割を果たしてきたルキフェルは、この小径に深く関わっています。なぜならば、彼は「黎明の子」つまり「明けの明星《金星》」としてヴィーナスやネツァクの美しい女性と繋がっているからです。彼の翠玉の王冠は中心石が欠けていますが、かの「聖杯」が、その石から削り出されたとする伝統もあります。ルキフェルは実際のところ人類への使者の一人であり、ルキフグスとして知られる者とは大きく異なる存在なのです。

エデンの園での彼は触媒として働きました。人類には「自由な意志」なるものが与えられましたが、選択する余地も与えられない限り、その自由意志はあくまでも抽象的な概念、ただの可能性に止まってしまいます。そこで選択肢を提示してくれたルキフェルは、第三十二の小径で自らの深みを極めるように圧力をかけることで、神々しく凱旋する魂として浮かび上がってくるための条件を作ってくれたハデスと、類似する役割を果たしているといえます。

神話解釈の分野には「不可欠な過ち」と呼ばれるものがあります。これは、災難に見えて、災難としか思えないような出来事で……いや、確かに災難そのものです。しかしこの過ちを通じてこそ、より良いことが起こり得るのです。その最も良い例として、エロスとプシュケの物語があります。プシュケが恋人のエロスのいいつけを守り彼の正体を探ろうとしなかったら、彼女はやがて年老いて彼の愛を失い、死んでいったことでしょう。ですが、彼女はエロスに背いてしまいました。そのためいったんは彼を失ったものの、彼女はあらゆる逆境にも屈せず彼を愛し続けて取り戻そうと心を決めたからこそ、最終的には永遠の美と命、そしてエロスまでも手に入れました。何もかもがたった一つの不可欠な過ちのおかげだったのです。

さて、話をエデンの園に戻すと、そこでも同じような過ちが犯されました。ルキフェルは使命に成功したとはいえ、あまりめでたい気分ではなかったはずですし、結局は彼の悪評が広まるばかりでした！　とはいえ人類には、囓るべきか囓らざるべきかという選択肢が提供されました。そして、表面的には選択を誤ったものの、そこで好機を見過ごすような創造主ではありません。人類は物質界に陥ることによって、霊的存在としての経験に、物理世界における人生経験を目いっぱい加えることができるようになったのです。永遠の命と神性に立ち帰るためには、プシュケ同様、長い時間を要するかもしれません。しかしそれでも人類はその途中で多くの重要な選択をしながら、いずれは辿り着くことでしょう。何といってもマルクトに関連するタロットの〈世界〉は、「完成された業」と題されているくらいですから。

第二十八の小径には〈主なる父〉、つまり「創造主」として解釈できる〈皇帝〉のタロットを使うことになります。ここでどのカードを使うべきなのかについていろいろと論争されているのは承知していますが、私は『象徴ガイド』や訓練を受けた際に学んだ体系で推奨されているカードを使うことにします。〈星〉の方が良いという人もいますが、その場合はぜひそちらを使ってください。アダムの今際《いまわ》の際《きわ》に、息子のセトがエデンの門に戻り、父を癒すのに「聖杯」を求めたという伝説もあります。これはもっともな理由で断られましたが、そこに希望……〈星〉が示す、聖杯や永遠の命への希望……もありました。なので、〈星〉のカードをこの小径に対応させるのも、〈皇帝〉と同じくらい正当な選択だといえます。使いたければどうぞお使いください。

第二十八の小径はとてつもない創造力の小径で、これも〈皇帝〉のカードを使う理由の一つとなり、反対側の第三十の小径と同様に、詩人や夢想家に関連して想起されもします。イェソドからホドへ渡る小径は、純粋な知性の鋭く明晰な論理を直感と連結して活用します。一方、第二十八の小径は人類の希望や願望、夢などにネツァクの生命力を吹き込みます。前者が夢の実現に向けて努力させてくれるのに対し、後者は時として、ただ夢見るだけで満足させてしまうこともあるのです。ただし、叶えたい夢に対する願望と欲求がマルクトへと突き抜けるほど強烈ならば、話は別です。どちらにしてもこの小径は、準備ができていない心を打ち砕くほどの経験になり得ます。正しい選択をしていくことが不可欠です。

ものを映しながらその影を実物より美しく見せられるこの小径の特質は、〈水瓶座〉の星座に象徴されて、見て来たばかりの第三十の小径とも似ているところがあるのです。ここでも、旅人を映す鏡がまた一つ差し出されます。生命の木の至るところに鏡があって、後に第二十六の小径で見せつけられる通り、どこよりもありそうにない場所で出くわすのです。

この小径における能力不足は、物理レベルでの創造力に同程度の障害を引き起こします。芸術家や作家、音楽家などをいらいらさせるメンタル・ブロックは、突きつめればほとんどどれも第二十八の小径での欠如に原因があります。そんなブロックを解消するには、パスワーキングを行うのも比較的安全な方法です。この小径は火と水の要素を含んでいますから、海辺を特に荒天の下で歩いたり、熾火《おきび》を見つめたりすることによって、人間の潜在的な創造力が刺激され得るのは驚くには値しません。創造力を完全に実らせるためには、自己の内面にある両方の元素を制御している必要があるのです。

この小径のヘブライ文字〈ツァディー〉も、連結した二種類の力を象徴するものです。二つのヨッドが繋がり、下方に流れて新しい文字を形成したのがツァディーです。ヨッドとは「手」を意味する文字ですが、片方の手でできることより両手でできることの方が多いに決まっています！　なお、ツァディーの実際の意味は「釣り針」です。この小径に対応する男性と女性の魔術的心像や、男女の肉体に生じる化学反応が、釣り上げるように両性をひとつにすることを考え合わせると、ふさわしい言葉でしょう。

「誘惑」の別名で知られるバランスの欠如との関連もあって、ここは幻想だらけの小径です。イェソドからの出発となれば、当然のことではありますが……。ですから、妖精の粉や姿を消す魔法のマント、あらゆる意味での知識*を約束する、魅力的な熟したりんご……第二十八の小径では、こうしたものの魅惑と戦わねばなりません。もちろん人類が太古から夢見てきた「永遠の若さと美」を差し出されて、試されることになるだろうと予期できます。

この第二十八の小径には、ティファレトの太陽を見上げるネツァクの女性と、横から彼女を見遣るイェソドの男性とで、タロットの〈恋人〉を暗示するようなところもあります。このことについては、よく考え、単独の瞑想として使う価値があります。

ネツァクの天使の位階であるエロヒムがここで一役買っているのも、その永遠の若さと美があるからです。こうしたものは、大昔から「なんとしても手に入れたい宝だ！」と渇望してきた人類にとって、大きな誘惑になり得ます。常若の国ティル・ナ・ノーグの君主、妖精王エーンガス・オグもこの道に沿って駆けてきます。彼の誘惑は恐らく、他のすべてに勝ることでしょう。

＊　聖書曰く「人はその妻エバを知った」という類も含めて。

第二十八の小径

神殿が徐々に現れると、最初に目に入るのは祭壇の上に浮いている一体のアシムだけ、他には誰もいません。灯の前に立って「火の魂」を見てみると、まるで火のエネルギーを吸収しているかのようです。大きさはゴルフボールくらいで、火と光と熱に溢れて、脈打っています。よく見ると、小さな太陽みたいな核の周りに、さらに小さな光の粒がたくさん飛び回っていて、まるで原子に似ています。私たちが観察しているのに気づいたのか、アシムがじっと身動きを止めてしまうので、束の間戸惑ってしまいます。しかしアシムの心は優しく私たちの心に触れて、なだめてくれます。私たちの側にいるのを楽しんでいるようです。

それからアシムは中央の扉へと進んで、複雑な螺旋を立て続けに描くように踊ります。すると、扉がさっと開きます。私たちは神殿の灯に照らされて踊る火花を残して、通り抜けて行きます。

霧が私たちの周りで渦を巻く中、これから足を踏み入れる小径に思いを馳せつつ、イェソドへの上り坂を歩きます。月の銀色の扉が音も立てずに開くと、樟脳と白檀の香りがして、銀の皿に入った灯が挨拶するかのようにぱっと明るくなります。影の中から優雅な翼を身体にぴったりと巻きつけたケルビム《智天使》の一人が現れます。彼は私たちを右手側の扉へと導き、〈皇帝〉のタロットが描かれている帳を呼び出します。それはしばらく空中に揺れてから、星幽界的な実在として立体化して行きます。私たちがケルビムに目礼してから、じりじりと皇帝の脇を通って帳を抜けると、そこはオリュンポスの主神、ゼウスの殿堂の中でした……。

巨大な大理石の列柱の外に広がるのは、雪に覆われた山々の景観。急に切り立った山腹の遥か下に控える谷は、二本の川が平行して流れる帯状の緑地になっており、谷の上端にはもう一つの山があります。

私たちの周りに伝説の神々がいます。この巨大な殿堂さえ小さく感じるほど、圧倒的な存在です。高座ではほかならぬゼウスが謁見中。周りの神々と一緒に笑い、冗談を交わしています。黒い眉のハデスは脇に立って谷を見下ろしています。自らの王国を覆い隠す岩盤を見通そうとしているかのようです。そこで、白い腕のペルセポネが主を待っているのですから。

ポセイドンもまたこの飲めや歌えの大騒ぎに耐えられず、とにかく紺碧の深海に帰って、臣下の世話に戻りたくて仕方ありません。それでも彼は、見事な剣を脇に下げた赤髭の戦士の方を向き、話しかけようとします。しかし相手のアレスの目に入るのは、部屋の向こう側の寝椅子に横たわる美女のみ。緑の衣装を纏い、髪を金と真珠の網で纏めて、彼女を溺愛する夫が作ってくれた黄金の帯を締める、この愛らしいアプロディテ。彼女はアレスの激しい眼差を受けて、見つめ返します。二人とも妻の横で心打ちのめされる夫、ヘパイストスにはまるで無頓着です。

ゼウスの姉であり妻でもあるヘラは、みんなの間を回って、声をかけたり笑ったりしながらも、惚れっぽい夫から用心深い目を離しません。階段に座り込むヘルメスは退屈しきって、何でもいいからどこかへ飛んで行きたいと思っています。長い脚、翼のついたサンダルを身体の前に投げ出すと、そこここに集う神々の間を渡り歩くヘラについて回る自慢気な孔雀たちに、パンの欠片を投げ与えながら時間を潰します。少しずつ神々の様子が見えてきます。豊かな胸のデメテルも、弟ハデスの側に静かに座っています。お互いペルセポネを愛しているので、過去の苦痛は水に流すことにしたようです。

突然、甘く調子正しく響き渡る歌声が、雑談やざわめきを切り裂きます。アポロンが神々の栄光や英雄たちの偉業を歌っています。その間、周りは静まり返ります。峻厳なるアテネでさえ微笑み、拍子を取るように頷いていますし、アルテミスも大切な矢を磨く手を止め、双子の弟の声に耳を傾けているのです。しかしこの驚くべき集団の中に一人だけ、歌を聴いていないように見える者がいます。背が高くて浅黒い肌の彼は、春の風信子《ヒヤシンス》の色をしたマントで身を包んだまま立って、じっと私たちを眺めています。そこに私たちを呼ぶ声がする、と思うと、黄金色の巻毛を湛えた美しい少年が側に立っていました。ゼウスは私たちを御前に呼び出すために、お気に入りのガニメデを遣わされたのです。

近寄れば、偉大な父なる神はここにおられる誰よりも倍は大きな存在で、その目は鷲の如く、その荘厳のオーラが黄金の霞のように殿堂を満たします。その手に持つ酒杯は、一つの紅縞瑪瑙から彫られた上、あらゆる種類の宝石で飾られたもので、ヘパイストスの職人技を見事に代表する傑作です。彼はこの酒杯をガニメデに差し出し、古代ギリシアの濃く甘い葡萄酒で満たすよう命じます。そして、ゼウスが語り出します！

我が友よ、飲め。オリュンポスの神々と共に飲み、神々と一緒になるが良い。この美しき大地に在りしすべてに、我らが仲間として加われよ。汝らをみな神や女神とし、各々に力も領土も授けよう。その代わりに求むるは唯一つ、このゼウスをオリュンポスの山と、ここに住まう皆の支配者と認めることのみ。

いい終えた彼は、酒杯を差し出して、待つのでした。

私たちは躊躇《ためら》います。望むならば、何の苦労もなく神になれます。ただし、自分たちの人間故の欠点も、そっくりそのまま、他者を御する力に転嫁されてしまうのです。私たちの視線がなぜか、静かに隅に立っている浅黒いあの方に引かれます。彼はゆっくりと首を横に振り、飲むな、と警告しています。この酒杯は私たちのためのものではない、と言いたそうです。抗いがたい誘惑を感じますが、結局はかぶりを振り、早すぎる神格化の申し出を退けねばなりません。

ゼウスは微笑みを浮かべてから酒杯を唇につけると、飲み干します。いったん断られれば、無理強いはいけないとわかっているのです。あの、謎めいた浅黒い方が、ついて来るようにと手招きしています。彼は身を翻すと、巨大な玉座の後ろに消えます。そこには、厚布の幕に覆われた戸口がありました。私たちの案内役がそれを引くと、階段が見えます。山腹に刻み込まれた石段は、ずっと下の谷へと降りて行くようです。一人ずつ戸口を抜けて、長い下山の途につきます。案内役は無言のまま、私たちのすぐ後ろに着いて来ます。片足をかすかに引きずって歩くものの、彼の身のこなしは誇り高く、ほとんど王者らしいとさえいえます。

谷底に着くと、石段から遠くへと曲がりくねって進む道路があり、それを挟むように二本の川が流れています。道路の始まりに立つ岩には、ヘブライ文字の「ツァディー」が刻まれています。そして道のはるか先には、先ほど降りて来たのよりずっと小さな山があり、山頂まで半分登ったところに白い建物が見えます。この建物からは、誰かが精一杯明るくした部屋への扉を開け放ったような光が流れ出ています。

私たちは巡礼者らしく、無言で道を歩きます。すると、初めはごくかすかに、香しい微風《そよかぜ》に乗って声や音楽が聴こえてきます。私たちを包む霞がかった黄昏《たそがれ》の中から、この世では稀にしか見えない者たちの騎馬行列が近づいて来ます。思わず息を呑むほど美しい人々が、ある者は歩き、ある者は馬に乗り、さらにある者は絹と天鵞絨《ビロード》の輿に担がれて、行列を組んでいます。召使の妖精たちを従えた、中洞の塚山の貴族、妖精族が騎乗でやって来ます。

先頭は、緑と赤の衣装を身に纏った妖精の鼓手たちです。彼らの太鼓は空《から》の瓢箪に白い蝙蝠の皮を張ったもの。撥《ばち》は飛蝗の脚の骨で、一定の拍子を刻み、行進しています。次は、輝く虹鱒の鱗からできた上着を身につけた笛吹きたち。金銀の笛を吹きながら、踊り歩きます。そして笛吹きの後に、光沢ある土竜《もぐら》の黒い毛皮の上下を着こなした喇叭吹きたちが来ます。彼らが吹く貝殻は、人魚たちが妖精族への贈物として、遠く離れた海岸から採ってきたものです。

今度は、騎乗の騎士たちが来ます。蜻蛉の羽から作られた甲冑は、消えゆく陽の光の中で玉虫色にきらきらと輝いています。地中深くから採掘された銀でできている兜も、天辺が生きた蛍で飾られて、一人一人が光輪を被っているようです。彼らの槍は地下世界の鍛冶たちが研いだ金剛石で、矢は月光の矢軸に日光の鏃をつけたもの……闇夜のように黒い馬には、宝石を散りばめた馬勒と、緑の革の鞍をつけています。

今度は、高貴な身分の殿方と婦人たちが現れます。みな違う色の衣装を着て、まるで虹のようです。ファウヌスが担ぐ輿に乗っている者もいれば、その側を歩きながら、頭の中の音楽に合わせて踊って歌う者もいます。また、黄色い革の鞍と鈴が鳴る馬勒をつけた、秋の栗の木ほど赤い馬に乗ってくる者もいます。ティル・ナ・ノーグの「美しき者たち」が、中洞の塚山からご遊行です。

行列の最後に、漆黒の鬣《たてがみ》と尻尾を誇る乳白色の牡馬が登場します。この馬の乗り手は、銀糸で織られた布の装束を身に纏って、額には星々が煌めく王冠をはめています。黄金の髪に白き肌の彼こそ、その種族の誰よりも見目麗しい妖精の君主、若きエーンガスなのです。彼は手綱を引くと、私たちの前に馬を止めます。

その手には澄んだ水晶の酒杯を持っており、その中に忘却と睡眠をもたらす、妖精の甘い酒がなみなみと入っています。エーンガスは私たちの案内役を一目見て、自分より位の高い者に対する仕草で会釈してから、鮮やかな灰色の瞳で私たちを見据えます。私たちの心の中を探って、そこに潜む力を見極めようとしているかのようです。それから、酒杯を差し出して微笑みます。その微笑で、私たちはだめになってしまいそう。エーンガスが微笑めば、それがまだ真冬であろうとも、花々が咲くといわれるくらいですから。人の子の心の琴線を手繰り寄せるような妖精族の音楽が周囲に響く中、彼は魅惑的な、静かな声で話します。

我とともに飲み、我が民に加われよ。彼らを見て、美しいと思わぬか。汝らも、夢にさえ思わぬ若さと美しさを手に入れ、死すこともなければ、老いることも病むこともない、ただ愛し、生きるために作られたる者となれよう。我には、水晶と真珠の館あり。汝らもそこに我とともに暮らし、我が民と契りし彼らに同じく、我を主と認めよ。さあ飲むが良い。

彼は、杯を差し出したまま待つのでした。

有史以前から伝えられてきた、この人たちやその美しさについての話を耳にしています。私たちも彼らのようになって、永遠に生きられるのです。しかし「永遠」とはどれくらいの長さなのでしょうか？　飲むならば、私たちは創造主をどんな名前で呼ぶかはさておき、至上の者と繋がっている自分の一部を切り捨てなくてはなりません。エーンガスは、四大元素の王たちのように、いつまでも生き続けることでしょう。しかし「神聖なる火」の種火を宿さない彼の種族は、時間の経過さえ無意味になる「永遠」の広大さへと溶け込み、消えてしまう運命です。酒杯から飲めば、彼らと同じ運命を辿ることになります。

案内役を見ると、彼は首を振っています。忘却の酒を湛えた妖精族の酒杯も、私たちのためのものではないようです。酒杯を断ると、エーンガスは微笑んで、自ら飲み干します。そして馬を回して、一族の後を追って駆けて行くのでした。彼らの声は黄昏の空気に流されてきます……澄み切って、胸が張り裂けるほどに甘い声……。案内役は私たちの腕に軽く触れます。彼に従って前方の山に向かいますが、途中で分かれ路に来ます。足や蹄の跡から、低い方は妖精族が歩んできた道のようです。彼らの酒を飲んでいたら、私たちもこの道を進むことになったのでしょう。

いよいよ夜の帳が降りて、宵の明星もくっきりと明るく頭上に現れます。山径を登り始めると、静かな空気に運ばれて、人々が歌っているような声が聴こえてきます。最初はまた妖精族かと思いますが、今度は少し違う聖歌のようです。やがて径が回り込むと、遠くから見たあの白い建物のところに出ます。眩しい光が溢れ出る、小さな礼拝堂です。単旋律の聖歌はその中から聴こえて来るのでした。開け放たれた戸口の中を覗いて見ると、屋内の空間は外観よりずっと大きいらしく、中には「聖杯」の祝典に召された大勢の者がいるようなのです。

後ろから足音が聞こえる、と思えば、オリュンポスの神々も、「杯の中の杯」に敬意を表そうとお出ましになっているではありませんか。私たちは下がって道を開けると、神々は礼拝堂に入って、それぞれの場所に着きます。エーンガス・オグも神々に続いて入って行きます。私たちは外で待つことにします。礼拝堂に入る時がまだ来ていませんから。ここまで案内してくれた彼も、静かに、とても中の眩しい光を見ていられないといったふうに項垂れたまま、私たちと一緒に立って待っています。

中の祭壇から白い衣装を身に纏った女性が、布で覆われている聖杯を両手で持って、こちらに向かって来ます。集う一団の間を通って、「聖なる杯」を扉の外で待つ者へと持ってくるのです。私たちのところに来て布を外すと、その下にあるのは、単一石の翠玉から創られた聖餐杯。宝石の中には、小さな木の盃が入れ子になっており、そこに水と葡萄酒が入っています。人類のために用意されたこの「聖餐の杯」を、私たち一人一人に渡してくれます。そして案内役の前で足を止めた彼女は、浅黒い顔を覗きこんで微笑みます。すると窶《やつ》れた表情を明るくする一瞬の微笑が返され、フードが外されて、中心石を失った王冠が露わになります。そして、ルキフェルは聖杯に向かって跪きます。彼も、人類にはいまだ理解されない勤めとはいえ、彼なりに奉仕する者なのです。

聖杯は再び覆われて、祭壇に戻されます。さらに扉が閉ざされると、私たちは暗くて肌寒い山に残ります。聖杯に暖められて新たな力が血管に漲っている感じで、もと来た道を引き返します。山の麓、片方の川では、舟が待っています。舳先が白鳥の首を象った彫刻になっているこの舟に乗り込んで席に着くと、オリュンポスの山に向かって滑走していきます。

帰りの舟旅はすぐに終わります。待つ間もなく舟を降りて、ルキフェルの後でゼウスの殿堂への石段を登ることになるのです。帳を払いのけて入ると、殿堂の中はがらんとしており、ガブリエルだけが待っているようです。私たちの案内役は、兄弟にして同輩である彼を見ると、顔が一気に明るくなります。二人は短くほろ苦い挨拶を交わします。私たちはガブリエルと一緒に感謝を伝えてから、タロットの帳を通ろうとします。ただ、抜ける直前に振り返って見たら、ガブリエルがルキフェルを翼で包み込んで、愛情の抱擁をするところでした。そこから大天使も、私たちと一緒にイェソドに渡ります。彼は静かに神殿の向こう側、霧がかった下り道へと案内してくれます。別れを告げる彼は悲しそうな顔をしています。

　私たちはマルクトまで静かに下ります。神殿に入ると、「黎明の子」のために私たちにできることはないか、サンダルフォンに尋ねてみます。彼は、生命の木を歩くだけで理解できるようになるだろうし、その理解こそ、彼にとって何よりも有り難いはずだ、と教えてくれます。神殿はゆっくりと消えます。私たちはこのすべてを心に刻みつけなくてはなりません。

ホドからネツァクへ

ここで初めて、生命の木を横切って渡る小径に沿って旅することになります。このような水平の小径は、物理レベルでの効果からいえば、他の小径よりも扱い難い場合があります。なぜなら、左右の柱に配置されている光球はエネルギーを相互にやりとりする対極になっているので、気をつけなければその間であちらこちらに跳ね返されてしまう恐れがあるからです。

しかし虎穴に入らずんば虎児を得ず、です。それに、自分に驚くような結果になるかもしれません。ここには、前回の小径を思わせる微かな響きもあります。何しろこれもまた、「火＋水＝蒸気の小径」なのですから。これだけでも思案すべき事柄です。さらに金星の光球まで導く小径に火星が対応させられていることを重ねて考えれば、その力学は一目瞭然でしょう。

この小径に割り当てられるヘブライ文字は、「口」の意味を持つ〈ペー〉です。文字の形を見てみれば中には舌を思わせる小さなヨッドまで入っていて、まさに口のようです。「鋭い舌鋒は剣に勝る」とよくいいますが、この小径で作業している時に警戒すべき反応の一つに、人に噛みつくような話し方をする傾向が挙げられます。また、ここでも引き続き形状と創造力（ホドとネツァク）を扱っているので、「ペー」とはこのレベルで「創造の言葉」を発する舌である、と解釈できます。この点については、『象徴ガイド』下巻の六〇〜六一ページに参考になる説示があります。

『イェツィラー文』によれば、この小径は「それを通じてあらゆる存在もその霊と動作を授かる……能動的または心躍らせる知性」と呼ばれます。これもまた、この小径の激し易い一面を仄めかしています。さて、ここで生命の木を実践用の曼荼羅として使用する際に見落とされがちなことを指摘しておくのも良いでしょう。魔術師は、形……精神的な形と物理的な形を用いて作業します。ですから最も良い結果を得るには、形の根本である「三角形」を扱わなくてはなりません。この第二十七の小径で、生命の木の一部を構成する重要な三角形が完成します。その図式を見れば、第三十一、第二十九、第二十七の三つの小径が、下位の全セフィロトを取り囲む均整のとれた三角形になっていることがわかります。しかも、その小径はどれも象徴や効果、照応などの面で組み合わさっているのです。情報の伝達を強調する第三十一の小径は、マルクトからホドへと渡った後は右折して「口」を意味し、舌まで備える文字が割り当てられている小径に続きます。一方、身体の作り方に関連している第二十九の小径は、愛と生命力の光球へと導いた上で左折し、星幽《アストロメンタル》・精神レベルの「創造の言葉」に関連する小径に流れ込むことで、第二十九で作られた形に魂を授けるのです。こんな風に考えることで、生命の木を最大限に理解し、活用できるようになって行きます。それは単なる綺麗な紋様ではなくて、使うためのものなのですから。

ついでにいえば、この外側の三角形の中にさらに複数の三角形があるのがわかります。ジグソーパズルのピースのように、幾つ見つかるか自分で数えてみてください。イェソド＝ゲブラー＝ケセドの三角形でも同じようなことができます。ティファレト＝ビナー＝コクマーの三角形も確認しましょう。熱心に探せば、他にもたくさん発見できます。

この小径の激しい側面についての話がまだ途中でした。対応するタロットが〈塔〉なので、そのカードの象徴に含まれているあらゆる意味も伴ってきます。すべてを合わせると、第二十七の小径は実際より大変そうに思えるかもしれません。しかし大抵のことと同様、一歩ずつ進んで行けば、見かけほど大変な小径ではありません。もちろん、これらのパスワーキングと誠実に規則正しく取り組んでいるのならば、何もかもが順風満帆とは期待しない方が賢明でしょう。第二十七の小径は生命の木パスワーキングの第一段階を出題範囲にした「中間試験」と考えるのも良いかもしれません。

ならば、このパスワーキングで学ぶべき教訓とは？　難しい質問です。自分の動機や、この段階に到達した時点での達成度合いによるところも大きいので、簡単な答えは出ません。一つの考え方としては、〈塔〉があなたの人格を示しています。人類ならではの軽率さでもって、誕生の日から天の思し召しを完全に無視してただただ築き上げて来た塔です。第二十七の小径はそれを徹底的に調査する機会になります。その中から何が使えるのか？　何を捨てなければならないのか？　いまだに良好な状態を保っているものは果たしてあるのか？……を見極めます。いうなれば、自分を造り直すチャンスを与えられるのです。第二の塔が破壊されないことを祈りましょう！

ところで、あの雷は殺したり大きな傷を負わせるつもりではなく、我々の中からまともに機能していない部分を一掃すべく落とされるものです。つまるところ、抵抗すれば辛い経験になりうる浄化の過程です。だからこそ、この小径は油断ができないものの、生命の木の中でも重要な小径なのです。抵抗すれば辛い目に遭います。一方、雷の教訓を受け入れれば痣だらけになるかもしれませんが、いろいろな意味で自分のためになるでしょう。

これからの研究を助けるために、二つの手がかりを差し上げます。まず、何かを築き上げるには頑丈な基礎が必要になること。そして、この小径と交差している第二十五の小径に対応するタロットの称号「調和したる者の娘」は、バランスの取れた人格に大いに関係あるのです。

第二十七の小径

神殿が現れて真っ先に目に映るのは、美しい金色の羽の鳥。祭壇に止まるその鳥は、尾羽は床を擦るほど長く、歌えば開いた嘴からは黄金の火花の如く、鳴声が流れ出てきます。アシムは鳥を囲んで熱心に耳を傾けているようです。サンダルフォンは、歌い終えるまでそっとお静かにと、仕草で知らせます。終わると彼は祭壇から金の卵を取って、私たち一人に一個ずつ渡して、大切にするようにいいます。一緒に渡された革袋に卵を入れてから、左の扉へ向かいます。

扉が開くと、引戸のついた、青みがかったガラスの球が見えます。乗り込むと音もなく扉が閉まり、光の筋を通って、ホドの神殿へと昇ります。球が減速して止まると、目の前に、北極海の蒼色に縁取られた、半透明な氷の両開きの扉が現れます。扉がさっと開いたら、ホドの水宮殿に入ります。

床は真珠と紺碧のタイルが敷き詰められ、どのタイルにも記号がはめ込まれていて、知識の絨毯の上を歩いているような感じです。壁には大アルカナの絵が一揃い飾られており、その絵柄は生き生きしていて、タロットの帳を通って小径へと向かう時のように、今にも動き出しそうです。私たちが入った扉の他に、前方の東壁には第二十三の小径に通じる一枚の扉、右側の南壁には第二十六、第二十七、第三十の小径へと通じる三枚の扉があります。祭壇は扉と同じ氷の彫刻で、その上に置かれた坩堝《るつぼ》から聖なる灯が立ち上っています。何よりも長く見惚れてしまうのは、二本の柱です。これほど壮観な眺めはいまだかつて目にしたことがありません。向かって左は、揺ぎ煌く滝のように天井から床まで流れ落ちる水の柱。右側は、柱基から炎が次々と天井高く跳ね上がる火の柱です。

圧倒されて立ち尽くす私たちの前に、ミカエルが中央の扉から、歓迎の微笑みを浮かべて登場します。羽飾りつきの兜を脇に置いてマントも脱ぐと、南壁の中央の扉まで案内してくれます。彼が磨かれた扉の木を剣の柄で叩いたら、扉は融解し、タロットの〈雷に打たれた塔〉の帳を形作ります。ミカエルは、帳の向こう側で洞窟の口の中を覗いて、そこで見つけたものを持って行かねばならない、帰りには忘れずに元の場所に戻してくるようにといって、帳の向こう側へそっと押し通してくれます……。

私たちを取り囲む深い森は、とても人を寄せつけるような様子ではありません。暗くじめじめして、不気味です。人なのか動物なのか、野獣のような不安を掻き立てる音も聞こえます。私たちはしばらくためらいますが、雨も降って来たので、しぶしぶ目の前の獣道へと歩み出ます。道は絡まり合った木の茂みや、びしょびしょの草地を、当てどころなく曲がりくねっています。遠くの嵐からは低く雷鳴が響いて来るのです。雨も激しくなるばかりなので、ミカエルに教わった洞窟を探し始めます。そうしたら、すぐ目と鼻の先にありました。入り口で身を寄せ合って、土砂降りが収まるのを待つことにします。

洞窟の奥には木の幹があって、そこに剣が何振りか深く突き刺さっています。みんなの分、一振りずつあるようですが、簡単には取れません。力を振り絞ってぐいっと剣を引き抜きます。どうか使わずに済みますようにと願いますが、直感的に、まずそうはいかないだろうという気がしてなりません。

雨は疎《まば》らになって止んできたので、気を取り直して出発します。いくらも進まないうちに、灰色のローブを纏った男に止められます。背が高くまっすぐに立つ男の、その身振りや話し振りには威厳があって、その眼は鋭く、鷲の胸のような灰色に煌めきます。首にはヘブライ文字の〈ペー〉を象った銀の象徴を提げています。彼は行く手に待ち構える危険を警告してくれますが、それでも手にした剣を使わないことが重要だというのです。それから、ここは彼が存在している界層とは違うので、私たちを助けに来られるのはあと一回だけだとも教えてくれます。それだけいい残すと、彼は木々の中に消えてしまいます。

謎めいた警告にますます心をかき乱されながらも、先へ進みます。間もなく、森から殺風景で荒れた丘陵地帯に出ます。やや前方には村が見えます。重く雨雲の垂れこめる空を背景にした村は、いかにも足を踏み入れたくない雰囲気を漂わせていますが、私たちが行かなければならないのはあそこなのです。風に引っぱられないようにローブを身に引き寄せながら、家の集まっている場所へと急ぎますが、近づいてみると、どの家もすっかり崩壊しているのがわかります。壊れ具合はばらばらですが、いずれも大がかりな修繕が必要なのは確かです。そして、さらなる衝撃が襲います。何と、家ごとに一人一人の名前がつけられているのです！　自分の名前の記された家を見つけると、内なる声が、この家は自分自身の象徴であり、全力を尽くして修繕しなくてはならない、と告げて来ます。

どれも同じ間取りのようです。下の階に三部屋、上の階に二部屋、その上が荒れ果てた風景を見渡せる屋根裏部屋です。どの家も雑草だらけの庭に囲まれています。みんなでまず一軒を修繕して、きちんとできたら次の家に取りかかってはどうだろうか、と考えます。とても良い考えに思えました……お互いを全然理解し合えなくなっているのに気づくまでは。そう、私たちは意思を伝え合う能力を失っているのです。これでは一人で作業するしかありません。工具はそこら中に散らばっており、材木や石材も大量にあります。一回来ただけではとても終わりませんが、作業に手をつけることはできます。どうにか住めるようになるまで修繕するには、何度も来なくてはならないでしょう。しかも住めるようになったところで、時が経ってみないとわからない、修理や改善を必要とする隠れた欠陥がもっと出てきそうです。とにかく最大の打撃は、私たちの間で意思を伝える手段がなくなってしまったことです。周りから切り離されたような、孤独な気分になります。灰色のローブの友人を呼ぼうという考えが一瞬頭をよぎりますが、後でもっと切実に彼の助けを必要とするかもしれませんから、ここは自分たちで何とかしなくてはなりません。

庭だけでもやらなくてはならないことがたくさんあります。一仕事……どころか、七仕事くらいでしょうか。この問題にどう立ち向かうか、決めなくてはなりません。私たちは座って、切り抜ける方法を考えだそうとします。この小径は重要です。これまでの小径で学んだことの試験なのです。いい換えるならば、自分たちは旅のどこかで、これらの問題に取り組むのに十分な知識を身につけてきたはずだ、ということを意味します。家が私たちの人格を示していることは明らかです。私たちの欠点や悪癖なども、みんなの前に曝け出されたままだとはいえ、基本的な構造や設計は頑丈で、荒天にも耐えられるものです。これを「自己」ではなく、あくまでも「家」の問題として捉えるように努めなくてはなりません。そうすればあまり気を落とさずに済みそうです。では、上階から始めて下に行きますか？　それとも下から上にしましょうか？

ここに座っていても仕方がないので、腰を上げつつお互い顔を見合わせると、自分の「家」に行って、作業に取りかかります。まずは、建物全体を上から下までよく調べて、大仕事になるのは何か見極めた上で、計画を立てて動かなくてはなりません。話せなくても、手振りや記号などは使えます。お互いの要求を伝え合う方法を創り直せば良いのです。やがてそれが新しい言語にまで発展することでしょう。自分たちの作業を実らせたかったら、肉体的にも精神的にもかなりの努力が必要です。その一方、この小径での成果は全部物理レベルに現れるので、得るところも大きいとわかっています。

みんな各々の「自己の家」の調査を始めます。どんな様子か、何をしなくてはならないか、一番いいところと悪いところはどこか……何もかも思い出せるようにしっかり心に刻んで、戻ったら記録を残します。最初の訪問でできるのはこれくらいです。もうすぐ戻る時間ですが、その前に私たちに渡された金の卵を取り出すと、雑草の生い茂った庭の地面に置きます。置いたとたん、卵は発火して激しく燃え出します。炎が燃え尽きると、黒く炭のようになった殻が残されます。殻に亀裂が走って割れて、中から出て来るのは、神殿で見た金色の鳥がそのまま小さくなったような雛。雛たちはあっという間に成鳥になって飛び立ちます。そして庭の木の枝に止まると、不死鳥の歌を歌い出します。この歌は、混乱と絶望の中からでも新しい生き方を再構築できる象徴として、覚えておくべきものです。不死鳥たちは、みんなの家が適度に改築されるまでここに留まり、それから「太陽の国」へと羽ばたいて行くことでしょう。

私たちは森へ戻りますが、その端に差しかかる辺りで振り返りながら、これからこの小径でしなければならない重労働に考えを巡らせます。それからもう一度、深い緑に入ります。木々の間に入るとすぐ、再び話が通じるようになっているのに気づきます。こうなってみると、今まで以上に、身にしみて言葉の有り難みを感じるものです。着々と小径を進んで行くと、木々の合間から騎士の大群が現れます。血の赤の武具で身を固め、盾には火星の記号をつけています。彼らの団長は、私たちに臆病者、間抜け、もっと酷い言葉を投げつけて挑発してくるのです。彼らは私たちのすぐ側で馬を乗り回して、鋭い剣で腕や脚を突っついてもきますが、それ以上に暴言が心に深く突き刺さります。暴言には暴言でやり返しますが、それでは彼らに攻撃の口実を与えるばかりです。私たちもついに剣を抜こうとするものの、灰色のローブの男の言葉を思い出して、どうにか踏み留まります。すると突然、彼がそこにいるではありませんか！　木々の間から、馬を駆り勢いよく乗り込んで来たのです。彼は白い武具の騎士の軍団を引き連れています。この新しく現れた一団が赤い騎士たちを取り囲んで、包囲することで無力にします。灰色のローブの男は両手を上げて深く息を吸うと、奇妙な言葉を唱え始めます。その強烈な振動で、私たちの星幽体の耳が痛くなるほどです。赤の騎士はみるみる形を変えて、単に赤い服を着た人たちになってしまいます。彼らは私たちのもとにやって来て、跪いて許しを請うと、ここで私たちを助けてもいいかと申し出るのです。私たちが男に導きを求めると、内なる耳に彼の声が響いて来ます。

彼らは強く、喜んで能力を発揮するので、役に立つかもしれない。彼らの助力があれば、家を一人でやるより早く堅牢なものにできるだろう。その上、この赤の騎士は舌を象徴する者だから、「荒地《あれち》」でもお互いが会話できるようにしてくれる。こちらでの彼らは、ひどい危害を加えうる怒りの言葉を象徴する者だが、口と歯を象徴する白の騎士たちに包囲されるならば、無害な下僕に変わるのだ。しかしながら、彼らは油断ができない相手だ。だからあなた方は常に警戒していなくてはならない。彼らがいつ、多くの善行を台無しにしてしまうかわからないからだ。

難しい挑戦ですが、私たちは受けて立つことにします。白の騎士たちに、彼らを「荒地《あれち》」に連れて行って、私たちが戻るまでに、庭の雑草を始末させておくようにと指示を出します。助けてくれた友に別れを告げると、洞窟に戻って剣を元に戻して、タロットの帳へ、ホドへと急ぎます。ミカエルが扉を封印するために待っているのです。それから彼は、私たちをマルクトまで運ぶガラスの球まで見送ります。マルクトに着くと、サンダルフォンはいませんが、アシムに祭壇まで連れられて、私たちの世界が再び現れるまで、そのまま一緒にいます。この小径は、征服するまで何度も旅する必要があります。生命の木の旅の中でも重要な段階なので、最後まで頑張り抜かなくてはなりません。

ホドからティファレトへ

訓練に関しては、これで中間地点まできました。下位の四つのセフィロトの間の小径が一つの総体的な学習段階を構成していて、密儀の学舎ならばここまで学ぶのにすでに学徒の人生の二、三年を費やしていることでしょう。学徒がその間上位の小径を学んだり、パスワーキングをしないという意味ではありません。ここでいうのはパスワーキングを遥かに超える、実際のオカルトの訓練のことです。取るに足らないことですが、もしも位階を話題にする必要があるならば、そのような人はフィロソフォス位階に相当します。

しかし本書の中では、読者にこれまでの学習を見直すために、いったんパスワーキングの課題から離れるよう強く勧めたいところです。この時点までに受け取った情報と知識を取捨選択して、整理したり、関連づけて参照をつけたりできますから、踏んでおく価値のある手順なのです。ここが自分を律することができるかどうかの、分岐点になります。いわれた通りにする人とそのまま突き進む人がいるのはいうまでもありませんが、そこが本物の学徒と、肘掛け椅子に座った道楽半分の人を分けるのです。熟練者の目には両者の最終結果の違いは歴然としています。

あなたが忠告を受け入れて、少なくとも二週間、月の一周期ならなお望ましいですが、「休養」を取ったとします。そうすれば次の段階に進む準備ができているはずです。次の段階を構成する八本の小径を旅し終えるころには、あなたもこの一ヶ月の休暇の必要性を理解していることでしょう。この先には、生命の木の中でも特に困難を伴う旅が待っているのです。

第二十六、第二十五、第二十四の小径は、本物の探求者と、妖精の粉で目が眩んだ人とを篩い分けるものです。オカルトを長い冬を過ごす面白そうな娯楽と見做す人たちもいますが、そういう人たちは、内なる自己と対峙させられることなどまずない、家の補修でも学ぶ方がよほど良いでしょう。長年生命の木の中や周辺で作業を重ねてきた私でさえ、本書の執筆によって、実人生で何度かぞっとするほど恐ろしい目に遭ったくらいですから。

次の三本の小径は、「霊魂の暗夜」として知られる霊的体験の段階を示します。霊的成長に深く関わる、愛、叡智および力という三つの側面との結びつきが強いこれらの小径は、学徒の人格が三つの側面で霊的成長に見合ったものであるかを試します。そしてここでも魔法の鏡の側面に触れることになります。これらの小径にも反射の性質があって、答えは書物や賢者からではなく、自分たちの中の真理の泉から見つけ出すように、と跳ね返して来るのです。

第二十六の小径は、心の光球から「太陽ロゴス」の光球へと旅します。したがってここでは、誤った認識や思念体のすべてが、日の光の下に晒されることが予期されます。最も大切にして来た幻影の幾つかが試されます。現状を維持しようとあなたの人格が抗うのは間違いありません。私たちが長年抱えて生きてきた偽りや間違った考え、反転像とその反対に立つ小径の力でもって、この「暗夜」は、さながら戦場の縮図になるとも考えられます。第三十二と第三十一の小径はそれに較べれば居心地が良さそうにさえ見えますが、自らの幻影を手放すのは非常に困難です。しかしそれができなければ、私たちは鏡の国のアリスのように、物事をもっぱら鏡の逆側からしか見られなくなってしまうのです。

〈悪魔〉は人類最古の幻影の一つですから、このタロットが旅の主要な手がかりとなります。この不完全な世界に出現する下劣な悪魔は、被造物による創造物、人間自身の低俗さから作り出された思念体であり、通常は陳腐な神の姿形をとって外界に投影されます。ある時代の神が次の時代の悪魔になる、はまさに至言です。古いカバラの書物で、神の絵が、必ず一人は白、もう一人は黒の反転像と対で描かれたように、万物に正反対のものがなくてはならないのが宇宙の理《ことわり》です。反転とは必ずしも悪を意味するのではなく、幻影なのです。興行奇術師についてよくいわれる「すべては鏡によってなされる」は、別の種類の魔術師にもあてはまりますが、こちらの魔術師は、彼らを煩わせる幻影の鏡を破壊するのです。鏡にまつわる多くの迷信が像や事実を歪ませる鏡の力に対して警告を発しています。鏡を覗きこむのでなく、通して見ることを学ぶまで、私たちはその罠に囚われたままなのです。

この小径のヘブライ文字の〈アイン〉は「目」を意味していて、幻影の主題に打ってつけです。目は簡単に混乱させられ、この視覚的幻影は興行奇術師が用いるもう一つのトリックでもあります。しかし、全体的な目となると別の事柄で、こちらは何もかもを見通すものとして、良くできた神話辞典なら必ず載っているペルセポネの物語に遡るものです。

『イェツィラー文』ではこの小径を「更新する知性」と呼びます。だから私たちは相対すべきものに相対し、そして手放すことができるように作られているのだと考えられます。これがタロットに描かれた二人の人物の意味です。二人は幻影に囚われているから、そこにいるのです。一瞬でも幻影を手放せさえすれば、状況の真の姿を見ることができるのですが。

この小径に対応する星座は、〈山羊座〉です。お金がないと不安になってしまう天性から、金儲けを追求しがちな性質を持つとされます。お金と安全の同一視は古典的な幻影でしょう。真実無二の安全は、人間としてのあなたの中にあります。この内面の富の感覚がなければ、世界中のお金をもってしても安全は感じられません。三〇年代初期に育った私のような人間にとっては、この幻影は非常に打ち破り難いものです。育ちや環境により、決して外せないと思い込む見えない鎖で縛られもするのです。

このようなことから、この小径は暗闇の旅路となりますが、オカルトの訓練における通常の意味合いではありません。ここでは、星のみを頼りに未知の小径へと歩を進めねばならないことを意味します。できる限りの努力で、たとえこれまで信じていたあらゆることに反しているとしても、心をこれまでとは異なる信頼のレベルにまで自分で変化させなくてはなりません。小径はあなたに挑みかかり、命令し、呼び寄せ、ついには反対側へと引っぱり込んでしまいます。ここでは、物事はあるように思える姿にないのです。

何年も前に友人がC・S・ルイス著『天国と地獄の離婚』をくれましたが、この本の中に、光の存在に、人は何のために生まれたのか、と尋ねるところがあります。答えは、

「無限の幸福のためですよ……あなたはいつでもその中に飛びこめるのです」……タロットの二人にもそ

うできます！

第二十六の小径

サンダルフォンへの贈り物を持って行きましょう。物質的なものではあり得ませんが、心に思念を組み立てることはできますし、それは私たちと一緒に星幽界レベルへと転化されます。とても幸せな思い出でも、絶好の季節に眼にした風景や、長く離れていた家に帰る気分でも良いのです。誰かを深く愛した感情、単純に何かをうまくやり遂げた喜び……。こういったことは、より高次の存在と分かち合えば、美しい形と色に姿を変えて、大天使にぴったりの贈り物になるのです。

神殿が現れると、サンダルフォンが南壁の窓の前に立っています。彼がこちらを向いた時に、私たちが贈り物を持って彼の側に行くと、大天使でさえ予期せぬ贈り物に驚いたり、喜びで頬を染めて、子供のように幸せになれるのだと知ります。彼はちょっと恥ずかしそうにお礼をいって贈り物を祭壇に置くと、私たちを左手側の扉に連れて行きます。彼が燃える印で扉を開くと、ガラスの球に入ります。サンダルフォンは旅に出ようとする一人一人の額に、記号で印をつけます。

ガラスの球が水神殿へと泡のように上昇すると、すぐに氷の扉が近づいて来ます。止まって、神殿と球の扉が同時に開いたら、ホドの神殿に入ります。火の柱からミカエルが姿を現して兜とマントを側に置くと、優しく挨拶してくれます。彼は、私たちがすぐに会いに戻るのを望んでいる、遊牧民の長老たちの挨拶状を持っているのです。

少しの間祭壇の前に立って、これから旅する小径に必要となる力と叡智を願い求めます。それからミカエルと一緒に、南壁にある三つの扉の一つに向かいます。大天使が剣で印を刻んだら、タロットは燦《きら》めきながら実体化します。タロットの人物はとても威圧的なのでたじろぎますが、すぐに彼のまたの名は「幻影」であることを思い出します。小径に出る寸前に、ミカエルが、このタロットには役立つかもしれないもう一つ別な名前がある、それは「笑い」だ、と教えてくれます。私たちは通り過ぎます……。

鏡張りの廊下に出ると、後ろにはタロットの裏側、このカードの逆の面が見えます。鏡は私たちの姿を非常に精密に映しています。きちんとした灰色のローブ、サンダルを履いた足、顔は色白で奇妙に美しく、穏やかな静けさに満ちています。まだほんの数本の小径を旅しただけなのに、すでに本物の参入者の風格が備わっているのです。

回廊は同じく鏡張りの次の回廊に連なって、自分たちと同じ調子で歩く鏡像をちらちら見ながら歩を進めます。ここの鏡は前のものほど上等ではなくて、顔はやや不健康に青白く、ローブもぴったり合っているようには見えません。鏡を見つめたとたんに現れる、無表情な自分たちの鏡像を捉えます。光のせいでそう見えるのかもしれませんが、歩くというよりはよろめいているようです。不安を感じながらもう一つ角を曲がっても、鏡の廊下には終わりがないのです。鏡像はさらに醜くなり、完全に間違っていて、歪んで縮んでいきます。もはや私たちと同じ動きについてさえ来られず、鏡像自身が恐ろしい半端な生命を得たかのようです。

走って逃げますが、曲がるほどにもっとたくさんの鏡が出現して、もっとたくさんの鏡像と相対させられます。とうとう辿り着いたのは、迷宮の中心にある円形の部屋です。部屋の中央の石にはヘブライ文字の〈アイン〉が刻まれて、その上にホルスの眼の象徴があります。入った扉はすでに消え失せて、鏡に囲まれて、無数の反射像に囚われます。私たちの恐れに対する憐れみの片鱗もない目が見下ろす視線に、捕まるかのようです。

タロットの中に囚われてしまっています。今や私たちにも角と尻尾が生えていて、石の上には冷酷な笑みで見据える、魔王のような人影が座っています。悪魔の胸には〈山羊座〉の印。ここで思い出すべき何かがあったはずですが、記憶の隅に追いやられて思い出せません。囚われて弱り果てた私たちは、石の傍にへたり込んで、どうしても必要な重要な情報を何とか思い出そうとします。すると、悪魔の胸の山羊座のサインが何かを印象づけようとするかのように、ぎらぎら輝きだします。どうにか考えます……山羊……海の山羊《山羊座》……海はビナーの象徴、ビナーは理解を授けてくれる、理解こそがここで私たちにできること。山羊と悪魔はしばしば同等に扱われます。ヘブライ人は、罪から逃れる手段として山羊を利用しました。この可哀想な動物に罪を着せると、砂漠に引き立てて行って殺したのです。〈山羊座〉、「スケープゴート《贖罪の山羊》」。頭の中をぐるぐる駆け巡ります。ああ、見られさえすれば。

「ホルスの目」と明瞭な視覚、これです！　明瞭に見られさえすれば、目の前の幻影を見通すことができるのです。ここで見ているのは、真実の微妙な歪《ひず》み、真実の幻影にすぎません。ハデスの神殿の鏡、オアシスと水の反射を思い出します。他の小径で助けてくれた人たちの顔が心に生き生きと登場するにつれて、心像《イメージ》がちらつきます。ハデス、プロメテウス、ヘパイストス、長老たち、一人一人がより多くの記憶を呼び起こさせてくれます。鏡像に目をやると、もはやおかしなものにしか見えないので、笑います。笑い声が部屋にこだますと、鏡が割れ始めます。一瞬、『シャロットの姫君』の詩に出てくる幻想の鏡を思い出します。こうして明瞭に見えるようになって、自分たちのためだけでなく、まだ自分たちだけで進む強さを身につけていない人たちのためにも、探求者となって、星幽界の砂漠の小径を旅します。私たちは現代版のスケープゴートです。進んでそうなるのです。

立ち上がって、どれも偽物だった角と尻尾を外し捨てます。悪魔を近くで見つめたら、私たちに向けてにやりとします。それが、さらなる記憶を呼び起こします。思い出すのはアプロディテの庭にいる、パンの美しい姿です。彼は人生の喜びに満ち溢れて、極めて生き生きとしていて、一点の邪悪もありません。たった今、私たちを包んでいる笑いのようです。パンの角はモーゼが着けていたのと同様の、創造力と力の角です。悪魔は外からはやって来ません。内から生じるもので、そこだけが彼らの王国。私たちはその場所で彼らを拒絶することができるのです。

姿形が変化して成長します。石に座るのは私たちの知っているパンですが、変容は続いて、石は王の座る玉座となります。彼の王冠は黄金の円環で、そこから繊細な枝角が刻み出されています。かの幻影は「太陽ロゴス」を、私たちが見たくなかった、または他人が私たちに知らせたくなかった何かの、スケープゴートにしたのでしょうか？　今こそ何世紀にも渡り供されていた半分の真実の迷路を、はっきりと見通すために懸命になる時です。鏡の裏の真実を探して、見つけ出す好機を得たのですから。

鏡張りの部屋は消えて、私たちは地下の洞窟にいます。周囲の壁には野牛や熊や羚羊がびっしりと描かれ、その合間には、皮を纏って角を着けた人物も見受けられます。壁画を追って、人類の、その創造主に対する考えが形を変えて行くのを見ながら、洞窟を歩いて通ります。新しい考え方が生まれると、その信奉者たちがその一つ前のものが土台になっているのを認めることを拒否して来たのを、見せつけられます。権力者たちは、何かしらの上に築かなくてはならないことを忘れていました。古いやり方の中に必要なものは何一つないと考えてきたのです。それぞれの「新しい」神の下で、古い神も成長を続けます。あるものから別ののがいきなり出現するのではなく、人類が古来の真実を経験できるように新しい形を用いるだけのことで、昔もそしてこれからも、常に同じものなのです。

神は成長を遂げて、進化して、進化の中にあっても普遍です。私たちはそれを明瞭な眼で見つめ、山羊と共に、一つ一つ新しい理解の高みに向けて、跳躍しなくてはなりません。道はもう暗くありません。暗闇を通して、あらゆるものの第一の基礎である光を見ることを学んだからです。前方に帳が見えると、その前にはミカエルが立って、私たちが敷居を越えて入るのを迎えようと待っています。中に入ると、疲れ切って突然力尽きます。休息を取ったら、大天使が私たちをガラスの球まで連れて来て、乗り込むのを見届けると、下降して見えなくなるまで手を振ってくれます。降りるとそこには、贈り物をアシムと分け合っているサンダルフォンがいて、一人一人を優しく抱きしめてくれます。星の爆発の中に包み込まれたような感覚です。彼の愛が私たちの中に川のように流れ込んでくるのを感じると、それ故に満たされて、自分たちのレベルに帰ります。

イェソドからティファレトへ

ここからは「暗夜」の二本目の小径で、ここも決して楽にはなりません！

注意して考えて欲しいのは、上昇する小径のそれぞれを説明する序文とパスワーキングそのものは、より短く、時に抽象的になりがちだという事実です。なぜならば、小径が高次になるほど、ケテルの究極の簡素さに近づくからです。源に近づくほどその源について語ることは少なくなりますし、簡素になると現代人は対処に苦慮するものですから、高次の小径はずっと深い影響を与えます。

この小径のヘブライ文字は「支え棒」、または「杖」を表す〈サメク〉です。生命の木の中で占める位置を見てみると、第二十七の小径と交差してT字型を、第三十二の小径と合わさってタウの十字架と杖を象っています。生命は支えであると同時に、死の手段でもあります。小径の中で頻繁に見つかるこういった明白な矛盾は、オカルトの訓練と生命の木そのものの理解の両方で非常に重要です。表面上は相容れないような状況の中にこそ、小径や光球の真の意味が見出せるのですから。

対応する星座は〈射手座〉、ケンタウロスとして描かれる「射手」になります。十二星座の中で二つだけが異なる種類の組み合わせです。半身馬で半身人間の〈射手座〉と、一つ前に旅した小径の星座、半身山羊で半身魚の〈山羊座〉です。アッシリア神話の「翼ある牡牛」やミノタウルスのような二種を併せ持つ姿は、オカルトの象徴によく見られます。

人間の姿をしているのが頭または胴体ならば、人間の精神が純粋な動物的本能の上に位置して、優勢であると見做せます。翼を持つのは、高次の自己が既に神聖なる源泉に到達していることを示します。ミノタウルスはこの反対で、人間のより高次な精神力が動物にとって代わられ支配される、退化を示します。〈射手座〉は、動物性を克服して星を見上げ、自身の思念を矢のようにして狙うまでに至って、次の段階は「四聖獣のうち有翼の人間」になります。サジタリウスとケイロンは両方とも、イアソン、アスクレピオス、テセウス、その他の半馬人の師であり、獣の肉体の引力を征服して脱出したいという人類の願望の象徴です。半獣半魚の〈山羊座〉にはいくつかの意味がありますが、中でも考えたいのは、動物崇拝からの転機でしょうか。山羊が最高の生贄とされたところから、人類自身、特にその中の一人がスケープゴートと運命づけられた〈魚座〉の時代への変遷です。

『イェツィラー文』はごく簡潔に、ここは「誘惑の小径」であると教えています。ナザレのイエスが砂漠にこもった四十日四十夜、そして彼の低次の自己からの誘惑が、例に挙げられるかもしれません。注意深く読み込めば、ここに第二十六と第二十五との両方の小径の要素が含まれているのがわかるでしょう。誘惑も、新しい理解に向けて幻影の鏡から飛び出すのも、これらの小径から予期できる典型です。誰にも、どれも最適ではない中から苦渋の選択を迫られるような誘惑のきっかけがあって、人間の性癖で、その手の状況には潜在意識が大変まことしやかな議論を持ち込んできたりもします。そうしたら第二十六の小径の教訓を思い出して、利用するのです。

このような小径を、何の助けもないまま旅しなさい、とは要求されていません。助けは約束された通り、ヘブライ文字によって、虹によって、小径に刻まれた重要な象徴によって、近代では医学に携わる者の象徴となったカドゥケウスの癒しの杖によって与えられます。ここでは癒しが非常に重要な意味を持ちます。というのも、誘惑が成功するためには、魂の奥深く隠れた病理が頼りだからです。病理さえ癒されれば、誘惑はもう力を及ぼせません。ここで考えるべき点は、多くの救世主または犠牲的神々は、「左踵を地面に着けられなくて」跛行《はこう》することです。ヘパイストス、アスクレピオス、ヤコブもそうですし、その痕跡がトリノの聖骸布の上に見られる御方も、片方の脚がもう片方より短いようです。「医師は自らを癒す」が、この小径で留意すべき諺です。脚が不揃いな人には杖が必要で、霊的な意味では、人類は脚が不揃いだとすることもできるのです。

〈節制〉のタロットは第二十五の小径に多くの視覚的洞察をもたらし、大天使ラファエルは癒しと砂漠を背景に見られる太陽とに最も強く関連づけられています。太陽と月、両方の象徴的意味が、天使が片方からもう片方へと水を移し替える金と銀の壺で提示されます。タロットの称号の一つである「命をもたらす者」は的確な描写です。いくつかの意味で、ここは新しい誕生の小径だからです。実際「暗夜」の小径は三本とも復活のそれであり、そのことを頭に入れて考察すべきなのです。第二十五の小径は第三十二から続いて、学習する霊魂をハデスの大広間から高次の自己と一体化する地点まで連れて行きます。ギリシア語ではΨΥΧΗと綴られるプシュケの名前が蝶を意味するように、霊魂は暗闇を抜け、光へと羽ばたきます。

虹は一番識別しやすく、万人共通の象徴の一つでしょう。守られた約束、神（々）と人類を結ぶ橋、世界と世界を繋ぐ道など、いろいろな意味があります。生命の木では、それらすべて、そしてそれ以上の意味を含み、イェソドと第三十二の小径のすぐ後ろ、ティファレトのすぐ前の位置に架かる虹の約束は、私たちが「暗夜」に勝利できる、いつか勝利するということなのです。

第二十五の小径

アシムが神殿で歌っていて、その美しい旋律の短調の聖歌は、月光に照らされた海岸と静かな島々、あるいは夏の太陽の下で夢見る、眠たげな穀物畑を思わせます。歌が終わるまで待ってから進み出て、彼らとサンダルフォンに挨拶します。火の魂に歌のお礼をすると、彼らは喜びを与えられたのに満足して、私たちの周りで小さな蛍のように点滅します。人類はあまりにも長いこと、他のレベルの存在から自分たちを切り離してきましたが、彼らとの交友は、物理レベルでの交流と同じほど、親密で好意的なものなのです。

中央の扉が開かれて、菫色《すみれいろ》の霞の中に入ろうとする私たちに、サンダルフォンが穏やかに微笑みます。坂道を登ると、霞の中に初めて、うっすらと丘や木々の姿が見えるのです。今までここに霞の他に何かがあるとは気づいてもいませんでした。行く先で微光を放っているイェソドの銀の扉は私たちが着くと開いて、中から差す光でガブリエルの輪郭が露わになります。彼は頭の周りに見事な菫色と銀色のオーラを微かに煌めかせるだけの、若い男性の姿で登場します。

神殿に入ると祭壇に向かって進んで、しばらく静かに立っています。影の中から現れるのは、旅に持って行くT字型の杖を運んで来た、二体のケルビムです。ガブリエルが印を描くと、タロットの帳は立体的な画像に変わります。私たちは杖を握りしめると、歩いて通り抜けます……。

真っ暗で月のない、ひどく寒い夜です。風が顔や口の中にまで砂を叩きつけて来て、光はどこにも見えません。突っ立っていても仕方ないので、前進しなくてはいけません。何気なく振り返ってタロットの帳を確認しますが、帳がなくなっています！　どこまでも空虚な砂漠が広がるのみ、帰り道との唯一の繋がりはもうありません。少しして、パニックに陥らない、安全なんだという考えに集中することにします。学習の小径の初心者みんなを包んでくれる安全に護られているのだから、迷うはずがありません、試されているだけです……。一列になってしばらく沈黙したまま歩いて、ふと自分たちの仲間を確かめようとしたら……誰もいません。一人ぼっちになってしまったのです！

光がなく、タロットの帳もなくなって、仲間もいない。突然、信頼さえも吹き飛んでしまいました。管理者がマルクトに引き戻してくれるまでここに留まることもできますが、それだとこの小径の旅に失敗してしまいます。どうにか最善を尽くして、前進することもできます。失敗は大志を抱いた参入者にあるまじきことですから、怖々進みます。少しの間は砂の中の自分の足音しか聞こえませんが、そのうち頭の中で囁きが響いてきます。

あなたを世話してあげることはできません。人間はやがて神となるべく運命づけられているのです。あなたは今ここを明るくできるだけの、十分な知識を持っています。砂丘から満月を昇らせてごらんなさい。いい練習になります。闇の中をずっと歩き通すことはできません。新月も役に立ちますが、それよりもっといいランプはどうですか。灯りの光球、ネツァクへの三本の小径を歩き通したのですから、それを利用する資格を与えられたのです。あるいは馬を考えだしたら良いのでは？　そうすれば乗れますから、楽ですよ。

砂漠そのものが夜の中で一つの大きな声になって、頭の中や周りに入り込んでいるかのように、囁きは続きます。あなたは少しの間考えます。誘惑とはもしかして、このレベルで自分が持っているかもしれない力を使わないことなのではないかと。それなら筋が通ります。生命の木をどう使うかを学ぶためにここにいるのですから。あなたは「光を運ぶ者」、自分だけでなく、同じく夜の砂漠にいるかもしれない人たちのためにも、光を作ることは大変道理にかなっています。歩きながら考え続けていると、再び声が聞こえます。

「光の運び手」は、決して闇にいるべきではありません。闇を歩むならば、どうしてそのように呼べるのでしょうか。左手の道を行く者だけが、暗闇を歩む者といえるのです。

後ろから蹄の音が、一定の速度で連打するようにどんどん大きく迫るので、振り返って杖を構えて戦う姿勢を取ると、暗闇の中から光が近づいて来ます。ランプの光が大きくなり、親切そうな髭面を照らします。

上半身は人間の裸体で、下半身は栗毛の牡馬、ケンタウルスのケイロンがあなたを見下ろして、しばらく一緒に旅してもいいかと尋ねます。答は喜んで、是非、です。一緒に歩き出すと、優しいケイロンが話しかけます。

汝は最初の試験に合格した。このレベルでの力を自分の必要を満たすためには使わなかったからだ。この小径で必要な唯一の〈光〉は、人類すべてが心の中に持つものだけなのだ。ここまでで学んだことを、暗闇の中にいる不便さを解消するためだけに使うならば、それは信頼の損失を意味する。汝は今までのところ良くやっている。しかしこの先まだ試練は続くのだ。

彼は暗闇に消えて行きます。

一瞬、闇がますます深くなるように感じて、またきつく杖を握りしめて身構えます。ほんの数歩進んだところで、足下の地面が割れて穴に落ちます。はまり込んでしまっているものの、怪我はなくて、身を起こしたら杖に手を伸ばします。すると杖と一緒に闇に蠢く何かを見つけます。かさかさと乾いた葉の音がして、蛇の穴にいるのがわかります。

杖の横棒が輝き出して、すぐに周りが見えるほどに明るくなります。そこから狭い地下道へと繋がる穴の中に、二十匹かそこらの蛇と一緒にいるのです。考えを集中して見ると、ここにいるのはあなたのレベルの本物の蛇ではなくて、何だかとても違うものです。ここでの蛇は、獲得せねばならない英知の象徴なのです。静かに座って観察します。長さ四フィートばかり、輝く眼をした一匹の黄金色の蛇がいます。その蛇はあなたの目の前に陣取ると、他の蛇たちを遠ざけます。遠ざけられた残りの蛇たちは、片隅で塊になって寝てしまいます。黄金の蛇はあなたの方を向いてじっと観察すると、まるで人間のような慎重さで動き出して、鎌首を下げてあなたの左踵を強く！噛みます。矢で射られたような痛みに貫かれますが、これにより炎の如く爆発する知識があなたの中に注入されたのです。

知識自体が痛みを伴い得るものです。なぜなら、痛みは人類すべてが内部に持つ病を明らかにしますが、外に現れる苦痛によって悪い箇所が特定できる時のみ、癒すことができるからです。蛇は杖に絡みついて、石になったように硬くなります。あなたは痛みを堪えながら立ち上がると、杖を松葉杖代わりにして、脚を引きずりながら地下道へと向かいます。あまり魅力的ではないにしても、行き先はそこだけなので、よろよろと暗闇の区間を進みます。闇の果てまで来ると、日光が差して男の影が映し出されます。

のろのろと地下道の終わりに辿り着くとまた砂漠に出ますが、今度は真昼です。前にいる男は、長身で、ギリシア風のローブを纏って、髪と髭は長くて白髪交じりです。彼も蛇で飾られて、ヘブライ文字の〈サメク〉が刻まれたより長い杖を手にしています。彼は微笑みながら、力強い手で傷ついた足を包んで、小さな噛み傷をよく調べます。それから彼はあなたの杖を手にとって頭上に翳すと、見上げるようにいいます。するると足から痛みが引き出されますが、中に何かが残されます。決して離れることのない何かが、血に注がれるのです。かくしてあなたは、この愛咬により、虹の小径に足を置く者の刻印を受けました。

アスクレピオスは杖を返して、地平線の彼方の小さな緑地を指すと、向きを変えて地下道へ消えていきます。喪失感は計りしれません。ここには自分しかいないのだろうか、たった一人で旅しなくてはならないのか？　あなたは杖を手にとって歩き出します。踵の痛みは取れても、心の空虚さと単独行はこたえます。動物の声も鳥の声もしません。他のすべての生命がこの場所から消え失せたかのようで、いるのはあなただけ。踵の痛みが引いて、脈打って疼くくらいになったあたりで、ある考えが浮かびます。あなたの中には低次の双子の自己との一体化を常に求めている高次の自己が存在するのに、一人きりになるわけがないのだと。そして第二十六の小径と、精妙な幻影を思い起こします。これはあの幻影の中の砂漠なのか、本当に空虚な場所なのか？　足を止めて、この景色を違った目で見てみようと、周囲を見渡します。景色は揺らめくものの、砂漠のままです。踵はまたずきずきして、あなたの中で欲求が膨張します。阻むことのできない、激しい欲求です。あなたには援助、愛、仲間が必要です。助けは絶対に得られると、内に秘めた確信をもって援助を求めます。手の中で、T字型の杖は弓に、横棒は矢になって、弦に矢を番《つが》えると、空に向けて引き絞ります。弦から放たれた矢は、閃光のように虹色の軌跡を残して飛んで行きます。するとその側に他のみんなが現れます。再び仲間に囲まれると砂漠は緑の風景になって、遥か遠くでは、天にも届く光のアーチがティファレトの神殿を高らかに示しています。

あなた方の集団とアーチの間に三人の人影が立っています。ケイロンとアスクレピオスがイェソドに帰るためのタロットの帳の両側を持って掲げて、帳の前には黒い子犬を腕に抱いて簡素な白いローブを纏った、若い男の子の姿が見えます。男の子が微笑みかけて、また会うことになるから、といって脇に避けると、私たちは帳を通ってイェソドの神殿に入ります。

中でガブリエルが砂漠の渇きを癒す冷たい水の入った杯を用意して、彼の偉大なる力と静謐を分け与えてくれます。疲れて妙に子供っぽくなって、眠りと平和だけを求めています。大天使は壮麗な光の翼を広げて、その下に私たちを集め入れます。今回はあの長い霞の小径を歩かなくて良いのです。大天使たち自身が移動する道を通って帰ります。私たちはマルクトの祭壇の前にそっと置かれて、お礼をいう間もなく、ガブリエルは去って行きます。代わってサンダルフォンが世話をしてくれて、眠るようにいいます。目は閉じられて、私たちのレベルが、愛情のこもった腕のように包んでくれる夢を見ます。

ネツァクからティファレトへ

「暗夜」の三本目の小径でタロットの〈死神〉と対応するだけでも、どこよりもことさらに恐れられてしまうのかもしれません。最大の恐怖は、人格との繋がりを失うことでしょうか。人間は意識が物理的な死とともに拡大こそすれ、縮小されることはないのを理解せずに、本来の意識と「わたし」という感覚を同一線上に並べて考えるからです。

俳優がさまざまな役を演じてきた人生を振り返るとしたら、それぞれの役を演じてどう感じたかを、喜びをもって、非常に正確に思い起こすことでしょう。思い起こされた出来事の記憶は、たくさんの笑いと少しの涙と共に分かち合われます。これが死の対極で生きる体験の適切なたとえです。あなたの現在の人格は学習過程の一部ですから、それについての、そして愛したり愛されたりした相手についての、明瞭な記憶を持つことになります。他の者たちの人生や、他に愛した者たちについても、あなたの人生を損なうものではなく充実させるものとして、同じくらい明瞭な記憶を持つでしょう。誰かに愛されることは、この地上で許される限り最も天国に近い体験ですが、人生を共にした人みんなから愛されたという認識と記憶を持つとなれば……至福そのものです。

生は夢、死は夢見る者、両者は恋人たちのようにお互いに属していて、恋人たちのように、一時は離れ離れになったとしても、最後には再び結ばれるのです。タロットの表題は「大いなる変換者の子」です。変換者とはここでは生と死をさし、子とは人類です！

第二十四の小径に対応する星座は〈蠍座〉です。なので、火と結びついた光球から旅するものの、水の小径となるのです。ここでも、火＋水＝蒸気の勢いと圧力、となるあの変換の原理が働きます。変換は第二十四の小径の主要な機能の一つですし、しかも稲妻の閃きの通り道に当たるここは、普通以上の衝撃を蓄えることになります。ティファレトの光球に向かう小径は三本とも何らかの形で変化と関わっていて、ホドからティファレトへの小径は霊的なレベルと直結し、私たちの考え方を変えます。イェソドからティファレトを旅する時は自己完結的な考え方を改めなくてはならず、そうすれば最も深い意味での信仰を必要とするようになります。どんな伝統によって生きるにせよ、私たちは第一の源の必要性を認識しなくてはなりません。そして第二十四の小径に来たら立ち向かわなくてはならないのは、あらゆる面での変化への恐れで、その恐れをあるがままに、あるべき姿に、受け入れるように変換させるのです。

〈蠍座〉は、最も低いところから高いところまで、針を持った節足動物から舞い上がる鷲までを含む星座で、〈蠍座〉生まれの人は死に対して奇妙な親近感を抱く傾向があり、概してあまり恐れません。「七つの段階」

として知られる実践方法があります。外界からの一連の退出で、その一部は、私の師がその師から伝授された通りに、師から私に伝授されました。七つの段階とは、第一が注目、第二が集中、瞑想、熟考と続き、第五が自然の眠り、第六が深い昏睡、最後の第七が死です。この退出が第二十四の小径と深く関わっていて、師は、これが参入者を肉体から退出させる正しい方法だと主張していました。

ジョン・バニヤン著『天路歴程』は今や時代遅れとされるものの、特にキリスト教の深い求道精神を持った人にとってはこの小径にぴったりの物語です。『暗夜の小径』のどれかを、著者があたかも物理のレベルで体験してきたかのように書かれた本や詩はたくさんあります。コールリッジの『老水夫行』や、フランシス・トムソンの美しい詩『天の猟犬』は、少なくとも私には第二十五の小径の精密な記述に思えます。もし『英国神秘詩鈔』*をお持ちなら、ジェイムズ・スティーブンスの詩『時果つるところ』**を第二十六の小径を旅する手慣らしとして読むようにお勧めします。まさにそのために書かれているからです。手がかりを探しているならここにあります。クリスチャンが浅瀬を渡るのは、ネツァクからティファレトへの小径の〈蠍座〉的性質と合致しています。信天翁に刺さったのは第二十五の小径の〈射手座〉の矢で、スティーブンスの詩の堕天使サタンの扱いは第二十六の小径の〈山羊座〉と合致します。心のままに書かれたこれらの詩は、それ自体がパスワーキングなのです。

対応するヘブライ文字は〈ヌン〉、この水の小径でそれ自体の元素に含まれる「魚」を意味します。イェソ

* 日夏耿之介訳、アルス、一九二二年。ただし、当該詩歌は訳文に含まれず。

** *The Fullness of Time.* 本邦未訳。

ドからネツァクへの第二十八の小径に対応する文字が釣り針を示す〈ツァダイ〉で、こちらのネツァクからティファレトへの小径がその自然な進化となっているのに注目すると、興味深いものがあります。しかし、果たして釣り針が魚を引っかけているのか、はたまた鯨がヨナを飲み込んだように、魚が釣り針を飲み込んでいるのでしょうか！

もう一つの水との関連はケルト伝説の「死の舟」の象徴で、この伝統の英雄たちの多くや神々の一部が、ガラスの死の舟に乗って生の岸辺を旅立ちました。アーサー王もその一人です。遺体を燃える舟に乗せて海に送り出すバイキングの慣習もこの小径の火と水の元素を併せ持つものですし、インドの一部の宗派がガンジス川に遺体を浮かべて海に流すのも同様です。古代エジプト人も重要人物の遺体を数百万年の舟＊を象徴する艀《はしけ》に載せて、市街地を超えたネクロポリスへと漕ぎ出して行きました。火と水はどの場合も人の抜け殻を地の構成物に還し、霊魂を自由にする方法なのです。火葬もまた霊魂を最も早く解き放つ手段といわれます。参入者にとって最善なのは、完全に退出するまで、確実に丸三日間経過させることです。

オシリスの物語もここでの役割を持っていますが、こちらはいろいろな意味で第三十二の小径の一部でもあるのです。人類の英雄たちの死についてこの小径での多くの手がかりを与えてくれるので、調べておく価値があります。恐れることはありません、死は生と同じく自然なものであり、地上の生き物が生々しい死と感じるものは、参入者には高次の生への誕生と見えるのですから。第三十二の小径が物理的な死に足を踏み入れるものだとしたら、第二十四は本番前の予行演習と呼べるかもしれません。

第二十四の小径

神殿は静まり返って、どこか陰鬱です。アシムの姿が見えないと、彼らの歓迎の点滅や、幸福な思念体に慣れているので、寂しく感じます。影の中から、私たちのための黒いローブを抱えたサンダルフォンが現れます。ローブを身に纏って、胴回りを黒い紐で締めたら、裸足で被りものもないまま、沈黙する大天使に導かれて右手側の扉に向かいます。扉が開くと、傷一つない翠玉ほどに輝く緑の光の筋の中に踏み込んで、それに抱かれながら、地球の光球から金星のレベルまで素早く上昇します。

あらゆる伝説上の愛の女神たちが彫刻された、赫《かがや》く銅の大きな二枚扉に向き合って止まります。把手は真珠と珊瑚で、押すと、扉はネツァクの神殿側へ軽く滑らかに開きます。周りの壁は深い緑の水晶で、壁を通した光によって、神殿に深海にいる感じを持たせています。壁にはプリズムのように作用する水晶と珊瑚の薔薇が配置されて、神殿の中心に向けてアーチを描く、幾つもの小さな虹を送り出しています。床は翡翠と銅で、ここにも二本の、ホドにあるような水と火で作られた柱があります。暗い翡翠の祭壇には牡蠣の殻が載っていて、殻は開いて、生ける炎の薔薇が見えます。

水の柱からハニエルが来て、私たちの前に立ちます。彼女は背が高くほっそりしていて、膝まで届く髪は

＊ エジプト神話の太陽神の舟。

若い葡萄酒色、一部が金色、一部が赤くて、生きているかのように彼女の周りでなびいています。ローブは琥珀色の絹で、そこから透けて見える身体が真珠のように淡く輝きます。吐息は神殿を薔薇の芳香で満たして、声は低く優しく響きます。顔には世界中の美が凝縮されているのです。彼女が私たちを次に旅する小径への扉まで案内して、優雅な仕草で印を描くと、タロットの帳が瞬時に立体化した光景に変貌します。愛と生命の漲る光景は、この場面ではグロテスクにも見えます。大鎌に被さるように前屈みになる〈死〉も、ここには居場所がないようです。一歩進んで扉を通ります……。

太陽は赤と琥珀色の輝きを残しながらエジプトの空に沈みかけて、小径は大勢の群衆を、儀式用の舟が待っている幅広い河へと導くように伸びています。その舟の舳先《へさき》には鷲の首を象った彫刻が施されています。黒い布を垂れ下がるようにかけた担架が何台か用意されており、剃髪の神官が私たちをそこに横たえようと待っています。重い銀の仮面を被せられて持ち上げられたら、河まで担がれて舟に乗せられるのです。何も見ることはできませんが、舟のもやいが解かれて、漕ぎ手が河の中ほどへと漕ぎ出すのを感じます。カロンの舟でステュクス川を渡ったのを思い出します。あの時と同じような感覚です。

本当に死んでしまったかのように、私たちを悼んで悲嘆にくれ、すすり泣く人々の声が聞こえます。彼らの手で市街地を超えたネクロポリスに連れて行かれて、ピラミッドの中に安置されたら、何であれ来るものを待つのです。長い旅で暗い中に横たわって考えを巡らせます。この先何が待っているかわからなくても、今までに学んだことから、自分たちの能力を超えて試されはしないことだけはわかっています。第二十九の小径を旅した時、生贄になった山羊も思い出します。今もあの時のように、私たちの力が及ぶことなどほとんどなくてただ待つのみなので、静かに横たわります。幻影と幻影が仕掛けてくる企《たくら》みも学びました。もう決して囚われることはありません。矢の小径で知った、疎外感や孤独に嘆くこともありません。自己に対する真の知識は、もはや孤独ではなくなることを意味すると学びましたし、私たちの回りにいる目に見えぬ生命の存在と、自分たちもその一員であることを知ったのですから。

舟が目的地に着いて、岸にぶつかるのを感じます。数分ほど経つと担架が担がれて、短いけれど急な斜面に感じられる場所へと河から持ち上げられます。石の冷たい質感に包まれて担架が降ろされると、外へ出る足音に続いて、扉がばたんと激しく閉ざされて、墓所の闇に取り残されます。

冷気が身体にしみこんできますが、それがすぐに苦痛ではなくなって、心地良い感覚の麻痺に変わると、ある種の眠りへと陥ってさまざまな情景が浮かんで来ます。これまでの小径を旅する自分たちの様子を観察しながら、良かったことや悪かったこと、もっとうまくできるはずだったのにできなかったことに注意を向けます。すべてを、どこか寂しく突き放したように見ています。すると、自分たちが長いこと知っていて、利用している自己から退出するような感情が湧いて来ると、ぼんやりした顔が目の前を漂って、それが今身につけている前の顔だと感じ取ります。過ぎて行った時の瞬間が次々と垣間見えたかと思うと、もっと速くこれから起こることがちらちら見えて、再び静寂が戻ります。私たちは温かい光の螺旋の中にいて、それがこれまで地球が耳にしたこともない言葉で語りかけて、その声が私たちを包むと、その心が私たちの心と触れ合います。私たちの体系とは遠く離れた異種の生命、しかし生命には違いない形を感じます。唐突に、ずっと下にある大きな石のピラミッドの上空を旋回しています。精神の目が暗闇の中で石の台に横たわる、小さな形を捉えます。それらの仮面の額には、〈ヌン〉の文字があります。

螺旋を描きながら降下して、寒気と使わなかった筋肉の引きつりを感じながら、動かぬ形の中に入ります。

石扉が開かれ、床をこちらへと横切ってくる足音が聞こえると、顔から仮面が取り去られて、あまりの明るさに瞬きします。微笑む神官が担架から出るのに手を貸してくれます。私たちを覆う花が茶色くしおれているのが見えます。それだけ何日もここに安置されていたのです。小さな建物に連れて行かれて、洗われて、温かい香油を擦りこまれると、胸に蠍の紋章のついた銀と緋色のローブを纏います。二つの世界に足を踏み入れる者にふさわしい銀のサンダルと、頭に頭巾《ネミス》もつけてもらいます。長い行列の先頭を歩いて舟に戻ります。

艀《はしけ》は瑞々しい花で飾られて、舵取はホルスの仮面を被っています。席に着いたら漕ぎ手が上流へと漕ぎ出して、市街地に向かいます。今度は幸せそうに歌う大勢の群衆が、死者の館からの帰還を喜んでくれるのです。ピラミッドは今も背後から、いつの日にか本当に私たちを閉じ込めてやると警告しているようです。しかしもう恐れません。岸に降り立つと、群衆の歓声や喇叭の響きに迎えられます。また行列を作って、タロットの帳を掲げた塔門への小径を、ゆっくりと進みます。塔門のところで止まって、別れと感謝を告げます。群衆の方を向いて蘇りしオシリスの名に懸けて祝福してから、向きを変えてネツァクの神殿に入ります。

ハニエルが腕を広げて迎えて、重いローブと頭巾《ネミス》を外すのを手伝ってくれます。しばらく休憩すると、この美しい存在が神殿の扉から、再びマルクトまですっと下降する光の筋まで見送ります。扉が開かれて光が漏れると、アシムの群勢が入り口で待っていて、挨拶しようと周りを飛び回りますが、彼らのごく小さな光の針で刺すような感触はほとんど感じられません。

サンダルフォンは笑いながら、アシムの歓迎が済むまで自分は待たなくてはならないな、といいます。私たちは共に立っています。大天使とアシムと私たち、愛情に満ちた絆で神殿が満たされます。これこそ、未来に何が起ころうとも決して失われはしない、本物の、永遠に残るもの。神殿は視界から消えますが、私たちの心からは決して消えません。

ホドからゲブラーへ

私たちは「暗夜」の小径の旅を戦い抜きました。先ほどまで行っていたパスワーキングは、人畜無害のように感じられたかもしれません。しかし実はここでは、ちょうどあなたが小径の力を揺り起こすことができる分だけ、間違いなく作用が起こるのです。それ以上でも以下でもありません。今度はより高次の小径にやって来て、万事がとても抽象的になります。

次に旅する小径は、意思伝達と精神の形を司る光球から、たとえ古臭く用に供せないものだとしても、形の破壊を行う光球へと向かいます。これは一見矛盾しているようですが、例によって言外に深い意味があります。この小径のヘブライ文字は「水」を意味する〈メム〉です。水の元素と明確な結びつきのあるホドに相応しい文字です。先に体験したように、火と水の性質が合体すれば、水圧ポンプにも匹敵する巨大な力が生じます。〈メム〉は、峻厳の柱の基部と中間部の光球を結ぶ小径の延長戦上にあるビナーの象徴、「母」に含まれる文字の一つでもあります。何もかもが、『イェツィラー文』で、第二十三の小径が「『不動の知性』……何故ならばそれが持つ……すべての数霊の不動性」と呼ばれる通りであることを示しています。

対応するタロットは、〈吊された男〉です。一部誤解を招きがちな、犠牲の言外の意味から来ています。霊的事柄に関する水平思考、すなわち、物事を上下または左右反転させて捉える能力と、より深く関係するものでもあります。創造主により創りだされた万物は自身の鏡像でしたから、私たちはこの物理世界ではすべてを逆に見て理解しているのだということを思い起こせば、意味をなすことでしょう。このことを頭に置いて見る生命の木からは、興味深い事実が浮上します。ケテルはコクマーに反射して反転像を形作り、コクマーはビナーに反射して反転像をあるべき姿に戻すので、その結果、ビナーはケテルの本来の姿となるのです。仮に、中央の柱を構成する光球を取り除いたとすると、峻厳の柱は第一の源本来の姿になります。〈吊された男〉の場合は、彼の物理世界における視点を異なるもの、願わくばより的確なものに交換する方法を模索しているのです。日本人が身体を二つ折りにして股の間から霊峰の逆さ富士を眺めることにも、同じ意味があるかもしれません。*さらにはハタヨーガの修行者が頭を支えに倒立するのにも通じるのでしょうか。この姿に立派な根拠があることを知ろうともしない一般人にとっては、昔も今も単にユーモラスにしか見えないのです。

生命の木を下降ではなく上昇する旅なので、この小径では形を組み立てて、ゲブラーの燃え盛る炎の中心で試すことになります。火に耐えられれば、使いものになる見込みがあるのです。しかし、ほんの少しでも劣化した兆しがあると、ゲブラーは捨て去るべきものと判断します。本書の「始めに」で、新しい考えが登場して古い伝統にとって代わられる話をしましたが、第二十三の小径は特にそのような論点を推し進めるものです。

物理世界での水の元素の中では、人間は無重力に近い状態で身体をひねったり曲げたりできます。水中ならある程度まで地球の引力から自由になれるのだともいえますし、霊的状況の中でも似た効果が得られます。そこで水の小径では、規則を守る限り、ある程度の自由を許すのです。ここでの規則とは、例えば作用と反作用のような、火と水双方の効果を考慮すべきであることを指します。

この小径の象徴を選ぶ必要があるならば、私だったら粘土の器にします。器は水を入れるためのものですが、まずは粘土が（水の助けを借りながら）捏ねられ、それから火で焼き上げられなくてはなりません。きちんと作られれば、時が経ち使い古されて割れるまで使える強く丈夫な器になります。適当に作られたものは、まだ火中にある間に砕け散ってしまうでしょう。シャドラク、メシャク、アベド・ネゴの物語**は、間違いなくこの第二十三の小径を描写するために書かれたものです。嗜虐的な傾向を持つ人はきっとこの小径を地獄の業火、硫黄で燃える火の池の隠喩としたがりますが、これこそまったくの時代遅れの伝統の一つなのです！

タロットの称号「力強き水の霊」はある程度まで、第十八の小径で私たちを待っている「ビナーの大いなる海」の反射となります。第二十三の小径は比較的安全に泳ぎを習える場所と見做すべきでしょう。

＊　江戸時代の浮世絵。
＊＊　『ダニエル書』三章八〜三十。

第二十三の小径

神殿が現れる間に、初めてここに来た時のことや、それからいかに多くを学んできたかに思いを巡らせます。まだまだ見つけ出さなくてはならないことがたくさんありますが、それらもいずれゆっくりと出てくるでしょう。サンダルフォンは神殿の床の真ん中に座り込んで、穀物の束にくっついて来たらしい、小さな野鼠たちと遊んでいます。彼が立ち上がって心温まる挨拶をすると、束の中からアシムが大勢飛び出して、私たちに群がります。大天使は火の魂に一つずつ、私たちの心臓中枢に入るようにといいます。入って来る時にはほんの少し熱が感じられますが、やがて膝の上で落ち着いて眠る子猫を思わせるような、ゆったりと丸まった温かみに変わるのです。サンダルフォンが東壁の右手側の扉に向かうと、扉が開いてハニエルが見えて、いつもながらの優雅さで入ってくる彼女は、虹色の水の泡らしきものに包まれています。その泡が一人に一つずつ、性器の辺りを目がけてついて来ます。これで私たちは、お互い均衡が取れている元素二つを内に併せ持つことになるのです。

それから左の扉へ連れられて、ホドへと向かうガラスの球に入ります。上昇する球をサンダルフォンとハニエルが手を振って見送ると、速度を上げて水神殿まで突き進みます。止まって氷の扉が開いたら、私たちはミカエルの領域に入ります。柱の側で待つ彼の姿は戦士の天使というよりも、予行演習を終えて緊張を解いている古代ギリシアの競技者のように見えます。両手に、メルキゼデクによって地球にもたらされた鉱物である、何筋かのアスベストを持っています。彼は一人一人の喉中枢近くに、一筋を当てては引っ込めます。ミカエルは自身の言葉を強調しながら、静かな緊迫感をもって語りかけます。

アスベストの意味を覚えておきなさい。決して破壊できない人類の魂の象徴でありながら、他からの誘導があれば、狼煙《のろし》のように燃えかねないものでもあることを。

ミカエルは立ち上がって、私たちを東壁にある扉まで連れて行きます。印がタロットを召喚すると、速やかに形をなし立体化します。中の男の目にやや面白そうに見つめられながら通り抜けます……。

広大な作業場……製陶所にいます。巨大な轆轤《ろくろ》の前に座るのはクヌム神です。プターの神が生命の息を吹きこむための人間の身体を轆轤で作る、古代エジプトの神です。あらゆる「鍛冶職人、または創造の神」同様、彼も簡素な麻のキルトを纏っています。彼は首を回して私たちを見下ろして微笑むと、一人ずつ注意深くつまみ上げては、巨大な轆轤の側に置くのです。私たちは轆轤を見つめながら、マツロトの輪、黄道十二宮を思い起こして、両者を繋ぐものがあるのだろうかと考えます。このことは戻ってから思い出さなくてはいけません。クヌムの顔は優しげで、私たちはこちらも優しげな、彼の手の中で安心しています。彼は粘土を手に取ると、一人を轆轤に入れて回しながら、身体の周りとそれから顔も覆って、目だけは自由に外が見えるように残して、そっくりの型を作ります。次にそれぞれに、〈メム〉の文字で印をつけます。つけ終えると足を括られて、棚に逆さに吊り下げられます。どうも、彼の巨大な焼き窯で焼かれるようです。ここで私たちの抱える不要物の一部が焼尽されて、精神と霊体の強度と有用性が試されます。そういった不要物が取り去られる、多くの小径の中の最初の一本です。しかしすでに他の恐ろしい小径の旅を体験していますし、何より私たちのために尽力して、静かに待っていてくれる相手への信頼があります。自分たちの奥深くでアシムの活発で心地良い暖かさを感じますし、水の泡の微かな動きも、この試練に対して役割を果たす準備ができていると知らせてくれます。喉の奥の中枢では、アスベストの感触を意識して、それを人類への贈り物としてもたらした大いなる存在の配慮を感じます。棚に逆さまに吊り下げられたままの私たちは、長い柄のシャベルで掬われると、優しく焼き窯に滑り落とされます。

人間の反射行動でもって、最初の数秒は激しい光に怖気づいてしまいます。それからは勇気を奮い起こし直すと、周囲を観察し始めます。中には壁はまったくなさそうで、私たちは、顕現の境界で燃える原子的な宇宙の炎に抱かれたようです。炎は炎ではなく純粋な光となって、ありとあらゆる微小な欠点を探し回ります。魂をむき出しにされてあまりにも膨大な何かに精査されているため、その起源の見当すらつけられません。

陶器の殻に小さな罅《ひび》が広がるのを感じます。光が隠された弱点を見つけ出すにつれ、自分たちも同じだけ、どこにどんな欠点があるのかを認識させられるので、愉快ではありません。しかし殻はまだ割れてはいなくて、焼き窯から取り出されたら非常にくっきりと見えてしまうこの罅をどうやって取り繕うか、考える時間があります。焼く途中で罅の入った陶器は通常なら廃棄されますが、私たちはそこまではされないとわかっています。それでも少しでもましに見られたいという、痛切な必要性を感じているのです。

逆さ吊りの姿勢で、物事を異なる角度からよりはっきりと歪みなく見ているように思われます。内に持っている火と水で、罅の最悪な箇所だけでも直せるかもしれません。しかしここである考えが浮かびます。元素をそんなことに使ったら、彼らを傷つけてしまうのではないか？　自分たちの目的のためにこれらの存在が犠牲にされないことは、私たちにとって非常に重要です。するとこの時、内なるアシムが拡大して、一瞬、「火の魂」の真の姿を見ます。これまで火花として捉えていたその姿は、実は息を飲むほどの美と優雅さを持つ存在なのです。泡も身体から離脱して、私たちが今持つ能力で捨て去ることができる欠点をすべて焼き尽くす力の原子へと変容します。そして焼き窯の扉が開かれて、私たちは解放されます。

クヌムは作業台に私たちを載せて、相変わらず微笑みながら水を振りかけてくれると、しゅっと心地よい音を立てます。それから小さなハンマーで一人ずつ軽く鋭く叩けば、陶器の殻が外れます。私たちの本体はその中に入っていることをすっかり忘れていました。地球上で時にそう感じるように、ここでも陶器の殻の方が本物だと錯覚していたのです。心の奥のどこかで、この時までに知っていたよりも深い知識に触れたのを知ります。これはいつか日の目を見るでしょう。クヌムを見上げて、感謝を告げます。彼は満足気に笑うと、鋭利な道具で、私たちの胸に水の元素の印を刻みます。彼の承認の印を授かって、彼と一緒になって笑います。一人ずつ下に降ろしながら、彼は、ふさわしい時が来たら焼き捨てなくてはならない欠点がまだ残っている、彼の火が要らなくなるまで何度もこの焼き窯に戻ってこなくてはならないのだ、といいます。理解して振り返ると、タロットの帳を見つけて、〈吊るされた男〉に微笑んで見せます。彼も私たち同様、アリスが鏡を覗き込む方法を覚えたように、世界を正しい方向から見ているとわかっていますから。

扉のところで待っているミカエルの腕に飛び込みます。一人一人を確かめるように観察すると、彼は明らかに自分の目で見たものに満足した様子で、私たちを入り口に連れて行って、ガラスの球に乗るのを見届けます。青の中へ沈み込んで、微かな衝撃と共にマルクトの扉の前で止まります。

サンダルフォンとハニエルが待っていて、焼き窯での経験を話す私たちを、アシムが小さな愛の火花の感触で包んでくれます。内なる火花と水の原子が抜き取られるのを待ちますが、彼らはすでに私たちの一部になった、といわれます。この火と水の小片は、人生と魂を永遠に分かち合う存在、私たちと彼らは一つになって、私たちは彼らの命の創始者なのです。私たちに仕えるべく、彼らが同類の仲間から離れた犠牲の大きさと、私たちがそれと同じくらい彼らにしてあげられる奉仕については、来るべき時が来てようやく理解できるようになります。今のところは、神殿が視界から消えて行く間、愛に包まれながらここにいるだけで十分なのです。

ティファレトからゲブラーへ

第二十二の小径は、みんなが考えるような太陽の下を歩くものではありません。ここは〈正義〉の小径であり、カルマの調整を行うのに加えて、相対して、許されて、吸収されなければならない相手である、「境界の住人」へと向かって行く小径でもあります。それより何より、私たちの二面性、善と悪が露呈させられるのです。参入者にとってこの小径は、霊的な苦悶に最も近いものにもなり得ます。訓練の初期段階にある人は、先に進むか現状に留まるかを決める分岐点に達したと感じるかもしれません。この小径に初めて来た者に対しては、あたりまえのことですが、経験の欠如に応じて、小径のもたらす効果も緩和されるべきです。

繰り返し強調しなくてはなりませんが、これらの小径は、これらに対処できるレベルに達した人に対して影響を与えます。まったくの初心者も考えに入れて書いてはいるものの、訓練を積んだ精神にはずっと強い力を及ぼすのです。どの小径もレベルの中に内包するレベルを持っていて、そこを旅する人に応じて自動的に調整するようにできています。

誰しも早晩、自分の行動が引き起こす結果と直面しなくてはなりませんが、この小径はその時を早めます。そんな考えに喜びを覚える人はまずいないでしょうが、それでもここに割り当てられたヘブライ文字が「雄牛の突き棒」を意味する〈ラメド〉であるように、結局は従う他ないのです。文字の形からしてもゲブラーの光球に関連する災難を示唆するもので、小径を穏やかに、しかし確固たる意志を持って通り抜けたくなるよう暗示されるのです。

多くの天使の「エル」で終わる名前は神と関連づけられるもので、文字単独で使われても同じ意味を示します。名前としては〈アレフ〉〈ラメド〉と綴られて、雄牛と突き棒を意味し、創造主が、しばしば何でも反対側に進もうとする乗り気でない子供たちを、進化の道へと導く様子を伺わせます。

対応する星座は〈天秤座〉、象徴が示す通りの「秤」です。第二部で触れる、ゲブラーの光球そのものに割り当てられた小径と直結する小径です。実際、一方がもう一方の続きであると考えられます。タロットはお察しの通り〈正義〉が対応します。『イェツィラー文』では、「誠実な知性……、これにより霊的威徳はいや増し、すべての地の者は影の住人に近づく」と、実に的確に記されています。

『象徴ガイド』には魔術的身体がこの小径で占める場所についていうべきことがたくさん出ているので、読むことを強くお勧めします。オカルトのこの側面がもてはやされ、魅惑的であったため、実体以上に重視されているのです。しかも、まったく異なる「魔術的人格」と、あまりにもしょっちゅう混同されています。

個人的には退行を伴う魔術作業に満足できない理由の一つが、その人の過去から魔術的身体を「目覚めさせて」しまう可能性があり、いったん目覚めさせてしまうと取り外すことが非常に困難になり得るからです。そうなったら分析でも何でもすればいいという主張があるのは知っています。しかしよほど正当な理由があり、同じくらい重要なことには、的確な指導が得られない限り触れずにいることに与します。カルマの調整が必要だとすれば、探求しなくても定められた時間と空間で為されます。例外はありますが、私の考えでは稀です。

人間の魂がケセドのレベルに達し、この世での人格が最後の最後まで吸収され尽くした時、その霊魂は「来たりて戻らず」のエノクに倣い光へと進むか、または帰天の報償を先に延ばし、「大師」の器を用いて人類に奉仕するかを選択できます。このレベルまで達していれば魔術的身体が悪さをする可能性はもうないので、「大師」は時に過去生で用いてきた多くの人格の中から一つを選んで、弟子との意思の伝達を図ることもできます。このレベルでならば、用いる人にまったく危険はありません。

「境界の住人」もまた、その美化された側面を過度に強調されてきた言葉です。これはむしろ『ウィアード・テイルズ』やラブクラフトの小説などを想起させるもので、どちらも自由時間に読んで楽しんだことはありますが、オカルトの現実にもたらす恩恵はまずありません。ただこれらの元型の大半に、いくつかの小径と重ね合わせられるかもしれない変化形があるので、引き続き多方向からの精査を続ける一つの理由にはなります。これの第二十二の小径での役割は第十九の小径で起こることの予備体験ですが、正しい方法でここを旅していれば、より高次の小径がずっと旅しやすくなり得るのです。

本書の目的として、これから紹介する旅は偵察の性格が濃くなっています。訓練の意味での実際の小径は、師の指導の元で魔術学校のカリキュラムとして学ぶのが最も効果的です。

第二十二の小径

この旅で初めてティファレトの神殿に通されるので、わくわくしています。サンダルフォンが落ち着きをもたらしてくれますし、一緒に来るのを知って大喜びです。大天使が開ける扉を通って、菫色《すみれいろ》の霞の中に入ります。彼が後ろに着いて、霞の小径をイェソドへと歩きます。銀の扉が開くと、ガブリエルが客を歓迎する主人のように戸口に立っています。彼の微笑みにはいつも心温められますが、彼の兄弟や仲間との挨拶は私たちの理解を超えています。今ではとてもお馴染みの、そして大切な月神殿を見回してから、橋を渡って、中央の扉の傍で待ちます。

ガブリエルとサンダルフォンが一瞬言葉を交わすと、「輝ける使者」が太陽神殿へと通じる扉を開けにやって来ます。扉が開くと目に入るのは、信じられない美しさの螺旋状の虹の道で、その先は純粋な光で作られて空高く飛翔するかのような、アーチを描く道へと伸びています。大天使たちが私たちの両端に並ぶと、道に沿って、小さな子供のようになって虹の端まで渡ったら、ティファレトのロイヤル・アーチへと進みます。

アーチのすぐ内側に立つラファエルが見えると、彼の琥珀と金色のローブは足元まで優雅な襞を描いて流れて、顔には太陽の輝きを湛えており、その存在そのものが人間の心を癒す力なのです。彼は向きを変えて、太陽神殿に案内してくれます。中は巨大な八角形の大聖堂のような感覚があるものの、私たちが居心地良くいられるくらいの、こぢんまりした寸法でできています。壁はありとあらゆる色合いの光で作られているようで、あたかも虹の橋がこの場所を建てるための石になったみたいなのです。神殿の周囲には他の光球へと繋がる八枚の扉があって、四隅には巨大な玉座がしつらえられていて、昇るための階段がついています。床は甘い香草や灯芯草で覆われて、足下で砕かれると芳香が広がります。簡素で装飾のない白い大理石の祭壇は、麻布で覆われた、偉大なる銀の聖餐杯を置くためのものです。覆いの下にあっても、この聖餐杯は輝いて神殿全体を照らしながら、時折澄んだ鐘の音を奏でます。

柱も祭壇同様、簡素で装飾のない白い大理石です。ティファレトの栄華は、その虹の壁と聖杯にあるのです。祭壇へ進んでラファエルの前に立つと、ガブリエルとサンダルフォンが私たちの両側に来て、愛、叡智、力の大天使の三角形に囲まれます。それからゲブラーの名前が楣石《まぐさいし》に刻まれた扉の一つへと向かいます。ラファエルが印を描くと聖餐杯が鐘の音色で歌い出して、タロットの帳が瞬間的に、扉を覆うように現れます。〈正義〉の姿が、ちっぽけな人間など眼中にないかのように、まっすぐ前を見据えています。友を振り返ると、彼らの愛と力で包み込んでくれます。そして帳を通って、第二十二の小径へ足を踏み入れます……。

夥しい花々が咲き乱れる中庭に出ます。中央には魚と蓮の花のある小さな飾りの池。階段を昇ると、エジプトの神々のさまざまな光景が描かれた、柱で区切られた大きくて開放的な広間に入ります。日差しが熱いので、広間の涼しさを有難く感じます。中には何体もの、どれも実物大より大きな像が置かれて、小さなテーブルの周りには彫刻が施された椅子、椅子の背には〈ラメド〉の文字が塗られています。私たちの訪問を予期している人がいるのでしょう、テーブルには葡萄酒と果物が用意されています。影の中から、少女から成長したばかりのような若い女性が来ます。胸の下からか細い踝の上までの、襞を取った麻の衣装を纏って、首には瑠璃と黄金の胸飾りを、耳には小さな金の蜂が乗った蓮の花を提げています。漆黒の髪は豊かでまっすぐ肩にかかり、先の丸まった一片の羽を象った頭飾りをつけています。彼女は私たちの前に立つと、一緒に座るようにと招きます。

彼女の顔には若いながらも年齢を超越した叡智が見られますが、何よりも彼女の眼に捕えられて、誰もこの真実の女神、マアトの眼を直視して嘘はつけません。彼女は私たち自身や、私たちの人生について質問します。包み隠さずすべての質問に答えます。心の奥底の恐れや悲しみ、失敗、失われた夢、内に抱えた秘密を明かすことが自然に思えます。けれども話していて、私たちの言葉は、彼女にだけ聞こえるのがわかっています。同席者には、マアトと対話している相手との間でのやり取りは聞こえないのです。

最後に彼女は立ち上がると、建物のもっと奥の方に連れて行ってくれます。彩色された回廊に沿って歩いたら、とても大きな広間とそれに較べれば小さな広間を通って、後の旅で審判を受けるゲブラーの光球の奥まった場所へと進みます。しかし今は、来たるべき日に備えるためだけに来ています。

中央の壇上に巨大な黄金の天秤が一台置かれています。いずれここに審判に最終判決を下す、カルマの長《おさ》たちが着席するのです。広間の周囲には、私たちを尋問する四十二人の陪審員のための玉座があります。広間は天井から射す一筋の光の、完全なる清澄で満たされています。私たちの在りようを隠す影も、覆いも、場所もありません。マアトは、約束の日には私たちの弁護側に回る者がいるといって、安心させてくれます。彼女が指さす天秤の皿の片方に「真実の羽」が載っているのが見えます。この場に立たされるまでまだ時間はあるので、その間に自分たちの人生を再評価して、訊かれることになっている尋問について考えておくようにと教えてくれます。こういった援助は優しい慈悲であって、すべての人類に与えられるものではありません。

中庭に戻ると戦車が待っています。操縦するのは、私たちを厳めしい表情で見つめる若いエジプト人闘士で、どこかミカエルを思わせる風貌の彼が微笑むと、ゲブラーの大天使のカマエルだと気づきます。マアトは別れを告げて戦車に乗り込むと、素早く走り去ります。私たちはタロットの帳の方を向くと、中に入ってティファレトへ引き返します。大天使たちが待っていて、私たちを祭壇に連れて行きます。ラファエルは独りよがりにならないように、私たちが楽しい旅をしたこと、それが後々非常に奥深いレベルで影響してくることを考えなさい、といいます。それから彼は仲間たちと一緒に、私たちを連れて虹の街道を渡ると、イェソドの扉まで一緒に来てくれます。中ではケルビムが待っていて、ガブリエルに別れを告げる間に扉を封印します。そこからはサンダルフォンに連れられて、霞の小径を通ってマルクトまで歩きます。私たちはまだこの小径のほんの表面にしか触れていない、そしてマアトと話し合ったことは、いずれ心と精神に蘇って来るのがわかっています。

ゲブラーの光球そのものを体験する時、その影響は、それ以前に旅した小径で取り除けられる分だけ和らぎます。最も気楽に感じられる旅が、物理レベルではどこよりも強い衝撃を与えてくるのは、よくあることです。サンダルフォンは私たちの肩に優しい手を当てます。彼は肉体を知る者ではないのですが、私たちの感情、恐れや喜びは彼のオーラに影響を及ぼします。神殿から離れている間でさえ、私たちに影響を与える何事も彼への警告となって、私たちがどこにいようとも彼の力が流れてくるのです。これらの旅路は、精神や肉体や魂を鍛えるだけでなく、より高次の界層に棲む者との絆を結びもするのです。彼らも私たちの一族です。神殿は静かに消えます。

ネツァクからケセドへ

タロットが教える通り、ここは上昇、下降の小径です。探求への強い呼びかけが大きくはっきりと聞こえることでしょう。私たちはそれに耳を傾けて反応することも、耳を塞いでさっさと通り過ぎることもできます。私はいつもここを、迷路の小径と考えて来ました。パターンを見出すまでは、何度でも降り出しに戻されるからです。〈運命の輪〉、あらゆる「輪」の象徴同様、さまざまな記号の寄せ集めとして提示されるもの、そして運命の女神ご自身は、多くの人の知る通り、実に気紛れになりもするのです。またはそう見えるだけで、本当にそうなのでしょうか？

お伽話の多くが、若い息子や娘が幸運を探し求めて家を出るところから始まります。かなりのオカルト的な内容を隠し持つものも多いのです。特に英雄譚は、タロットの〈愚者〉のイニシエーションへの旅についてはっきりした構図を示してくれます。大抵の物語で、年長の男性または女性と出会い、助言を得ます。若い探求者が未来への決断を下す際、その助言はどのように作用するでしょうか。第二十一の小径もよく似た性質を持ちます。聖杯までの道のりを示しはするものの、決して簡単には見つからないようにして来るのです。

この小径は、愛、理想主義、神々、あらゆる種類の妖精的存在、それに豊穣な生命の光球であるネツァクから始まります。これらの構成要素のすべてが、すでに周囲の状況に囚われてしまったと感じている若者にはいかに魅力的か、いうまでもないでしょう。そのような若者にとって、探求とは冒険と興奮の呼び声です。成長の時、成熟への覚醒といった、本来の意義がわかっているとは限りません。第二十一の小径がケセドを通って究極の輪の象徴であるコクマーへと繋がるものであるという事実が、ここでの課題に加味されてきます。この探求が一回の生だけで終わるものではなく、ある生から次の生へと巡りめぐることを暗示しています。『イェツィラー文』に「神性の影響を受けし……調停と報酬の」小径と記された通りかもしれませんが、加えて永遠の探求への献身の小径でもあるのです。

数ある探求の目的の一つは、「水の上」、時に「山の上」に国土を持つ「全能の王」への奉職です。他の目的としては、「聖杯」、「金羊毛」、「不老不死の霊薬」なども挙げられます。ここで王の姿が重要な意味を持つのは、ケセドの魔術的象徴が王冠をつけて玉座に就く王で、第二十一の小径の象徴がギリシアの神々の王、ジュピターだからです。小径に対応する色までも、高貴さを表す深い青や紫です。

この旅は、円卓の騎士たちがキャメロットの大広間に現れた聖杯を目撃した後で出発した旅でもあります。あの名誉ある団結が、モルドレッド卿の裏切りにより脆くも崩れ去る主な原因となった出来事です。ケセドはゲブラーの対極にあり、ゲブラーは古くてもはや存続できない形を破壊する光球です。ケセドは新しいものを作り上げます。アーサー王自身はそのことを理解していました。テニスンの詩によれば、こう語られています。

古き秩序は移ろい、新しき秩序に譲るのだ。
神はもろもろの方法にてその意思を成就される。
ひとつの良風が世を停滞させることのなきようにと。*

この小径に対応するヘブライ文字は「掌」を意味する〈カフ〉です。掌はホロスコープと似たような方法で、未来を予測したり、性格を描写したりするのに用いられる身体の部位です。手は挨拶や、助けを貸したり、与えたり受け取ったりするためによく差し出されますし、笏や剣も持てます。水晶玉を覗き込む要領で手相を観ることができる人たちもいます。手そのものが非常に神秘的な象徴であり、大昔から崇められてきました。エジプトのファラオたちは、それぞれケセドとゲブラーに対応する、錫杖と鞭を王権の象徴として用いました。ただし常に腕組みして、哀れみで正義が弱められないよう、決して憐れみが弱みにならないようにしていました。

では私たちだったら、この小径の効果として何を期待できるでしょうか？　準備が整っている人ならば、

＊　西前美巳編『対訳　テニスン詩集』（岩波文庫、二〇〇三年）所収『国王牧歌』より「アーサー王の死」。

呼びかけが聞こえることは確かです。どう応えるかはその人次第です。オカルトに限らず、日常生活の何らかの面でも、案内役になってくれる集団、個人と接触できるかもしれません。あるいは長年満足してきた仕事や環境などから突然離れることもあり得ます。生涯夢見てきた何かが実現する、突然の提案があるかもしれません。選択するのはあなたで、運命の輪を回して、留まるか進むか決めてもらうことができるのです。これは第二十一の小径が開いてくれるかもしれない、たくさんの新しい扉の一つにすぎません。そういった性質の小径なのです。

〈カフ〉の手はチャンスの手です。古いお伽話でご褒美を手にするのは、旅の途中で出会う人たちに救いの手を差し伸べる者と決まっています。手は大切なものです。

第二十一の小径

アシムが生命の木を象るように集まって、祭壇の上に浮いています。これが彼らの挨拶であり、私たちは彼らの贈り物を楽しんで、彼らの美しい色や優美さを褒め称えます。彼らはすぐに形を解いて、すでに開いて準備が整っている右手側の扉へとすっと連れて行ってくれます。アシムに感謝してから、ネツァクへ上昇する光の筋の中へと進みます。光はいつものように落ち着かせ、元気づけてくれます。その優しい色合いは、海にまつわる思い出を呼び起こしてくれそうです。光の筋の天辺に着くと目の前に銅の扉が見えて、冷たい緑色のネツァクの神殿に入ったら、しきりに辺りを見回しながら美しいハニエルを探します。

彼女は柱の側に立っていて、光り輝く愛らしさで私たちに両手を差し出します。旅に備えてエロヒムが、ネツァクの蜂蜜のように甘い酒をふるまってくれて、それから私たちは第二十一の小径に連なる扉へと歩きます。ハニエルの呼びかけで、タロットの帳が東壁の扉を覆うように固まると、〈運命の輪〉がゆっくりと回り出すにつれて、象徴が順々に形になって出現します。この旅が何をもたらそうとも、覚悟を決めて帳を通ります……。

前方には長く蛇行する歩道が伸びていて、その片側は木々や森が海岸まで続いて、反対側は丘陵から山岳地帯へと繋がっています。私たちはこの道を旅する、長い行列の中にいます。行列といっても連続した線状に並んでいるのではなくて、大きな集団や、一人、または二人三人の小さな集団が連なって、あらゆる年齢層、人種、個性が集まっている、実際のところ人生を旅する人類なのです。

ところどころに露店が出ていて、ある男は山に入る小径の素晴らしさを讃え上げます。その一方で、裕福になれて永遠の若さも得られる、神秘と冒険の海の旅を宣伝する者もいます。足を止めて聴き入る人もいれば、露店から露店へとうろうろする人もいます。即決して、その場で詐欺師に何袋分もの黄金を渡してしまう人もいます。宣伝者の中には、本気で旅人たちを助けようと、地図や糧食を用意して荒れ地を案内する者もいるのです。しかし私たちには、衰弱して幻滅しきって山から戻ってきたたくさんの人たちの姿が見えます。ほとんどの人が道をとぼとぼ歩くのがやっとです。

山の頂上には、立って手を振る豆粒ほどの人影が見えます。彼らこそ、寒さや飢えや自信喪失に打ち勝って、目的地に到達した人たちなのです。しかしそういう人は稀です。群衆の中に、灰色のローブを纏って動き回る人たちの姿が見えます。堂々と直立して、目は澄んで優しいものの、目つきは非常に鋭いです。みな特有の伝統に則った象徴が刻まれた木製の杖を持って、〈カフ〉の文字のような形をした首飾《レイメン》りを着けています。同類を見かけると、開いた掌を外側にして挙げる挨拶を交わします。

灰色の巡礼者は「真実の水晶」の管理人です。この水晶が何万年も前に粉々に破かれて以来、真実をもう一度完全な姿に戻そうと、多くの人が欠片を探し求めています。しかし本物と称して売られる、偽物のガラス片も多いのです。管理人は自分たちのためだけでなく、私たちの周りにいるような人たちのためにも欠片を探しています。彼らは無駄に終わった探索や失望の末、それでもついに探し求めるものを手にしたのです。一人が水晶の欠片を一つずつ発見して、安全に保管しています。欠片の数は人の数と同じだけあって、すべての者が彼または彼女の欠片を見つけ出した時、真実は再び完全な姿になるのです。

巡礼者の一人が私たちの近くまでやって来ると、上を見て止まって、小径への扉を開けるのに使われる印を空中に描きます。私たちも同じようにして返礼すると、彼は掌を外側に向けて挙げながら、私たちに寄ってきます。一緒に座って話し出すと、彼は長い探求の末、いかにして自分の水晶の欠片を見つけ出したか教えてくれて、私たちはどうやって欠片を手に入れたのかと尋ねます。まだ見つけていないと答えると、彼は微笑み、いやもう持っているではないか、心臓中枢に入っているのが見える、というのです。なおもそんなものは持っていないと主張する私たちに、彼は微笑んでこういいます。

ここの次元では時間を忘れなくてはならない、ここでは時間が存在できないのだ。前も後もなく、今ここで、があるだけだから。汝らの世界では水晶はまだ見つかっていない、しかしこの内面のレベルでは、すでに中に持っている。だから汝らは探し求め、見つけ出した者である、とここに宣言しよう。いずれこの時を思い出して、これがすでに起きたことであり、今後も起こり続けることだと知る時が来る。光球が一つ前と一つ後ろのそれと繋がっているように、汝らが旅する小径同士も、お互いの中に存在するのだ。宇宙は刹那微塵の中に存在して、あれが我の「真実」の欠片だ。あれを汝らに託そう。汝らの持つ刹那と微塵が収まる宇宙のあの場所に辿り着いた時、汝らは思い出すであろう。

一瞬、柱で囲われた巨大な広間、玉座に座る不思議な姿、水晶の心臓を両手に持った美しい女性が心をよぎって、消えます。巡礼者は立ち上がって、掌を広げて挙げ別れを告げると、彼の行く先に向かいます。私たちは列をなす人々や、いかさま商品を声高に宣伝する露店を眺めます。山または海に集団、または一人で静かに出発する人たちも見えます。巡礼者たちは人々の合間を動き回って、一緒に来るように一人二人を説得できたら、彼ら自身が旅したことのある小径へ案内します。私たちは、そういう人たちを山の頂上まで連れて行く、巡礼者の任務を理解します。それから道に戻って、また別な集団を選んで声をかけるのです。疲れ果てて任務を続けられなくなったら、より若い者が灰色のローブと杖と首飾り《レイメン》を引き継いで、今度は彼らが他の人たちに掌を挙げる番です。年取った者は、新しい肉体を纏う再生の時が来るまで休息して、それからまた探求と探索が始まります。私たちもこの一部になっているのです。

丘高く、絶壁にはめ込まれる二枚の水晶の扉が青い光で煌めくのが見えて、その前には、眺めることすらできないほど眩い二体が立っています。その間の玉座に就いて、小径や人々を見遣っておられるのはジュピターです。ここがケセドの神殿の入り口ですが、直視できる目を持った者はほとんどいません。私たちも振り返って、ネツァクの神殿への小径を引き返します。元気を取り戻すために、エロヒムが酒の入った杯を渡してくれます。旅路の埃を喉から流し去ると、マルクトへ帰してくれる緑色の光の中に入ります。私たちの姿が見えなくなるまで、エロヒムが見送っています。

サンダルフォンが待っていて、探索のこと、水晶のこと、私たちが内に水晶の欠片を持っていると強く主張した巡礼者のことを尋ねます。彼は、それは本当だ、私たちがこれから小径で体験するすべては、すでに起こっている、しかし人間の自由な意思が、時折パターンを変化させることもある、と教えてくれます。愛だけがこの宇宙で不変です。神殿が消えて行く間、愛の光球から愛の霊視の光球へと旅することを考えます。ジュピターが情事に少々寛大すぎるのを、微笑を浮かべながら思い起こします。もしかしたらあの手の逸話が、何らかの内なる深遠な知識を覆い隠しているのかもしれません。

ティファレトからケセドへ

第二十の小径は、〈隠者〉、「道を示す者」*、「アデプト」のそれです。太陽の光球から出て、「大師」の光球へと向かいます。人類に対して何らかの知識や教えをもたらす、あらゆる人にふさわしい小径です。つまり聖書で「神の子たち」と名づけられた者や、ブッダ、ナザレのイエス、老子、いと高き神の祭司メルキゼデク、エノク、モーゼのような人たちも含みます。

ティファレトが「介在する知性」と呼ばれる一方、ケセドは「確固たる知性」と名づけられていますから、この小径では与えることと受け取ることの完璧に近い均衡が得られます。これは、割り当てられたヘブライ

＊ Way-shower, 第一科学者キリスト教会（別名：クリスチャン・サイエンス）の用語。

文字が「手」を意味する〈ヨッド〉、すなわち、与える、受け取る、両方の主要な象徴である事実からも立証されます。このヘブライ文字は、何かの始まり、または誰か男性の性的能力を象徴するのにも用いられます。この第二十の小径で、私たちは新しい人間になる機会を提示されるのです。人生の新しい流儀の元に生まれる人たちの光球から旅立ちます。その上この旅路には、生命を授ける〈ヨッド〉の主たる受け手である〈乙女座〉の星座が対応しているのです。

〈隠者〉もまた巡礼者、旅の終わりに近づいた旅人です。あるレベルにおいては、それはもはや作業のために物質的肉体を纏う必要のない、アデプタス・イグセンプタス《被免達人》の位階へ近づくことであり、もう一つのレベルにおいては、徹夜禱《ヴィジル》、完全なる騎士道への到達、沈黙の時、祈り、再生の日への準備とされます。

第二十一の小径では灰色の巡礼者の修行を目にして、自分たちも彼らの仲間に加わる機会があったことを認識しました。こちらの小径では選択が取り上げられて、これから先の作業のための準備を整えるのです。ホドからティファレトに入り通り抜けて第二十へと繋がる小径も、考えに入れなければなりません。新しい思考方法を学ぶべく、幻影に囚われた心で暗闇の中を旅しなければならなかった時のことです。今、私たちは暗闇の中に静かに座り、学んだことをもう一度記憶から取り出して、先に進むのに可能な限り最適な状態に整えておかなくてはなりません。

これら二本の小径は、一つの夜、一つの昼、そしてもう一つの夜で構成される試練と準備の旅路です。今では〈アイン〉と〈ヨッド〉、「眼」と「手」が調和して働き、心と肉体の同調をもたらします。この同調が、この小径に生まれる新しい人間を形成するのです。

同様にして、第二十四と第二十二の小径を、死の小径から太陽の舟で「審判の広間」に向かうように繋げることもできます。このような方法で生命の木を最大限活用するのです。どうしたらある小径が別の小径を強調できるのか自分で探し出すこと、だとすれば、この先一生の作業になるのがわかるでしょう。

ティファレトからゲブラーへ、ダアトを経てケテルへ、ケセドへと向かう小径も、ホド、イェソド、ネツァクから来てティファレトに入る小径の続き、延長と読み解くことができます。これらの小径に沿って生命の木に描かれる線が、キー・ローまたはラバルムとして知られる象徴*の形になるのは、決して偶然ではないと確信を持っていえます。

〈隠者〉の小径は、高次のレベルでは霊的な献身になる一方、低次のレベルでは「私は自分の人生の変化を受け入れる準備ができている」といっているのだ、と理解すべきです。だからこそ第二十の小径は受諾とされるのです！　手は大きく広げられて、聖餐式の聖餅、騎士道の剣と兜、力の杖、または隠者のランプ、これら権威の象徴を授かるのに値する訓練を受け、授けられる準備ができている者の前に差し出された象徴を受け取ります。

学徒または旅人の状況では、この小径が告げるものは自己のより高次の状態に対する魂の「新しさ」と見られるかもしれません。まだ何も試みられていない、無垢の自己、しかし自らの運命を進んで受け入れて、この決定の結果何が引き起こされようとも、それを負う覚悟はできています。キリスト教的には、これは「幼子」、ティファレトの象徴になることを意味します。他の伝統の中では「大いなる母」、世界の始まりからの処女に自らを捧げることを意味するかもしれません。

＊「キリスト」のギリシア語表記の最初の二文字X（キー）及びP（ロー）を象ったローマ帝国の軍旗。

この小径での〈隠者〉は真我とその意図の状態に光を当てて、準備ができているならば、その旅路の先を照らしてくれます。すべての光球は聖杯であり、光球それぞれは、どれも一つ前のものより少しずつ摑みどころがなくなって行きます。しかしそれらすべてが聖杯であり、ずっと聖杯であり続けるのです。ケテルが究極の聖杯です。他のすべてと、それらを探し求める者たちをも含んでいるからです。

第二十の小径

誰もいない静かな神殿が現れた。タイルが敷き詰められた床を歩いて横切ると、中央の扉がゆっくりと開きます。柱の間を通り過ぎたら、イェソドへの霞の小径に出ます。前方に銀の月の扉の淡い光が見えてくるまで歩みを進めます。扉が開くとガブリエルが待っています。歓迎を受けて、神殿に招き入れられます。目に見える大天使は、古代ギリシア風の上衣を纏った若い男性の姿の、私たちがよく知っている愛する友です。彼は微笑んで扉を開けると、螺旋を描く虹の道へとすっと一押ししてくれます。ティファレトの神殿が私たちを呼んでいるので、壮大な光のアーチへと急ぎます。

背が高くて影のような、頭に光の冠を被った者が到着を待っています。彼らをはっきりと見ることはできませんが、マラキムだとわかります。いつか本来の姿を見ることになるでしょう。祭壇でラファエルと合流すると、彼は王たちと一緒に、この旅に必要な衣服で私たちの身繕いをしてくれます。男性は羽のように軽い鎖帷子に〈ヨッド〉の紋章が鮮やかに飾られた白の陣羽織。女性は深い青のローブを琥珀石の帯で締めて白のベールを被ると、肩に〈ヨッド〉が刺繍された金色のマントを羽織ります。私たちが南東の壁の扉の一つに連れて行かれると、ラファエルがタロットを召喚します。

〈隠者〉は横を向いて、彼の前にはランプが高く掲げられて、私たちは彼が護衛する旅路に進み出ます……。日没間近で、目の前には城、跳ね橋を歩いて渡って中庭に入ったら、たくさんの人たちが待っているところを通って中に進もうとすると、色つきの陣羽織を着た紋章官たちがファンファーレを鳴らします。そこには礼拝堂があって、中に入るよう案内されます。扉の上には〈乙女座〉の星座がついています。列を作って中に入ったら、身廊を歩いて進みます。

　外から見るよりずっと大きな場所で、両側には帳のかかった小さなアルコーブ《凹室》が並んでいます。ここで日没から日出まで徹夜禱《ヴィジル》を行うのです。一人ずつ決められた位置に連れて行かれて、紋章官たちが再び迎えに来るまで、飲食も眠ることもしてはいけません。アルコーブはそれぞれの伝統に則ったもので、ここではすべての信仰は一つになります。神聖視するもののすべてがここにあります。

　自分の居場所に収まったら、今からは沈黙を通します。この間に自分たちの旅してきた小径を振り返りながら、学んだことに判断を下して、記憶の中でこれまでの経験を辿るのです。帳が引かれて、自分たちの思念と共に残されます。紋章官たちの足音が完全に消え去ると、沈黙に閉ざされます。徹夜禱《ヴィジル》が始まって、暁には王に対して奉仕の誓いを立てる機会があります。そうすることで、自分たちを人類への奉仕に当てるのです。

　ヘカテの洞窟やステュクス川、船頭のカロンを思い起こします。私たちは戻って、「大いなる母」への渡し賃がなくて取り残された、苦悩する人たちとの約束を果たさなくてはなりません。繰り返し戻ることで、死の時に暗闇に取り残されてしまった人たちを救えるかもしれませんから。ペルセポネの笑顔を再び目にして、「月の母」の温かい胸の感触を思い出します。長老たちの側に立って、ヘパイストスが、プロメテウスの手足から鎖を外して起き上がるのを助ける様子や、最後に見た時、鷲が滑空して来て彼の腕に止まったのも思い描きます。巨神族と鳥はお互いを愛を込めて見つめ合って、どちらも待ち受ける運命に異議を唱えずに従っていました。エデンの園やアレクサンドリアの市街地や図書館を思い出したら、その知識の実情を理解して、いずれ安全に利用できるようになればすぐに取り出せるように、今はまだ内部のレベルに保管して置きます。

新しい思考の飛躍によって、もう一度ネアンデルタール人の男とその息子との間に愛情への道が拓かれた様子や、アプロディテの庭で彼女とパンとの結婚の成就を待つ動物たちを見ます。あらゆる場面から愛の力を捉えて、愛の喜びは罪ではなく、かけがえのない贈り物なのだと理解します。唯一本物の罪は、どんな形であれ妬みです。聖餐杯の礼拝堂の外に立って、中の神々や妖精族の列席した聖餐式を覗いたことや、ルキフェルがすすり泣いて、手放したもののあまりの重さを悟るのも見ます。

第二十七の小径でのやりかけの課題と、できるだけ早くまた来るという、自分たちへの約束を思い出します。あの小径での教訓が浮上して、最近は果たして自分たちの舌を警戒しているだろうかと考えます。再び錯覚の鏡を砕いて〈悪魔〉が太陽の王になるのを見て、もう二度と幻想に囚われることはないと知ります。踵の鈍い痛みが、癒しの力が内に在って、利用する準備ができているのを思い出させてくれます。

少しの間、礼拝堂の静寂の中に引き戻されていると、遠くの梟の大きな鳴き声を耳にして、再び記憶の中に沈みます。ピラミッドの中に横たえられた時の冷たさの感覚が蘇ります。それからまた小径へと帰ったのでした。絶えず進捗状況を再評価して、古い経験のより良い理解に励まなくてはならないのだと認識します。

こういった、出来事の追体験を求められる小径もあります。一見退屈そうな小径が、最も深遠なものの一つになることもあるのです。

クヌムの焼き窯を思い出して、彼がほんの一瞬、私たちを焼いてつけた印を感じます。これからはもっと激しく焼尽されます。しかしもう十分に準備を整えていますし、回を追うごとに、最後にやっつけなくてはならない分が減るのです。闇の中でマアトの顔が形になって、語りかけます。

この小径は、自己を与えて、あなたが「大師」と呼ぶ相手から自己を授かるところの一つです。彼らの指導の元でどんな伝統を通じて作業しているにしても、人類への奉仕のために呼ばれます。ここで要求されるのは愛のみです。誓いを立てるかどうかは選べます。まだ多くを与える準備ができていないかもしれませんし、もしできているのなら、それを守るか、破った約束の釈明のために呼ばれます。よく考えなさい。

心像《イメージ》は消えて、紋章官が戻って来る音が、私たちを完全に目覚めさせます。帳が開け放たれて、暁が礼拝堂を満たします。痺れた足で立ち上がると、ふらつきながら中庭に出ます。人がいっぱいで、中には小径で見覚えのある人もいます。高座には笏と宝珠を持った王が着座しています。礼拝堂からは騎士たちと貴婦人たちの行列が出て来て、最後を飾るのは、蒼のローブを纏ってティファレトの神殿の聖餐杯を持つ、偉大な存在感のある姿です。一人ずつ名前で呼ばれて、奉仕の誓いを立てるか否かを尋ねられます。立てる者は聖杯に手を乗せて誓うよう命じられると、聖杯の騎士と貴婦人たちとされて、勲章を授かります。そして列席者全員に祝福が宣言されます。

礼拝堂の扉にかかるタロットの帳が見えたら、中の隠者がこちらを向いて、通るようにと招き寄せます。ティファレトの神殿に入ると、ラファエルとマラキムがローブを脱ぐのを手伝ってくれて、このローブは私たちが必要とする時のためにここにあるといいます。この小径は、次の小径を歩く前に完全に習得しなくてはならない、今後私たちにごく精妙に作用するものだ、とラファエルが教えてくれます。彼に感謝を告げると、アーチの下をくぐって、螺旋状の虹の道を渡って帰ります。

いつものようにガブリエルに温かく迎えられます。何があったか聞き出すと、マルクトに帰る道まで連れて行ってくれて、別れ際に手を振ります。大地の神殿の戸口でアシムが待っています。窓際で友だちを待つ子供たちのようです。しばらく一緒にいて彼らが踊るのを見ながら、自分たちが物質世界に包まれるのに任せます。

ゲブラーからケセドへ

第十九の小径は、不純物を最後の最後まで焼尽するのに適した火の小径です。この点から第二十三や第二十二の小径と深い関係があるのに加え、最後の幻想が削ぎ落とされることから、第二十六の小径とも少し関連しています。外界に見せる「顔」がゆっくりと剝ぎ取られて、自分たちが非常に脆くなってしまうと感じる仮面劇のようなものです。少なくとも、真の自己でいることが強大な力を与えてくれるのだと悟るまでは。これで、第十九の小径の入り口にこの名前を冠したタロットが用いられているのにも説明がつきます。

小径に対応するヘブライ文字は〈テス〉で、火のセラフィム《熾天使》と大師としての彼らの役割、インドの伝説のナーガや、ヘルメス・トリスメギストス《三重に偉大なるヘルメス》の師、神聖なるポイマンドレスを強く思い起こさせます。この小径では蛇の知識は隅から隅まで自己の知識なので、自分たちが何であり誰であるかに対し、完全に開眼できるのです。内に持つ闇の双子と相対して征服する機会です。故にタロットでも、高次の自己が低次の自己の顎を押さえつけて支配する様子が描かれています。力強い牙がなければ、獅子は無力です。そして彼女は、タロットの称号が示す通り「獅子の指導者」なのです。

対応する星座が〈獅子座〉なので、この小径で躓く原因は十中八九自分自身のプライドであることを意味します。それを例えば、制御するなりして取り除ければ、獅子の象徴の持つ威厳や指導力が輝き出すことでしょう。誤った個人的な思い込みの多くがこの小径で爆発します。さらに生命の木の水平の小径の二本目で、稲妻の閃きの通り道にありますから、ここでも同じ類の衝撃が予期できます。

前の小径同様、選択を与えられるのはいうまでもありません。ここでは、これまでの生命の木の旅で獲得した、あらゆる勇気、先見の明、鑑識眼、意思を結集して立ち向かわなくてはなりません。それで十分かもしれませんし、十分でないかもしれませんけれど。前の小径では運命を受け入れることを学びましたが、それについて学ぶのと実行するのは別物であって、しかも第十九の小径では、頼まれるのではなく命じられるのです。

自分に与えられたレベルよりもこの小径のレベルの方が高い状態で旅する学徒にとっては、相当な荒業になることが予想されますし、その影響もかなり長期に渡って残るかもしれません。至高のレベルにおいては被免達人の小径となり、恐らくは、物理的肉体の中で機能する必要性の終焉を示唆するものになるでしょう。ここはゲッセマネであって、悲しみの盃を飲み干さなくてはならない小径なのです。私自身人生のある時点で、何もかもやめてしまうか、盃とその苦い中身を受け入れざるを得ないか、選択を迫られる難局に直面したことがあります。その絶望感の深さは二度と決して味わいたくないもので、それが私のゲッセマネだったのです。礼拝堂に詣でて文字通り跪き、何でもいいから助けてくれる何かが起こるようにと願いました。完全に孤立してしまったと感じました。心の奥のどこかで自分がしなくてはならないと思い込んでいたことが、実際に起きた出来事よりずっと酷かったのを知りませんでした。あれほどの恐怖は経験したこともありませんでしたが、ここでも内なる深い何かが湧き上がり、祭壇から盃を取り上げて、何であれ来たるものを受け入れると申し出たのです。その後の何時間かは感覚が麻痺したまま段階的に受け入れる状態だったのが、二十四時間のうちには前日にはあり得ないと思えたことが起こり始めたのでした。一ヶ月以内には解決に漕ぎ着けもして、「心の傷跡」は残ったものの、この出来事はその後だんだんに、頼りにできる力の基石となったのです。

誰もがこれほどの心的外傷を伴う方法で自身のカルマを調整することになる、というつもりはありませんが、間違いなく何らかの影響は残ります。本書のパスワーキングは、可愛いお伽話として描かれたものではありません。真摯な学徒が魂の剣を磨くための力試しなのです。「知恵の木」はさまざまな種類の果実を実らせますから、私たちはそれらすべてを適切な時に食べなくてはなりません。

第十九の小径

サンダルフォンが黒い羊毛のマントを持って登場すると、私たちをまっすぐ扉へとせき立てて、急いでイエソドへの小径へ行くよう命じます。若干うろたえながら月神殿へ上がると、ガブリエルからも同じ緊急令を受けます。虹の小径へと踏み出そうとしたら、彼が「幸運を祈る《神のスピードを》」とでもいうように、軽く触れて来ます。色の変わる螺旋状の道からティファレトへのアーチへ急ぐと、影のようなマラキムが太陽神殿に私たちを迎え入れます。聖餐杯が、「心臓中枢で共鳴する、奥行きのある楽音で、そこを愛で満たしなさい」と呼びかけます。

マラキムがゲブラーに通じる扉を開けたら、聖餐杯によってすでに私たちの中で揺り起こされた愛の感情を強調する、黄金色の光のトンネルに入ります。前進すると、抜け出る先は巨大な柱のあるゲブラーの神殿です。カマエルが私たちと挨拶して、心持ち厳めしい顔で印を描くと、扉にかかるタロットの〈力〉の帳が形作られます。通ると、一人きりになっています。各自の闇の双子と対決しなければならないからです……。

初めて通った学校の前に立つあなたは、そこにいるかつての子供だった自分を観察しています。幼い時代が記憶の中で再生されて、ほとんど忘れ去っていた当時の生活の様子を見ます。他者に対する無慈悲や、故意に傷つけた行為、失われた機会が見えて、自覚させられます。原因と結果が心に刻み込まれます。すっかり忘れていた出来事が目の前に突きつけられて、自分がそこで果たした役割が目も眩むほどにはっきりします。

次はもう少し大きくなった、家庭環境の中での自分を見ます。ここでも忘れ去っていた細々したことが目の前に持ち出されます。あなたは傷つけ傷つけられ、愛し愛され、痛烈に批判してやり返されますが、この新しい視点からは、根本にある原因、そしてその結果を見直すことができるようになります。あなたの振舞い方に対する他者の反応を、見て聞いて理解できるようになるのです。善も悪も目の前に差し出されます。

今度は若い男性または女性としての自分を見ます。ここでもまた、成長の苦悩や、愚かな過ちを繰り返して他人に責めを負わせる様子を見せられるのに耐えなくてはならないのと同時に、そういったことすべてを併せ呑んだ上で他人から愛される、あなたの特質も思い出すのです。あなたの人生は白日の下に晒されて、忘れていた物事の一つ一つが呼び起こされて、追体験させられるのです。過去から現時点までの人生模様を、まるで綴れ織のように見始めます。その傍には、実はこんなつもりだった、という模様が織られています。見較べてください。

模様は拡大して、タロットの風景の中に入るための入り口になります。手前の地面には身を屈める年取った女性、その上方に立つのは黒いマントの人物で、女性には多数の切り傷や傷痕があります。見ていると彼女は形を変えて、そこに寝そべるサンダルフォンになりますが、振り返ると、あなた……地球上にその意思を重ね写す、あなたの闇の双子に変わるのです。大天使の姿が消えると、あなたのもう一人の自己に駆け寄る小さな子供になって、華やかに包まれた贈り物を差し出します。贈り物は取り上げられると引き裂かれて、破片が汚れた足に踏まれて壊されます。子供は使者ガブリエルに姿を変えて、彼からの知識の贈り物は、埃の中に放置されています。

闇の双子が振り返れば槍を手にしていて、顔はあなたそのもの、しかしこれまでの人生の、すべての否定的な考えや行いの痕跡を残しています。木々の中から獅子が姿を現して、第三十の小径のエデンの園で撫でた獅子のことを思い出させます。優しくごろごろと喉を鳴らしながら、友好的に近づいてきます。それなのに槍が褐色の毛皮に深く刺さって、獅子は体側に深い傷を負ったミカエルになります。

こんなのはひどすぎます。背を向けて木々の中へ、どこか自身の闇から逃げ込めるところへと走ります。ずっと愛し導き続けてくれる輝ける存在が、あなたの今世で積もった否定的側面の総計に傷つけられているのです。小径の旅に出てからというもの、彼らにこういったことを行いはしましたが、それは象徴的に目の前に提示されたからに過ぎません。名前を呼ぶ声がして見上げると、ウリエルが剣を持って前に立っています。ウリエルは剣をあなたに与えて、木々を通り抜けると、円形競技場に連れて行きます。中央に、戦いの用意が整った闇の双子が立っています。あなたは自分自身と戦って、勝利を収めなくてはなりません。

灼熱の太陽の下、双子は向き合います。闇の双子の盾には〈テス〉、あなたの盾には〈獅子座〉の記号があります。お互いの距離を詰めて、戦闘開始の合図を待ちます。あなたが相対する者をよくよく見つめなさい……このような生き物が存在するのには必ず原因がありますし、これも手足や心臓と同じように、あなたの一部なのです。なぜこんな風になってしまったのか、想像するのです。なぜ獣が邪悪になるのか？　なぜ人が犯罪者になるのか？　どうしてこのものが破壊されていいのか、どうしても破壊されなくてはならないのか？　自分の一部を斬り捨てることができるのか？　自分が真只中にいるこの悪夢を解決するために、これまでに何を学んだのか？

方法はたった一つだけ。十分に愛したら、自分の中に吸収して変形させるのです。それができるほど、十分に自分を許すことができますか？　やってみるしかありません。誤解される言葉や行いを恐れて、傷つけられるかもしれない前に傷つける行為に出てしまう、子供のことを考えるのです。そんな自分の子供の部分を、許して愛しなさい。内面、外面での出来事を扱いきれずに、混乱する若者を思い浮かべてください。済んだ行いに言い訳は通用しませんが、それを水に流して、許して、愛するのです。あなたがそうしなかったら、誰がしますか？

辺りを見回すと、サンダルフォンがいつものように笑いながらやってきて、あなたの分身である、このみすぼらしい者へと腕を伸ばします。ガブリエルもやって来て肩に手を置きながら、嫌悪や恐れに満ちた顔を、愛情深い眼で見つめます。長身で見目麗しいミカエルはあなたの後ろから来て、あなたの手に自分の手を重ねると、剣と盾を取り上げて、微笑みながら自身の偉大なる力をあなたに注ぎ入れてくれます。

双子の形が変化して、獅子になります。あなたは歩み寄って、その頭に手を置いてみます。最後の痼癪の爆発で身を捩り、手を噛もうとしますが、手でがっちりと顎を押さえ込めば、もう抵抗しません。獅子の形は縮小して、液体で満たされた小さな黄金の盃の中へと吸収されます。ガブリエルがそれを取り上げて、あなたに渡してくれます。盃に入っているのは、あなたがたった今、愛をもって克服したものの実体です。苦い盃ですが、飲み干さなくてはなりません。最初の一口は腐った味で吐き気がこみ上げますが、二口目はやや甘くて、最後には蜂蜜のように甘い酒の味になります。ラファエルとカマエルも近づいて来ます。前者は癒しの力を注ぎに、後者は月桂樹の冠を授けるためにです。彼らが向きを変えて、円形競技場の彼方を指さすと、そこには太陽の光の中で輝くケセドの水晶の扉と、前に立つ王の姿が見えます。

もう一度向きを変えて、ラファエルとカマエルの間に掲げられるタロットの帳からゲブラーの神殿に入ると、大天使たちが続きます。戻ったら仲間たちとも再会して、みんなでティファレトへ帰る、黄金色の光のトンネルに入ります。ラファエルは扉を封印すると、こちらを向いて私たちをオーラで包んで、傷ついた魂の癒しを完結させてくれます。それからアーチを通って、ミカエル、ガブリエル、サンダルフォンと一緒に、虹の道に沿って静かに歩いて月神殿に戻ります。ミカエルとガブリエルはここで別れを告げます。私たちは心の内をどうにか彼らに説明しようとしますが、その必要はないことに気づきます。言葉の代わりにただ愛がある、それで十分なのだと。

マルクトの大天使と一緒に霞の小径を歩いて降りて、大地の神殿に戻ります。とにかく眠って休みたくて、サンダルフォンの存在のオーラの中で目を閉じると、自分たちの存在のレベルで目覚めるべく、眠りにつきます。

ゲブラーからビナーへ

第十八番目の小径では、今までの小径で耐え忍んできた嵐や荒波の後で、バランスと安定の感情を取り戻すことができます。ゲブラーからビナーへの小径は、どれも魂に守護と安定の感情を与える意図で考案された、形と囲い込みの象徴を数多く見せてくれます。一つ前の小径を旅した後では必要なものです。

割り当てられたヘブライ文字は「塀」を意味して、囲い込みの象徴そのものである〈ヘット〉です。窓を意味する〈ヘー〉とは、その外形も、窓越しまたは塀越しに見遣る意味も似通っています。どちらも、見られる対象との間にちょっとした遮蔽物のある眺めとなります。対応する星座〈蟹座〉の蟹も、同じことを違う形で表しています。こちらは外側の硬い殻が外部からの攻撃への有効な防御となり、柔らかな中の自己を保護しています。

これは内面の高次の自己が、星幽体、エーテル体などのより繊細な身体の殻によって、物理世界から守られているのを示す良いたとえです。内面の傷つきやすさを硬い外面で守る傾向は、〈蟹座〉生来の性質です。粘り強さもこの小径にふさわしい象徴です。魂が使命を果たすまでその乗り物に執念深くしがみつく傾向を持っています。課せられたことを成し遂げるまでは何が何でも生きるのだと意思を固める、絶望的な病状の患者にそれを見ることもあるでしょう。続けたいという意思は人類にとって極めて重要で、決して過小評価されるべきではありません。低次のレベルではこれは集中力、雨が降ろうが槍が降ろうが課題を完成させる能力です。〈蟹座〉らしいですね！

この小径は形の光球と古くなった形を破壊するのが主な役割の光球とを結んで、形には非常に短い間に生まれては消えるものも多い一方、ケセドでの構成活動を通過するもののように、より長い時間保たれるのもあります。対応するタロットは〈戦車〉です。「水の諸力の子供」と呼ばれます。ビナーとの関連性はまさにこれと「光の勝利の王」なのです。タロットでは車輪を土台にして築いた家のような構造物として描かれ、スフィンクスか馬に牽かれています。〈戦車〉は現実の乗り物を描写しているとはいい難いですが、これもまた小径が導き出す囲い込まれた感じを強調しています。〈戦車〉にも、それに乗る若い王「勝利の君主」にも、象徴的意味が豊富にあります。この称号も、ここまで旅してきた人たちには、仮に一番低いレベルを利用した体験だったとしても、ふさわしいものです。ビナーの天使の位階の名前はアラリムで、「玉座」を意味します。これはビナーでのイシスの象徴的意味と非常にうまく結びついていて、この女神の頭飾りは実のところ玉座ですし、古代の国の多くの王政が王の長女によって衰退したのです。男性が王位に就くには、王の娘と結婚して継承権を得るしかありませんでした。イシスの膝に座る子供として描かれる王は、この継承制度の女性性を示しています。古い諺でも「大喜びで《月を越えて》」といいますし。

タロットでは、若き王は「天の女王」自身に王位を宣告しに来ます。これから玉座を「獲得」するのです。そういう意味では、真剣な訓練によってこの小径に辿り着いた人ならば誰もが自分の中に持つ内なる王国に入ろうとしていることになりますが、この王国は大抵、知られず気づかれずじまいの荒れ地なのです。

『イェツィラー文』によれば、この小径は「『影響の家』……その中より奥義と隠された意味が引き出される……」これで第十八の小径は、塀をよじ登って越えられる者にのみ公開される、隠された知識の小径の一つであることが明確になります。しかし『イェツィラー文』はさらに続きます。「被造物の上になべて善なる者の流入の誠に夥しき（「影響の家」の）偉大さを」ですから、到達しようとする学徒の、修練、決意、猛勉強が報われる小径でもあるのです。だからといって努力を減らしていい、猛勉強はこれで終わりといったことは意味しません。ここからは、自分の知識や自制心を、生産的な方法で活用できるようになるべきなのです。

オカルトの小径を旅する者には、魂の内なる王国を治めることが運命づけられています。これは神秘学者と魔術師、その両者のあらゆる組み合わせの人にとっても真実です。多くの支配者が征服によって自分たちの領地を勝ち取っています。前の小径は低次の自己の征服でしたが、この小径はどちらが征服されたのかを明らかに主張するでしょう。

第十八の小径

サンダルフォンが神殿で歌っています。彼の声と旋律にすっかり魅了されます。アシムも耳を傾けながら、曲の抑揚に合わせて色を変えます。歌い終えると前に進み出て歌のお礼をすると、彼は私たちが楽しむのを喜んで、すべての旅が終わって、それぞれの光球でもっと長く過ごすようになれば、また歌ってあげようと、約束してくれるのです。

左の扉へ移動してガラスの球に入ったら、上へ上へとホドの氷の扉まで昇ります。ミカエルが二体のベニ・エロヒムと一緒に私たちに挨拶します。ベニ・エロヒムはギリシアの英雄たちの何人かを思い出させますし、多くはいかにも神々の息子たちらしい感じを受けます。ホドからゲブラーの光球までは、歌う風が柱と守護者のスフィンクスの前で私たちをそっと預かると、その腕に抱いて連れて行ってくれます。いつものように、戦車の若い御者の形態を用いるカマエルと一緒に、ビナーへ通じる扉の前に立ちます。彼が印を作ると、タロットが形作られます。タロットが震えながら実在になったら、通って入れば……戦車そのものの中にいて、カマエルも御者として来ているのです。馬たちが前に跳ね出て、第十八の小径の旅が始まります。目の前は広漠とした平地で、ところどころに城壁で囲われた都市が見えて来たら、その最初の一つに近づくと、たくさんの人々が要塞に並んで、声援を送ったり手を振ったりしているのが目に入ります。カマエルは戦車を止めると、私たちの中の一人に、降りて都市を統治するように、と命じます。人々が我先に城門から飛び出して、長く忘れ去られて放置されたままだった都市に、新しい統治者が現れたことを喜んでいます。カマエルは振り返って、含み笑いをして見せます。私たちがまだ知らない何かを知っているようです。

　中に入ると、都市は貧民窟や廃屋だらけで、住民もあまりいいものを食べたり着たりはしていません。王宮でさえ、都市の他の場所と同じくらいひどい状態です。支配者の不在が長過ぎた上、不在の間に物事を動かす権力を与えられた者もいなかったのです。住民たちは、戻ってきた支配者たちが彼らの都市を再び幸せで豊かなものにするのを期待します。王国に初めて入る者にとってはかなりの衝撃です。より多くの重労働や、未知の危険や障害を乗り越えなくてはならないことを意味するのですから。考えなくてはいけません。第二十七の小径を思い返すのです（あちらも似たような状況なので、すぐに戻らなくてはなりません）。都市を復興するには、あらゆる経験を頼りにする必要があります。まずは助けが必要です。人力については、砂漠の遊牧民と、第二十七の小径で出会ったあの赤き騎士たちを頼りにできるでしょう。アレキサンドリアの記録係に頼んで、図面や建築家や作業員を送ってもらいます。家が壊されて建て直されて公園が作られたら、植物を育てるのに秀でたティル・ナ・ノーグの妖精たちに助けてもらって、植物を植えましょう。パンの大神が笛を持ってやって来ると、彼の演奏で何もかもが倍の速さで成長します。ゆっくりと都市が本来の姿形を取り戻すのを見守ります。城壁も作り直されて、都市を強い武装で囲い込みます。アプロディテも訪れて、公園や森林地帯に、決して人を恐れなくていい野生の生き物を棲まわせます。しかしこれから、もっと仕事が増えます。学校、裁判所、訓練しなければならない軍隊、政府機関も作らなくてはなりません。王国はそれ自体が統治するものだと思っていましたか？

　都市の中心には、あなたの必要に応えて礼拝所が設けられます。入り口の上に刻まれるのはヘブライ文字の〈ヘット〉、その下には丸く囲い込まれる塀の象徴があります。そして今、何より重要になるのは、あなたがここにいられない時、誰を責任者に置くかで、不在の間の統治者として誰よりも適任なのは、母なるビナーです。この礼拝所からビナーはあなたの名の下に統治し、あなたも彼女の名の下に統治するのです。中はひんやりとして暗くて、目の前には二本の象牙の柱の間に、ベールを被った美しい女性が座っています。女王はすでに統治の座に就いておられます。柱のそれぞれに、〈蟹座〉の蟹の記号と、月の印がつけられています。これで満足です。あなたがいない間も都市は安泰です。

　戦車が戻って待っています。戦車に登って乗り込むあなたを見て、カマエルも他のみんなも微笑んでいます。空に映える二本の巨大な柱に向かって、遠くまで疾走します。柱に着いて渦巻く色の瞬間を抜けると、カマエルと一緒にゲブラーの神殿に立っています。彼は私たちがゲブラーの風の手に委ねられるのを見送ります。

　風がホドの神殿へ降ろしてくれて、少し休んだらすぐにマルクトに帰ります。ガラスの球がすっと神殿の扉の外に止まると、サンダルフォンの声が耳に届いて、家はすぐそこですが、少しの間、留まって歌を聴いて行きましょう。

ティファレトからビナーへ

表面的には、タロットの〈恋人〉と、剣を意味するヘブライ文字の〈ザイン〉を組み合わせるのは逆効果のようにも思えます。しかしこの小径は、恐らく最も理解しづらいものの一つなのです。頭の中でこんがらがりやすいので、象徴のいくつかとの強い結びつきを指摘しておく必要があります。何しろビナー、イェソド、マルクトにはかなり共通点があり、ネツァクがその後ろに浮かんでいるとなれば、それらの間で象徴と符号が混ざってしまうのは避けられません。

この小径で、ビナーは「大いなる母」として「ティファレトの息子」に繋がります。この線を延長すれば、「成熟した女性」はイェソドの「力強い裸の男性」へ、さらに下降すればマルクトの「花嫁」の側面と結びつきます。このこと自体、一年間分の瞑想の主題になるでしょう。小径とその象徴には非常に多くの解釈があり、最終的には個人の視点に帰するのです。

〈恋人〉はここでは、誰もが持つ二面性と捉えることができます。「剣」を意味するヘブライ文字〈ザイン〉の分割の象徴から引き出されるアニマまたはアニムスの側面です。その意味では誰もが〈双子座〉、一体化するためにお互いを見つけ、吸収しようとする双子なのです。他の解釈もありますが、ここでは議論していられません。少し考えれば、その大半に思い至るといっておけば十分でしょう。

剣は常に魔術的あるいは神秘的な象徴とされてきました。分断し、殺し、傷つけますが、守りもします。悪魔を遠ざける手段でありながら、悪魔自身が使う武器でもあるという二面性が、〈双子座〉の星座を非常に良く反映しています。剣は地から採られた物質で作られて、高熱で浄化（精錬）されたら何度も叩かれ、火で再度熱を加えられ、水で冷やされることによって硬度を増します。これは、究極の神性を獲得しようとする魂が必要とする精錬方法をもかなり的確に描写しています。元はカリブルヌスと呼ばれたアーサー王の剣、エクスカリバーは地より引き抜かれ、弱きを守るのに用いられた秘儀なのです。しかし、あなたがアーサー王伝説の神秘的系譜を継ぐ人物ならば、アーサー王がエクスカリバーの鞘を失い、かようにして剣の男性的象徴を鞘の女性的象徴から切り離したことも知っているでしょう。伝説によれば、アーサー王が鞘を失っていなければ、流血など決して傷つけられることはなかったのに、ともあります。この逸話一つとっても、研究者を何ヶ月かに渡り夢中にさせるに十分な象徴的意味が含まれているのです。

第十七の小径の性的要素はかなり露骨で、いくつかの意味で第二十九との類似点もありますが、マルクトからイェソドに上昇する小径から右折してそのままネツァクまで昇り、左折して金星の光球を通り抜けて、〈死〉の小径に沿ってビナーまで上がる道筋を辿れば、小径からより多くを得ることができます。とはいったものの、決してこれらの経路で一つの長いパスワーキングをしなさいとは勧めていないことに注意してください。照応を配列する知的訓練としてだけ行って欲しいのです。全部一本の旅路に繋げる愚行を犯す人も、すぐに誤ちに気づくでしょうが。

この小径での分離を克服したならば、褒賞は素晴らしく、そして〈恋人〉は「大いなる母」自身の中に受け入れられる、いわばエデンの園への帰還です。『イェツィラー文』ではここを「美徳の基盤」と呼びます。「基盤」はイェソドにつけられた表題の一つでもあります。〈恋人〉の再会と楽園への帰還こそ、これまでに書かれてきたあらゆる恋物語の「基盤」なのですから。ご存じの通り、太陽の下に新しいものなどない、のです。愛のさまざまな側面がこの世界を幾万年と回してきたのです。これからもずっと続きますように。しかし、真の愛の旅路が平穏であることはまずありません。もしそうだったら、廉価本の出版社が最低一つは倒産することでしょう！　それでも世界中の優れた恋物語が、〈恋人〉のタロットと、アニマ、アニムスの分離の物語をなぞっていることは確かで、そのことからも、この象徴自体、重要な原型であるのがわかります。私たちにとっては、ここは自分たちの双子の要素を一つに合わせる時ですが、言うは易く行うは難し。両性の戦いは日常世界でも同じことが続くように、私たちの内面で続きます。

第十七の小径

神殿の北壁の窓際にサンダルフォンとアシムが寄り集まっています。そこに描かれた聖獣と、気持ちを通い合わせているようです。私たちが到着すると、いつものように振り向いて歓迎してくれます。サンダルフォンは、帰ってきたら驚くことが待っていると約束するのです。扉が開かれたら、霞がかった菫色《すみれいろ》の小径へと旅立ちます。初めての時はこの小径がいかに長く感じられたかを思い出しますが、今はものの数分でイェソドの扉に着きます。私たちを迎え入れるために扉が開くと同時に、神殿を守るケルビムが近づいて来ます。この存在から流れ出る激しい力の感覚は莫大で、裸の身体に寄せて折り畳まれた翼は、その形態の美しさを強調するのです。この形態は私たちのためにあるもので、真の姿は想像も理解もできません。ケルビムがティファレトへの扉を開くと、私たちは輝くアーチに繋がる虹の小径に歩み出ます。今回出迎えるのはマラキムです。

ラファエルが影から現れて、この小径への助言をくれます。起こることを経験し尽くすのは難しく感じられるかもしれないけれど、心配はいらない、高次の自己と潜在意識の両方によって理解されて、吸収されるからというのです。そして彼が印を描くと、〈恋人〉の帳が弾けて実在になります。彼らのお互いへの愛情が勝利の叫びのように感じられます。帳を通ると……夏の微風で暖かい海岸へ足を踏み入れていて、鳥の歌声や、後ろの木々や羊歯の辺りに満ちる花の香りに元気づけられます。沖では海豚《いるか》が遊んで、波は招くように踊って輝きます。

海岸沿いを歩き回って、後ろの森へと入ります。第三十の小径のエデンの園の別な部分のようにも思えて、とても平和に感じられます。仲間の一人が水際で水を掻くのをじっと見ていると、その姿にはどこか普通ではないような、ぼんやりしたものがあって、なおも見続けていたら、最初の形態の一体からもう一体が出現するのです。これが、水中で水を掻く女の子とは反対の性を持つアニムスです。私たちにも、太陽神経叢のある辺りから、妙な引っぱられるような感覚が生じて、突然同じことが起こります。新しい形態はどれも必ず、自分たちと反対の性を持っています。

内なる女性性または男性性に直面するにはまだあまり気構えができていなくて、もう一人の自己から遠ざかるように後ろへ下がりますが、気がつくと私たちは細い金色の糸で結ばれているのです。すると木々を通ってラファエルがやって来て、砂浜にいる彼の周りに集まるようにといいます。自分の対の相手と一緒に、ラファエルの周りに輪になって座ります。奇妙な感覚が消え始めると、この隠れた自己に好奇心を抱くようになります。ラファエルが語りかけます。

それぞれの男の中に女がいて、それぞれの女の中に男がいて、自分の中で完結するのだ。ナルキッソスの伝説は、間違った考え方や見解の相違で上塗りされて来た。自分を愛せるようにならない限り、他人を愛することはできない。これが第一の教訓だ。子供は、それが反社会的な行為だと教えられるまでは、自愛行為に耽るものだ。自分ではなく他人を愛せというのは、思い込みに過ぎない。どんな男も女も、彼または彼女の持つ内面像を外形に探し求める。それに最も近い姿を見つけ出した時、彼または彼女は恋に落ちるのだ。時には、「彼は立ち止まると、私たちの周りを見回して」とでもいう、第二十六の小径で学んだ幻影の力でもって、誤った選択がなされることもある。誤った自己像を抱いているから、そうなってしまう。そんなことが起きる時、不幸からの救済を求めるのは間違いではない。そうすることによって、より多くの不幸を特に他者に対してもたらさない限りは、だが。時には理想の相手を諦めることによってのみ返せることができるほどの借りを、他者に対して作ってしまうこともある。内なる自己を愛することを学べば、外部の生活に適度に物事を取り込めるし、内面に原因のある害悪にさえ効果があるかもしれない。汝らはすでに、これまでの小径で多くを学んでいる。奉仕は運命であり、それは自らが内面から外面まで一体化していなければできないことも知っている。幻想も知っていれば、物理と非物理の両方で愛が罪でないことも知っている。一貫して不浄で卑しいかのように思わせられてきた、愛の力と栄光を完全に理解して人類が愛するように愛する能力は、贈り物といえるのだ。さらに古代の神々と人類の愛の伝説をよく見れば、もっと多くの隠された知識を得るだろう。地上に遣わされ、汝らの間を歩かれた御方は、「互いに相愛せよ」とおっしゃった。これは第一に自身に当て嵌めるべきなのだ。この小径は旅するには細くて、利己的な愛へと零れ落ちてしまいかねない。だからこの掟の重要性を知らされ得るのはここまでの小径を歩き切った者だけ、と定められているのだ。これまで学んできたすべてを用いて、裏にある、より深い意味を探る助けにしなさい。しかし信頼を持つこととも学ぶように。その美徳は、汝らの形態そのものが生じ出た、ビナーの中に見出せるのだから。そして覚えて置きなさい、あばら骨と分断の剣は一つであることを。

偉大なる存在は立ち上がると、二本の直線を上下の力の線で一つに結ぶ〈双子座〉の記号を砂の中に描きます。それからその横に〈ザイン〉の文字。そして彼は木々を通って消えます。

自分たちの内面の自己を見つめて、彼が正しいと悟ります。自分たちのこれらの部分を等閑にして来たのです。若く初めて恋に落ちた時のようでありながらも、自分たちの愛する者の外側のレベルからは何も取っていない、内面の「私たち」を思い起こさせるからこそ、その相手を選んでいるのです。私たちは新しく見つかった恋人たちと共に歩いて語り合いながら、何が好きで何が好きでないか、傷つくから何をして欲しくないのか、相手のことを学ぼうとします。彼らを決して忘れないよう、すべての特徴を捉えようとしますが、その必要はないと告げられます。私たちは決して別れ別れにはなれないからです。私たちは彼らをぴったりと抱きしめ、彼らが私たちの中に溶け込んで来るのを感じます。しかし今や、私たちは彼らの存在を意識していますし、これからもずっとし続けるでしょう。もう孤独感はありません。自分たちを知る新しい能力があるだけなのです。

海を見遣ると、海底深くから浮上して来るのは巨大な鯨です。とても古くて原始的な小さな神殿が背中に載っていて、神殿の前にいるのは、力と美しさが相まった顔つきの、成熟した印象の女性です。星々の冠を戴いて、ローブの裾は海中へと流れて一体化しています。波を超えて、彼女の声が私たちに届きます。

我こそ曽ても、今も、来たる時も在りしものなり。我は汝らの信頼、砂漠の冷たい水、始まりと終わり。汝らを切り裂く剣、結び合わせる帯。我はビナーなり。

鯨がすべてを背負って潜り去ります。振り返って、二本の木の間にはためくタロットの幕を見つけると、通り過ぎてティファレトへと入ります。神殿は空っぽなので、そのまま床を横切って、虹の小径を通ってイェソドへ向かいます。その間ずっと、自分たちが参加した密儀伝統について考え続けます。ケルビムが私たちの後ろの扉を封印するために待っています。それから、深い理解をもって見つめながら大きな翼を持ち上げると、私たちを包むように畳みます。前にもこうしてマルクトまで連れて行ってもらったことがあります。

羽毛のような柔らかさと強さの中でしばらく休息するのは心地良いものです。マルクトに着くとすっと降ろされて、ケルビムはもういませんが、私たちは声に出さずにこの美しい者への祝福を願います。それが私たちに捧げられる究極の贈り物だとわかっているからです。

サンダルフォンが腕に贈り物を抱えてやって来ます。一人一人への柔らかい白い絹のローブです。これからはこのローブを纏うのです。縁に沿って小さな葡萄の房、蔓、葉の刺繍が施されて、縁取りはすべて銀糸、首周りを花が取り巻いて、銀の紐のタイを結びます。仕上げに、銀糸で織られた絹の帯を締めます。サンダルフォンにお礼をいって、どう感じているかを話そうとします。すると自分たちが、内なる自己を抱きしめるのと同じくらいぴったりと、彼のオーラの中に取り込まれているのに気づきます。ある意味で、この宇宙のすべてのものと人は他の人の一部でもあり、誰も一人きりではないのだと悟ります。私たちは地上の一部であるのと同じだけ、天使界の一部でもあるのです。大天使たちのオーラに抱かれて、私たちと内なる自己は、愛の天使の前で〈恋人〉になります。神殿は消えますが、理解は続きます。

ケセドからコクマーへ

生命の木の旅全体が自己発見の旅です。前の小径では、自分たちの一部である内なる男性性または女性性を発見し、自分たちが実際、天上の両性具有者になることを運命づけられた地上の両性具有者であることを学びました。第十七の小径は、私たちが出現した源、または子宮であるビナーを見せてくれました。第十六の小径では、私たちがいかに宇宙的子宮に入ることになったのかの密義を探り始めます。ゲブラーからビナーへの小径には、防護壁または囲いとして機能する「塀」、〈ヘット〉の文字がありました。中世の絵だとしばしばユニコーンを囲うものとして描かれており、それ自体は失われる過程にある処女性の象徴とされます。そういう意味では、〈ヘット〉は新しく覚醒した霊魂を守る霊的処女膜なのです。第十七の小径の文字は〈ザイン〉で、「剣」を意味し、処女性を完全なる覚醒から分断します。そして第十六の小径では「爪」を意味する文字の〈ヴァヴ〉が、他の何よりも先に「神の意思」がなくてはならないという教訓を徹底的に理解させます。この意思は子宮の中の卵子のように、塀の中に埋め込まれています。象徴的意味の交差にもう一度注目してください。第十八の小径は囲い込む女性の象徴、第十七は貫く男性の象徴です。生命の木のこちら側では第十六の小径に男性の象徴、そして第十五には〈ヘー〉の文字、光を囲うものとしての「窓」があります。ここはカドゥケウスの蛇が絡みついたもう一つの部分でもあり、これもまた瞑想の対象にすべきです。

対応する星座は〈牡牛座〉、「牡牛」です。あらゆる点で当てはまりすぎるほどで、万事が雲煙過眼以上を保証するといっておけば十分でしょう。占星術だと〈牡牛座〉の支配星は金星となり、これらすべてからこの名が呼び起こされます。

タロットの〈教皇〉は、自己の片割れ同士でも、高次と低次の自己でも、または人格と個性でも、好きに考えられますが、これらの結婚を司る神父と見ることができます。この意味において神父は第一の源の使者であり、使者という言葉の起源がもう一つの関連性を提示します。『イェツィラー文』ではこの小径を「『凱旋する知性』……栄光の喜びであり……、正義のために準備された楽園」と呼びます。第十七の小径から今章までを前に後にと読み直してみれば、何か閃くものがあるでしょう。そして正義の言葉に懸けて、偏狭な心で読んではいけません。

ここも第十五の小径も「全父」のコクマーで終わるため、これら最後の小径両方の性的特質を強調します。婉曲ないい回しと男性器の象徴の両方を併せ持つ生命の木で作業する際には、この手の心像を避けて通ることはできません。これで動揺したり嫌悪感を抱く人は、カバラの学習に向いていません。生命の木は、あらゆる形と美を生んだ創造への賛歌なのですから。

金星とケセドのすぐ下の光球の象徴である鳩も、この小径と深い結びつきがあります（『象徴ガイド』第二巻、一八一ページ、第八段落参照）。この鳥は、処女マリアにキリストの子を宿させた、聖霊をも象徴します。ふんだんにばら撒かれた偽の手がかり《レッド・ヘリング》の中から真実を発見する準備のできた者には、こうしたことすべてが莫大な秘教的知識を見せてくれるのです。

〈牡牛座〉が喉、延いては声帯を支配する事実を考えに入れることも役立つかもしれません。このため、人間の物質レベルでの発話器官の一部をなし、より高次のレベルでは一連の「創造の言葉」の一部を担っているのです。

タロットでは、〈教皇〉は二本の柱の間に座り、その前で跪く二人と共に描かれます。一部の団体では、彼らが二人の男なのか、男と女なのか、議論の種になっています。結婚式の進行のどこかで、神父が祭壇に花嫁と花婿を呼んで直接話すのと大体同じやり方で、〈教皇〉は彼らに教えを伝授しているのです。高次から低次のレベルへ秘密裏に伝授されるような知識ですから、熟考して瞑想する必要があります。

第十六の小径

誰もいない神殿は影に覆われて、灯は小さく燃えています。ネツァクへの扉が緩やかに開くと、祭壇に向かって立つ私たちのところからは、緑色の光が微かに見えます。二本の柱の間を歩いて翠玉の光の筋に入ると、その力に乗って滑らかに金星の領域へと上昇します。銅の扉の横でハニエルが待っています。いつもながら美しい姿に魅了されて、常に静かに傍を歩く豹たちのように、彼女の存在に浴します。彼女に連れられて扉へ行って、開けてもらった扉からはケセドへの螺旋階段が見えます。嬉しいことに、彼女も一緒に来てくれるというのです。ケセドの水晶の扉が見えてくるまで、着々と登ります。そこでハニエルが前に進み出て扉に触れると、ガラスの鐘のように鳴ります。彼女は扉を開くと、私たちをケセドの神殿へと招き入れます。

ここは光の場所です。大部分が深い青と紫で淡く彩られて、青と黄色の濃淡の幾何学的な形の窓があります。床は濃紺で、水晶で作られた何かの星の配置がはめ込まれているのです。私たちはそれが北斗星と、プレアデス星団などを含む〈牡牛座〉の星座だと気づきます。純粋な紫水晶でできた立方体の祭壇には、光の入ったボウルが載っています。祭壇の後ろには二本の柱があって、一本は透明な水晶、もう一本は硬玉です。あらゆるものの美しさで畏怖の念に打たれていると、声がするので振り返ります。ツァドキエルが二体のカシュマリムを側に従えて立っています。紫と淡い青のローブは、持ち上がって彼の周りを渦巻いており、星の冠をつけた顔は穏やかです。カシュマリムは光の管の形をとって現れて、眩しくてほとんど見上げられないほどです。

ツァドキエルが前方の扉に案内してくれて、開くための印を作ると、タロットは震えて、微妙に異なる実在になります……。眺望が開けており、巨大な神殿を覗き込みます。目の前に豪華な色の衣装を纏った群衆がいます。戸口に立って私たちを招き入れる二人は、金色の蠟燭を手にした教皇と、葡萄酒を満たした聖杯を持つ女教皇です。遅ればせながら、サンダルフォンから贈られた、あの白のローブを纏っていることに気がつきます。今からはずっとこれを纏うのです。ハニエルが来て、深い青の絹のケープを肩の周りにかけてくれます。

ツァドキエルの静かな一声で、私たちは神殿に進み出ます。遠くの先に、紫と金色のローブを纏った教皇の姿が見えます。そして彼の背後で今回もごく薄いベール越しのように見えるのは、王族の冠を着けたたくさんの人物が囲む大きな円卓です。私たちが教皇の使者たちに従って歩いて行くと、教皇の前に男と女が見えます。二人とも冠を被り、紫色で装っています。私たちは、ヒエロス・ガモス、王と女王の聖なる結婚の招待客、証人としてここにいます。

ハニエルが私たちの後方から登場します。金星の光球の御前として、結婚の祝福を行うのです。結婚式が始まると、ここでの出来事すべてを見届けることを教皇に誓うよう求められます。ハニエルは花嫁と花婿の手を取って重ねて息を吹きかけると、彼女自身の髪の一房で結び合わせます。そして王は蠟燭、女王は聖杯を取ると、蠟燭が逆さにされて、下げられながら聖杯の中まで入れられて、それで火のついた葡萄酒を二人で飲み交わします。会衆から大きな歓喜の叫び声が上がると、教皇が向きを変えて、二人を有翼の牡牛が金で描かれた祭壇へ連れて行きます。教皇のケープの背中には〈ヴァヴ〉の文字が刺繡されています。彼は国王夫妻を傍に呼んで、しばらくの間静かに話しをします。それから待っている会衆に二人を披露すると、歓呼、喝采で迎えられます。二人は向き合って抱き合います。すると何かが起こるのを待ち構えるかのように、会衆は静まり返ります。二人の外形はお互いの中に入り込むようにして混ざり合って、両方の要素を併せ持った一つの姿に変化します。神殿の中の人たちに倣って、私たちも跪きます。自分たちが参加した密儀伝統を、薄々把握しつつあります。心の隅では、これも第十七の小径の別の一部であって、私たちとそのアニマあるいはアニムスも、最後にはこのようになると知っているのです。私たちもいつか冠を被って、青紫の衣装を纏って、ここに立ちます。より高次の密儀伝統の一部であるために、今はまだベール越しに見るだけなのです。私たちはこれらの小径を最も低いレベルで経験するだけですが、今日こうして、より高次のレベルを垣間見ることが許されました。その先には円卓があって、正しい方法で小径を旅すれば、いつかあそこに座るよう招かれるのです。

ツァドキエルが私たちの肩に触れると、彼の後についてケセドの神殿に戻ります。ハニエルが追ってきて、背後で扉が封印されます。大天使たちは、今何もかもを理解しようとしないで、適切な時が来るまで私たちの物質の心の奥にしみこむのに任せなさい、といいます。ネツァクに向かう螺旋階段へと連れられて降りたところで、ハニエルとさようならします。マルクトへと下降する光に入る時、彼女が一人一人の額に接吻してくれます。

静かな神殿に戻ると、大いなる平和を感じます。どんなに生命の木の上まで旅しても、上の方の光球の神殿がいかに美しくても、マルクトに着くと、家に帰って来た気分になります。サンダルフォンの心の感触を摑むと、燃え盛る愛の炎のようです。この神殿での彼の喜びの感情は、私たちにはそう感じられるようになっています。新しく発見された力を慎重に試すために、心でもって思い切って彼の心に触れようとしたら、少しの間、持ちこたえられないくらいの喜悦の痛みに襲われますが、彼が自分の力の激しさを弱めてくれたので、私たちはほんの数秒ですが、サンダルフォンと一つになるのを感じます。そして神殿は消えます。

ティファレトからコクマーへ

第十五の小径に対応するヘブライ文字は〈ヘー〉です。ヘブライ語のアルファベットの中でも重要な文字である証拠として、神聖なる神の名、テトラグラマトン《四文字》の中に、〈ヨッド〉、〈ヘー〉、〈ヴァヴ〉、〈ヘー〉と二回反復されています。流入する生命の象徴で、一部の教えによれば、この名前を構成する四文字は女性性と男性性を交互に表していると見られます。与えられた意味は「窓」とされますが、私はイスラエル滞在中に、かなりの権威者から、それは厳密には正しくない、「入射する光」または「照明」とする方が、真の意味がより適切に翻訳されると教わりました。どちらも同じことを指しているのではと感じられるかもしれませんが、違います。ここで考慮すべきなのは、彼が家族と共にカルデアのウルを出発した際、アブラムの名を持つこのユダヤ人の祖先とその妻サライは、それぞれの名前に創造の〈ヘー〉が加えられるまで、子供を授からなかった事実です（『創世記』十七章十五節）。

この小径では、太陽から星座に、創造主の精神的理解の光球から「神との対面の霊視」の光球へと旅します。霊視によって見えるものと、対象を直接見た場合とでは、見えているものは必ずしも同じではないので、ここでは言葉を注意深く探さねばなりません。果たして、人が神と直面するという意味なのか、それとも人が傍観する中、神が神と対面するのか？　このような体験は、取り組むレベルが高次になるほど、より強烈な様相を呈して来ます。それが生命の木の四界でパスワーキングする理由の一つでもあって、一度に一レベルずつなら影響に慣れる余裕が持てます。カバラとその仕組みの知識がある人ならば、その人に見合ったレベルでの旅ができるようになっているのです。

この小径に対応するのは〈牡羊座〉で、星座の中でも随一の遣り手、性から仕事上の挑戦まで常に新しいことに対して備えている天性の持ち主です。探求者であり、道を示す者であり、荒削りな活力と自信に満ちています。探検に赴く際は、いつも歯ブラシやら燐寸《マッチ》やらを荷物に入れ忘れますが、最終的には目的地に着く人です。「気迫がある」は〈牡羊座〉の人を的確に描写しています。第十六、第十五両方の小径に性的に卓越した能力を持つとされる動物の星座が対応するのも、どちらの小径も「生命の与え手」であるコクマーが終点ですから、深い意味があることなのです。ある原典では、「その淫欲が母により呼び出される彼」と古めかしく表現しています。

タロットは〈星〉になりますが、この対応のさせ方にも論争があります。人によっては〈皇帝〉がいいと考えますし、そうしたい人はどうぞ。どちらにも適切な理由があります。〈星〉はシリウスあるいはソティスでイシスの象徴の一つであり、人類の内的レベルの知識の源、大抵のタロットには他の星も描かれています。

これは何千年の伝統であり、特定の星座に人類が継承してきた知識の源があります。このタロットの配置と、太陽の光球から星座のそれを結ぶ小径が私たちの太陽系をその外の太陽系へと繋げて、彼らのより大いなる知識の受け手であることを暗示します。

『イェツィラー文』では、この小径は「『定める知性』……純粋なる闇の中で創造の素材を整えるが故に……」とされています。これを見れば、ここと次の小径では性的描写が非常に重要であると、直ちに理解できます。

星座は第十五の小径の終点であるコクマーの光球の象徴です。ここで私たちのすぐ近くの宇宙の全体が一つの輝かしい象徴に合わさって、歴史や文学、芸術に繰り返し表れるのです。西洋においては、これは種族的集合精神の礎石である「円卓」の描写になります。生命の木を一回旅しただけであの円卓に着くのに価すると考えるのは浅はかです。そうではなく、細部に気を配りながら、進歩したいという意志を持って小径に繰り返し取り組めば、いつしか小径の意思が私たちのそれに重ね合わされて、私たちのための席を見つけ出すことになるのです。

第十五の小径

神殿ではアシムが元気いっぱいに迎えてくれます。彼らのエネルギーが煌き出て、シャンパンの泡が血管の中で弾けるような生命の躍動感でもって私たちを満たします。サンダルフォンは私たちの反応に喜んだ様子で、今後はこのエネルギーを自分たちの世界で利用したくなったら、「火の魂」にお願いしさえすればいいのだ、と教えてくれます。こんなことが起きたのは初めてですし、意外な発見ですが、今後きっとお願いするでしょう。

開いている扉を通りながら振り返って、戸口でひしめくアシムに手を振ります。内面のレベルでのこうした移動は、自分たちの世界でバスに乗るくらい自然になりつつあります。ここも私たちの世界と同じように自然なのですから、ここでもそうでなくてはなりません。あらゆる世界が私たちに属しています！

イェソドの神殿では、美しいケルビムが間隔をおいて神殿中に立ち並び、ガブリエルが祭壇にいます。私たちは何かの儀式の最中に入ってしまったようです。この場の雰囲気に気圧されながら、入り口で息を殺して静かに待ちます。ガブリエルが大きな銀のボウルを高く掲げると、ケルビムが視線と、手先と、光を讃えて歌う声でボウルを追います。それが静まると、ガブリエルがこちらを向いて歓迎してくれます。ガブリエルはこのことで何もいいませんし、私たちも尋ねませんが、特別なものを見るのを許されたのだと知っています。歩いて虹の小径に向かう中央の扉まで進むと、螺旋状の道筋に沿ってティファレトの輝くアーチの道へと入ります。

ラファエルはいません。代わりに影で覆われたマラキムが待っています。彼らが前ほどには影を引きずっていないように見えるのは、私たちが彼らをはっきりと見る日が近づいているせいかもしれません。彼らが扉へと案内してくれると、中の一人が印を描いてタロットを召喚します。タロットは丁寧に形作られて、歩いて中に入れるようになるまで立体化します……。私たちは月光に照らされた森の間を通る歩道に出ます。水平線近くに標識のように光を放つ一つの星が、道を見下ろすような大きな城へと導いてくれるのです。そこに向かって歩き続けます。

間もなく城の落とす影の中に入ると、胸壁から歩哨が誰何《すいか》します。太陽の場所から来たと告げると、すぐ跳ね橋が降りて来るので、渡って中庭に入ります。伝令官の陣羽織を着けた男が待っていて、大広間に案内してくれます。とても大きな真円の卓があります。周囲にあらゆる年齢、人種、時代の男女が雛壇状に座っている、これが「円卓」です。最前列には灰色のフードつきローブの人影が十二人だけ座っています。彼らこそが「円卓の騎士」、「星の叡智の番人」、彼らの名は黄道十二宮《マッロト》の各宮の名です。その後ろには「祝福の島のペンドラゴン」が、彼らの騎士たちや貴婦人たちと座っています。さらにその後ろにはまた、私たちのような自らの知識の小径の巡礼者がたくさん座っています。中に入ると、目の前の壁にはめ込まれた、天に向けて広く開け放たれる窓があります。私たちが追って来た星の光が、「円卓」の中心に置かれた聖餐杯に射しています。ティファレトの神殿の聖餐杯です。窓は広間の片側全体を覆うまでに拡大します。そこから覗くと、もう一つの「円卓」の映像が見えます。こちらの「円卓」よりずっと大きくて、人類の指導のために天に置かれているのです。

両者の間で、聖餐杯と星は連携して作用します。聖餐杯が高次の円卓に光の筋を送り出すと、星に反射されて、それが聖餐杯に返ってくるのです。このようにして光に満たされる偉大なる聖餐杯は、参列者全員の間を巡って、みんながそこから飲むのです。我々が円卓に着いて聖餐杯から飲むのを許される時は来ていませんが、いずれ来ます。ここにいて、私たちのために何が用意されているか少し眺めるだけで、今は十分なのです。窓が元の大きさに縮みます。窓が閉じられる時、色ガラスにはまる〈ヘー〉の文字を見ます。

伝令官が来て、城から護衛してくれます。彼の陣羽織には〈牡羊座〉の象徴が紋章として染め抜かれ、杖には牡羊の頭が被せられています。来た時と同じように跳ね橋を渡って出て、また後ろで橋が跳ね上がる音を耳にしながらティファレトへと帰ります。帰り道もずっと星が照らしてくれます。天高くには、黄道十二宮《マッロト》の大円卓だとわかっている、ほんの小さな点が見えます。前にあるタロットの帳で足を止めて、そこにいる美しい女性を見つめると、彼女はほっそりした足を片方水の中に入れながら、二つの器を手にして、器から器へと水を入れ替えています。キャメロットの大広間の灯のように、あるレベルにある器から流れ出して、別なレベルの器に流れ込むのです。自分たちもまた器であり、今受けている訓練はより高次の器から私たちに注ぎ込まれているのだ、と理解します。神殿に足を踏み入れます。空っぽですが、それももう気になりません。これほどのレベルの存在たちが、ずっと一緒にいられる訳ではないのです。自分たちで虹の小径を旅して、イェソドへ帰ります。

ガブリエルが待っていて、旅の様子を尋ねては、報告しなくてはならないことを熱心に聞いてくれます。それから、私たちが光球そのものを体験し始めると、高次の円卓を訪れてその守護者たちに会うことになって、もしかしたら彼らから、星座の中の自分たちの位置について教わるかもしれない、と説明してくれます。この心踊る見通しを胸にお暇《いとま》すると、マルクトへの小径を歩いて下ります。待っているアシムに精神のレベルの愛を送って、好意を込めて挨拶して、理解してもらおうとします。アシムは喜びに満ちて、スペクトルの幅いっぱいに閃光を点滅させます。私たちはお互いの親密さへの喜びで笑い合います。これらの小径から受け取った贈り物の一つは、私たちと生命の木に棲む者は、こういったことも共有できるのだという知識です。神殿は消えますが、笑いと喜びは私たちと一緒に残ります。

ビナーからコクマーへ

「大いなる母」と「全父」の光球を結ぶ、生命の木で最後の水平の小径です。この事実からだけでも、小径の中でも大きな力を持つ一本になりますし、解釈もそれだけ難しくなるのです。人類の元型的両親という天上レベルのパスワーキングを行うことになります。まさにこの扉を通って、人類が初めに生命の原始的な細胞として発生し神性に向かう長い旅の終わりに、創造主の息子、娘として歩み入りたいと切望する扉でもあります。

悲しみと沈黙のセフィラのビナーから出発します。あのレベルに到達するためには、これらの畏怖すべき情動の原理を、今可能な限りで理解しておかなければなりません。しかしすべてを覆い隠すことなく知るのは人類にはとても耐えられない衝撃となるので、全体の流れに手加減を加えながら、ビナーを適切に描写する必要があります。

この小径に内包される象徴的意味は膨大で、生命の木の初心者だと、穏当な部分を教えるだけでも混乱させてしまうでしょう。ある程度知識のある人ならすでに大半に気づいていて、残りは探して行かれるはずです。割り当てられたヘブライ文字は「扉」を意味する〈ダレット〉で、第十五の小径と先にある第十二の小径の象徴を補完します。扉とは家に入る、または出るのに通るもので、家は第十二の小径に割り当てられた文字です。どちらの小径も「大いなる母」のビナーから始まりますから、ここでは彼女のことを生命と死の与え手と考えます。『ルバイヤート』の著者の言葉を借りて、「われらの後にも世は永遠に続くよ」とでもいえるでしょうか。

小径のもう一つの象徴は金星で、私たちをビナーとネツァク、それに万神殿にいますすべての女神たちと結びつけます。数あるオカルトの諺の中で最も真なるものの一つは、「すべての神は一人の神であり、すべての女神は一人の女神である」でしょう。愛の女神の象徴は、ギリシア十字に満月が載ったものです。あなたがもし男性なら、ギリシア十字に太陽が載っているのだ！というのもいいかもしれません。金星は、あらゆる形の愛こそが宇宙で最も重要だ、という真実に立ち返らせてくれもします。瞑想をもたらすものですし、この考え方に慣れる必要があります。まだそこまでできていなければ、これらの小径を旅する前と後に自分の頭で考え抜かなくてはなりません。どちらの記述もかなり多くの瞑想に慣れていれば瞑想でもって、不慣れなら静かに座ってよく考えるだけでも大丈夫です。いずれにしても、思いついたことは忘れずに書き留めるようにしてください。

対応するタロットは、「永遠の処女」でもある「生命の女王」が妊娠した姿、〈女帝〉です。ここでも矛盾が生じますが、生命の木は矛盾を通じて理解していくものなのです。ありえないことを信じる力を育てれば、それが見たこともない「扉」を開いてくれます。このタロットを入り口に、〈女帝〉の胎内の子供のような新生児となって、新しい世界観を拓いて行かれることでしょう。

『イェツィラー文』はこの小径を「『照明する知性』……カシュマル（すなわち、輝けるもの）……隠されしものの創始者……神秘の思想とその構想段階」と呼びます。私たちのあらゆる才能は初め隠されていて、これらの小径を旅することは、それらを物質レベルに出現させる準備の手段なのです。

第十四の小径

神殿が静かにくっきりと現れるや否やサンダルフォンが来て、静かにするようにといいます。いつになく憂鬱そうです。祭壇の前で待っていると、何かが上から接近する気配がします。中央の扉が光り出して開くと、入ってくるのはビナーの大天使、ツァフキエルです。とても背が高くて浅黒く、中に緋色のローブと上着を纏った上から黒いマントで全身を覆っています。黒い髪は銀の輪で束ねられて、胸は銀の聖杯の模様で飾られています。立って私たちを観察しています。その存在感が神殿に充満して、サンダルフォンやガブリエルと違って、私たちに与える影響を全然弱めようとはしません。彼が仲間の方を向いて聞こえない質問をすると、マルクトの大天使が頷きます。

サンダルフォンが私たちのところに来て、いつもの方法ではビナーの神殿に行かれない、ガブリエルと一緒の時のようにして、今回はツァフキエルと一緒に旅するのだと説明します。この無愛想な相手に不安を覚えながらも近くに集まると、彼は私たちの周りにどんな光も完全に遮るマントを広げます。何かが動くのを待ちますが、何も動きません。何か音がするのを待ちますが、何も聞こえません。何だかじれったくなって動こうとしたら、マントに拘束されていないのに気づきます。それどころか、マントもツァフキエルも消えてしまったようです。暗黒の中にいるのにだんだんに光が漏れて来て、どこかで太陽が昇っているかのようです。

ゆっくりと光が強まって、周囲を見回し始めます。古きはビナーの神殿、人類よりも、地球そのものよりも古いのです。光が初めて生じた時に作られたのですから。さらに、思念の来たる場所は光より前、数多の永劫《アイオーン》の彼方にありました。何代も何代も前からの塵が完全なる沈黙の中で私たちの周囲に集まって、音がまったくしないのは、音がまだ存在しないからです。素朴な石壁は粗く削られて、床は土を固めたもの、表面がでこぼこの丸くなった大きな石が祭壇で、さらに高い指状の岩が二本、両側に置かれています。でこぼこの祭壇には、焼いた粘土に油を満たした小さな灯りが置かれて、撚り合わせた細い繊維が灯芯になっています。祭壇の後ろ、柱の間には黒の玄武岩の彫像があります。これは妊婦の原始的な描写です。美しさとはほど遠く、考古学者が発掘する石器時代のヴィーナス像を思わせます。

ツァフキエルが後ろから来ると、指を曲げて、私たちを第十四の小径に向けて開いた扉に呼び寄せます。印がタロットを召喚し、実在させ、〈女帝〉がこちらを向いて微笑んだら、通って進みます……すると真っ暗で窮屈な中に入り込んでいて、勘を頼りに光があるはずの場所を目指して、押したりもがいたりしながら進まなくてはなりません。かなり長いこと奮闘していたようで、それから突然また光の中を落下します。助かろうと手を伸ばして、一握りの草を掴みます。起き上がると、草原にいるのです。内面のレベルで一番初めに見た光景によく似ています。私たちは裸で、子供になったみたいな気分が湧いて来て、柔らかく甘い香りのする草の上を走ったり、跳ねたり、転がりたくなります。花が撒かれた野原を通って近づいてくるのは、非常に美しい女性です。彼女に年齢はありません、私たちにとって彼女は、生じるものすべての「母」なのです。

いわれた通りに彼女の前に座ります。彼女は、あらゆる物語の中で最も美しい、創造の物語を語り始めます。固有の似姿で作られた生命に彼らの知識と力を伝えていくための、父性あるいは母性（彼女は、私たちが受け入れられる姿で形作られた、その延長です）の必要性を教えてくれます。彼女たちのような者をも超越する存在についても話してくれますが、私たちの理解の範疇をすっかり超えています。そして彼または彼女がどのようにして存在するに至ったかについても、同様に語ります。彼女の話の大部分はとても理解し切れるものではありませんが、何であれ理解できたことは心にしみ込んで、いずれ表に出てくることでしょう。今のところは、「母」そして「女皇」である彼女と一緒にいられるだけで十分です。

「母」は一人一人に個人的に言葉を授けて、胸に抱くと、別れの接吻をします。しばらくの間、私たちは彼女と一つになります。私たちが自分たちの運命に逆らう時、故意に自分や他人やより若い生命の形態、そして彼女の分身であるところの地球そのものを傷つけた時の、彼女の悲しみの重みを知ります。沈黙と悲しみの奥義に触れて、そして、私たちだけが花の中に残されます。迷子の子供たちのように、足跡を辿ってビナーの神殿に戻ります。涙しながら、「母」のいない祭壇の前に立ちます。それは、「彼女の悲しみ」のほんの一部でしかないのに、彼女からあれほど多くを奪うのです。影の中から現れるツァフキエルの顔は、優しく愛に溢れていて、私たちをマントの下近くに集めます。暗闇の中、泣きながら大天使の腕に抱かれて、マルクトへ帰ります。

闇がさっと取り除けられると、サンダルフォンとアシムの前に立っていて、彼らが愛で喪失感を癒してくれます。神殿は次第に消えます。

ティファレトからケテルへ

初めてケテルへと向かいます。この小径では、ダアトの神秘的な光球を通過してから、「深淵」も渡り越えます。ただし今回は、これほどの旅の影響を最小限に留めるために、可能な限り低次のレベルで旅をします。そんな恐ろしげな小径には、相応しいヘブライ文字〈ギメル〉が割り当てられています。意味は「駱駝」、いわゆる「砂漠の船」です。同じことはもう一つの象徴、すべての船が依りどころとする潮を支配するものとしての〈月〉にも非常に良く当てはまります。第十三の小径はいろいろな意味で、マルクトから始まり、月と土星の小径を旅して、虹を超えて太陽の光球まで向かうことを思い起こさせるものです。ここから小径はさらに、シリウスあるいはソティスの光球を超えて、生命の木の樹冠のそれに達します。地球、月、虹、太陽、星、そして最後は「原初の栄光」に到達するのです。

低次のレベルでは、この小径は、それ自体かなりの秘教的象徴を含みつつ、足から始まって、脊柱に相当する小径に沿って、中央の柱のすべてのチャクラを取り込みながら、頭の天辺の千の花弁を持つ蓮の象徴にまで上昇します。となるとこの小径が相当抽象的で、初めての試みで理解するのは難しいのも納得できます。何ヶ月もほとんど影響が感じられないかもしれません。心の奥底から浮上して来るまで、そのくらい時間がかかることもあるのです。しかし遅かれ早かれ、必ず出てきます。この小径を旅して何の影響も受けない人はいません。実際に旅する前に時間を取って、何度か通読して、できればここの象徴についても熟考してみることをお勧めします。

対応するタロットは、時に「銀の星の女司祭」とも呼ばれる〈女教皇〉です。これはイシスが月の象徴であるのと同じ程度にシリウス星に言及するものです。通常は割り当てられていませんが、考えるに値する象徴は、ジャッカルの頭をしたアヌビスです。彼の誕生と偉大なる女神との関係の伝説によって、多くの物事を明確にすることができますから。この小径での彼の居場所は、駱駝が進む砂漠です。ジャッカルは最も嗅覚の優れた動物とされ、何の目印もない砂漠で水への道を見つけられるといいます。これらがここ第十三の小径で見つけられる象徴のすべてです。

砂漠の属性がここを最後の「暗夜」の旅にして、同じ性質を持つこれまでの小径でいわれてきたことのすべてが、ここではさらに強調されて適合します。『イェツィラー文』では、この小径は「『統合する知性』……自体が栄光の精髄であり、……霊的存在の真実の成就であるが故なり」と名づけられています。いえることは他にもたくさんあるのに、実用的なものは少ないのが、またもや矛盾です。助けになるのは、これらの小径で学んだことだけです。しかしその知識も剝ぎ取られます。そこで頼れるのは、残されたもの、何としても前進してケテルを体験するのだという欲求だけなのです。

第十三の小径

神殿は空っぽなだけではなくて、すっかり親しみを欠いている感じです。開いたままの扉を通り抜けて少しすると、イェソドへの小径を歩いて昇ります。こちらの神殿も空で、同じように冷たい感じがして、扉も開いたままなので、どうなっているのか不思議に思いながら通り抜けて、虹の小径へ向かいます。しかし虹の色は何だかくすんでいるし、道筋もいつもより余計にくねっているようなのです。光のアーチも前より心なしか輝きを失っているみたいですが、神殿に着くと、友が集まっているのが見えます。私たちがお馴染みの大好きな大天使たちと天使たちです。彼らの方に向かって行きます。

彼らは冷たい表情を見せるばかりで、アシムは神殿の隅に引き込もってしまいますし、サンダルフォンは、あれほど愛を込めて私たちにくれた白いローブを肩から剝ぎ取るのです。裸にされて当惑した私たちは、震えながら立っています。ハニエルはその美しい姿を見せるのを拒絶して、背を向けてすすり泣きながら去っていきます。ラファエルは、もう見たくないだろうといいながら、私たちの目から聖杯を隠します。剣で武装してやって来たガブリエルとミカエルに、鋒鋩《ほうぼう》でもって〈女教皇〉のタロットの帳がかかる扉まで、追い立てられます……。よろめきながら通り出ると、砂漠の冷たい砂の上、光は頭上の月の細い鎌形と、星一つだけです。

砂漠を渡って行くと、両側に今までに通った旅路のタロットが見えます。一枚一枚の前で立ち止まっては、それぞれの小径と、毎回サンダルフォンのところに帰った時の喜びを思い起こします。

前の方にはゆったりぽくぽくと歩く一頭の駱駝の姿が見えて、その鞍敷には〈ギメル〉の文字があります。自分たちの他に見えるのはそれだけです。後を追って砂丘を旅します。砂丘の影からこちらに向かってやって来る誰か、それはペルセポネですが、何の反応も示さずに通り過ぎてしまうので、彼女へと伸ばした手を引っ込めます。反対側からは長老の長《おさ》が来ます。彼ならきっと私たちを覚えているでしょう、と思ったのに、彼も通り過ぎてしまいます。惨めさが増すばかりで、身を寄せ合いながら歩きます。ぽつんと一本生えた椰子の樹の下に座って一本のワインを分け合って飲んでいるマーリンとパンも、挨拶しても背を向けてしまいます。私たちに話しかけてくれるように仕向けても、会話を中断しようともしません。

涙が溢れてきます。自分たちが何をしでかしてこんなことになるのか、見当もつきませんが、前進する他に行き先はありません。物音一つしない砂を横切って、いつもながら美しい妖精族の行列が、エーンガス・オグを先頭にやって来ます。もう言葉をかけてくれるなどと期待もしないで、彼の通る道筋に進み出ます。彼は私たちを冷たく見下ろすと、走り去ります。私たちに近づいて来る一団がいます。少年が、金色の不死鳥を手に据えた王と一緒に歩いています。背の高い髭の男も一緒で、この人を最後に見たのは第二十七の小径でのことです。彼らは通り過ぎる私たちの横に立ちますが、私たちは項垂れていて、彼らを見ることもできません。

みんな、やって来ては通り過ぎます。アスクレピオス、マアト、灰色の巡礼者、カマエル、ツァドキエル……私たちが出会い、愛することを学んだ相手がことごとく離れて行ってしまうのです。誰も一緒に行きも帰りもしない旅路に、何の意味があるのでしょう。突然、空気を引き裂く獣の叫びが聞こえて、目の前に夜の漆黒のジャッカルが立ちます。首に三日月のような形の銀の護符を下げています。

駱駝はもういなくなっているので、この新しい案内役に従っていくしかありません。もっとも、これが案内役だとしたらですが。寒さに凍りつきながら、砂で痛む足でもって、いい表せないほど惨めな気分で、とぼとぼと前に歩を進めます。唐突に砂が途切れて、目の前にすさまじい大きさの裂け目が現れます。ジャッカルは軽々と飛び越えて、私たちが後に続くのを立って待っています。あちらこちらと見回して、渡る手段はないか探すと、近くに薄い木の板があります。人一人の体重を支えきれるとも思えませんが、これしか見当たりません。裂け目に渡してみると、ますます頼りなさそうです。片足を乗せるだけでたわみますし、裂け目はとても暗くて深そうですが、進むしかありません。できるだけそーっと、一人ずつ渡って行きます。渡る度に、きっと壊れて乗っている人が闇の中に放り出されてしまう、と思います。しかしどうにか最後まで保ちます……ぎりぎりで。

最後の一人が反対側まで渡り切ると、板は裂け目の深みへと落ちて、消えてしまいます。顔を上げると、ジャッカルはいつの間にか、その仮面を着けた長身の男性の姿に変わっています。彼が身振りでまたついてくるように命令するので、従います。裂け目のこちら側にもう砂はなくて、舗装された歩道が丘の天辺まで続いています。途中で、ジャッカルの頭の案内役は鷲に姿を変えて大空へと舞い上がると、丘の先で輝く光に挨拶しに行きます。

私たちは光と、たぶん暖かさにも感謝しながら登って、これまでに遭遇したすべてを超越する、光の場所へと歩み入ります。あまりにも眩しいので、暖かさと放射する愛の他には、何も識別できません。柔らかさと優しさに包まれながら休息して、涙が溢れるままに任せます。記憶が蘇ると、自分たちが荒涼の砂漠を歩き切って、見知って愛されている者からの別離の「深淵」を渡ったのだと理解します。
光の中を見通すことはできませんが、〈女帝〉、「母」の声が聞こえて、この小径でのすべてが終了しました、と告げられます。形はどうあれ、あらゆる生命の父と母、両方に通じる道を征服したのです。さらに別な声が続きます。今まで聞いたことのない、今も物理的な耳では聞いていない声です。力強くて威厳のある男らしい声ですが、愛情に溢れています。

希望が見出せずとも、星に導かれし者は、「我」への旅を遂げられる者だ。我は我なり、男であり女である。母であり父であり、兄弟であり姉妹である。我は汝らのためにあり、遥かに優れた者は我のためにある。汝らが今あるように、我もあった。我が今あるように、汝らもなるであろう。「深淵」を渡った者のみが、真に、我の前に立ち、「我あり」といえるのだ。

私たちは、簡素な美しさを備えた場所に立っています。白い壁と床、深い蒼の天井。光の柱が二本、天井を突き抜けて、その先の天空へと伸びています。柱の間から、愛してやまないみんなが入って来ます。一度は背を向けた彼らが今では私たちを抱き締め、愛情を確信させてくれるのです。誰よりも先に、サンダルフォンが私たちのローブをすぐに着られるようにして持って来ます。ハニエルも美しい顔で迎えます。ミカエル、ガブリエルと、すぐ後ろにラファエルも続いて、愛情深く私たちを取り囲みます。アシムも喜びに踊って、物静かなアヌビスの姿が何もかも見守っています。

ガブリエルが進み出ると、光の翼が壮麗に広げられて、それから私たちをぴったりと安全に包み込むように曲げられます。その芳しい香りと感触は、決して忘れられはしません。そして翼が後ろに開かれると、私たちだけがマルクトの神殿にいるのです。神殿は消えます。

ビナーからケテルへ

生命の木の終わりから二番目の小径は、「天上の母」を樹冠へと結びつける、能力の実現の小径です。しかしどうか、それらの能力のすべてが訓練され尽くしたことの保証ではないことに注意してください。知識がそこにあって、相当な努力と規律正しさでもって完璧にするべく磨き上げることもできる、というだけのことですから。

『イェツィラー文』では、この小径は「『透過光の知性』、霊視《チャズチャジット》者と呼ばれる偉大なる人々が、出没する見霊を得る場所、その故なり」とされています。ここの文言は重要なので、全部引用します。最上級の見霊の才能を意味します。この才能は両刃の剣になり得ます。初心者には透視力の才能が、奇妙な亡霊だけでなく、妖精や天使などの美しいものが見えることを意味すると考えている場合があまりにも多いのですが、これらの小径で提示されるのは、それとはまったく形が違います。彼らは内面のレベルにおいて、大して可愛くも愉快でもないが、他に見るべきものがあることを理解しようとしません。夜、街のオーラの中で見えるものが、一生にただ一回の透視となるかもしれないのです。神殿の鏡を覗き込んだら何が見えるでしょうか。自分のオーラをそこに眺めると、大変な衝撃を受けることもあります。

この才能を、できる限り使いものになる、信頼できるものにするため欠かせない種類の訓練には「究極の献身」が要求され、それ抜きではただの占術になってしまいます。ここでいう霊視とは、最も高次ならば聖ヨハネの黙示、最も低次なのはただの山勘です。しかし山勘も、しかるべき訓練によって非常に現実的なものになり得るのです。ある意味で、本書はある種の見霊に触れているといえます。つまり本質を把握するための十分な訓練を施し、内面世界を見通す能力を身につければ、それを引き出すことができるようになるのです。しかし、本を一回読んだだけ、あるいは小径を一回旅しただけで、見霊者やオカルティストになれると考えるのは馬鹿げています。『家庭の医学』のような本を一冊通読したところで、脳神経外科医にはなれないのと同じでしょう。時間をかけて努力することだけが内面のレベルで通用するのであって、第十二の小径をものにしたという権利を得るのに必要なのです。手厳しい指導者でもあります。

さて、この小径に割り当てられたヘブライ文字は、「家」を意味する〈ベス〉です。旧約聖書には、「家は知恵によって建てられ、悟りによって堅くせられ」(『箴言』第二十四章三節)という諺があります。ここ第十二の小径と第十一、第十四の小径で作られる三角形は、生命の木の他の部分を覆う傾斜のついた家の屋根のように見えるでしょう。その昔、今でも一部の田舎では、家に屋根をかける時に上棟式を行います。第十二の小径は、生命の木での体験についに屋根をかける、これまでの作業にある種の封印をするものです。だからといって、そこで努力の手を緩めていいことにはなりませんが。

占星術的象徴は、神々の使者、伝令官の〈水星〉あるいはヘルメスです。この象徴はしばしばガブリエルと同一視されます。確かに共通点は多く、どちらもアイディア、新しい思考や知識をもたらすことに関連しますし、ガブリエルはまさに救世主が今にも生まれんことを告げる使者でもありました。錬金術的には優れた魔術師の象徴です。

対応するタロットも〈魔術師〉です。〈ベス〉の文字の「家」は、彼を上から弓なりの曲線で覆う花々の影に見られます。魔術師の物理世界での熟練ぶりは、祭壇に並べられた魔術用具で示されます。しかし彼はその力がより高次のレベルから来るものだと良く理解していて、その根源を片手を上に挙げて指し、同時にそれらが地球に出現するよう、反対の手で命令しています。

魔術師になるという考えは、魅惑的に映るでしょう。しかし現実には非常に困難で、時には胸が張り裂けるような修養を今後一生要求されるのです。オカルト小説で読んだ位階のことなど忘れなさい。本物の位階はニオファイト、それしかありません。あるレベルの頂点に達したら、今度は次のレベルの一番下から始めるのですから。第十二の小径の魔術師が立っている場所では霊的骨格に汲み上げる肉体と霊魂の仕上げを施しており、この小径はそれが可能であること、しかし対価が必要なことを教えてくれます。野心溢れる魔術師の卵にとっては、「炉火の小径」がそれ以上に魅惑的な学習と同じだけ重要だという事実を受け止めるのは、何より難しいことです。他の小径に安全に足を踏み出すためにはまず、地に着いた部分が十分に安定して、しっかりと現実化されていなくてはなりません。最高の魔術師とは、炉火をも平等に扱える人のことです。

第十二の小径

マルクトの神殿では、アシムが祭壇の前で踊って、サンダルフォンは私たちからの贈り物を一つ一つ手にとって確かめながら喜んでいます。私たちが入って行くと、大天使とアシムは幸せそうに、我先に歓迎してくれます。しばらく彼らと一緒に思考や感情を共有し合うと、それから扉のところへ行って、サンダルフォンが開けてくれるのを待ちます。しかし彼は微笑んで首を振ると、自分たちで開けなさいといいます。これは「アッシャーにおける木」、「マルクトの木」に承諾された印なのです。次に小径全体を旅する時は、イェツィラー界を歩くことになります。扉の方を向いて、やや震える手で、サンダルフォンが描くのを何度も見ている印を描きます。扉が静かに開くと、私たちはもうこの世界に十分慣れていて、喜びと達成感で歓声を上げるほどになっています。大天使の喜びの笑い声を聞きながら、出発します。

ガラスの球にホドまで運ばれたら、降りて神殿に入ります。ミカエルが座って剣を磨きながら、ヘパイストスの職人技を讃えています。剣を側に置くと、素朴な椰子酒を持ち出して私たちを歓迎してくれます。この前飲んだのは第三十一の小径でのことですが、ずいぶん昔に感じられます。ふと、どんなに質素なものであれ、食べ物と葡萄酒の両方、またはどちらかを分け合うのが聖餐の形だとする歓迎の規則を思い出します。爽快な気分になって扉まで進むと、ミカエルに沈黙の質問を投げかけます。彼は微笑むように頷いて、私たちは印で扉を開けます。風が歌いながら舞って、私たちをゲブラーの柱のある神殿まで上昇させると、通り過ぎてビナーまで連れて行きます。

ビナーへの扉は、牡牛の革の帳で隠された質素な木の枠です。帳を横に引き、小さな飾り気のない神殿に入ります。ツァフキエルが前に進み出ます。もうしかめ面ではなくて、温かく迎えてくれます。祭壇の上に浮かんでいるのは、鮮やかな楕円形や三角形の緋色の光。彼らはアラリム、ビナーの階級の天使です。隅の方にまぐさに〈ベス〉の文字が刻まれたもう一枚の木の扉があって、ツァフキエルが、自分たちでタロットを召喚して、通りなさいといいます。

タロットの帳が明瞭に形作られ、〈魔術師〉がローブを纏ってまっすぐ自信ありげに立つと、私たちは前進します……歩きかけたところで、足が釘づけにされて、それでも自分たちの一部が前進しているような感覚に見舞われます。そこに下がる帳を見ると、枠の中で、自分たちが使っている星幽体が帳を歩いて通りかけた形のまま静止しているのです。足元を見下ろすと、何もありません。私たちは星幽体を捨てて、精神の段階のみの存在になったのです。周りには強大な輪郭をもつ者たちが見えます。言葉では表せませんが、アラリムだとわかります。彼らの他にもう二つの形があります。一つは他よりずっと強大で、ツァフキエルの本然の姿に近いものですが、まだ彼またはそれそのものではありません。もう一つの形状は「水星の君主」です。この小径の象徴で、メビウスの輪のような形をしています。

今では、サンダルフォンや仲間たちがいかに犠牲を払って、私たちに精神的圧迫感を与えずに、共感を覚える姿で現れてくれているかを理解しています。そのような形にまで下降するのは、彼らにとっては本当に大変なことに違いありません。それでも、自分たちを探求しようとする人類への愛情を持って、そうしてくれるのです。人間の形をとることは、王宮を粗末な小屋と取り替えるようなものです。埃の中の宝石の一揃いのようでしょう。同じ象徴的意味が、厩の中の幼子キリストにもよく当てはまります。私たちは、思念のみを推進力に進みます。周囲は、もしそう呼べるならば、光の平面界に移行しています。その中で瞬時に形が現れ、忽ち他の何かに溶融するのです。複雑な幾何的形状となったツァフキエルが語ります。

ここでは未顕現の世界からケテルの門を通過してきた思念が、質量に衝突する。ここは形の始まりで、すべてのものはその最終的な形をここで見つけ出す。ケテルの泉から直接引いて来られるものもあれば、ケテルからコクマーを通って形になるものもあるが、いずれにしても、すべては汝らの存在の世界に達する前にここに来るのだ。中にはここに達することなく、混沌の段階に戻るものもある。汝らはもう戻らなくてはならない。ここに長くはいられない、長くいれば汝らの心をかき乱すだけだから。

タロットの帳まで戻ると、戸口で固まって動かない形の中に落ち着きます。色や形が移行する瞬間があって、それから絵の外に出ていることに気づきます。ツァフキエルは私たちの戸惑いを見て微笑んで、実際声に出してくすくす笑います。彼が私たちを牡牛の革の帳を通して連れ戻すと、歌う風が引き取って降ろしてくれて、ゲブラーを通り越してホドに着いたら、開いたままの扉の外にそっと置かれます。中に入るとミカエルが待っていて、見てきたものを急いで話して聞かせようとしますが、矢庭に、彼が指した後ろの扉まで戻されます。自分たちが開けたものは自分たちで封印しなくてはいけないのです。反省してすぐに従います。ミカエルはにやりとして、話を聞くために腰を下ろします。それからマルクトへ帰る私たちをガラスの球に戻すと、手を振って見送ってくれます。

神殿は空ですが、次に会う時、サンダルフォンに自分たちの話をしましょう。神殿は緩やかに消えます。

コクマーからケテルへ

光球自体の中に入る旅がまだ残っているものの、実際の小径の最後の一本までやって来ました。〈愚者〉の小径は究極の単純な小径で、だからこそ現代人には理解不能なのです。最後の旅の第一歩を踏み出せるようになる前からでさえ、旅人は「小さな子供のように」なっていなくてはなりません。〈愚者〉は幾つもの時代を遡って、ずっと讃えられ崇められてきました。笑いの天賦の才は彼らならではですし、優れた人たちをその他大勢に変えるのに長けています。〈愚者〉は、第十一と同じ方向により低次を走る第二十四の小径の〈死神〉同様、万人に平等に与えられるものなのです。

〈アレフ〉、「牡牛」を意味するヘブライ文字がこの小径に割り当てられています。鈍重な動物ですが、強い力と高い繁殖能力を持ちます。どちらの性質も、〈ある意味で〉〈愚者〉と共通します。単純さは力になり得ます。とりわけ他のみんなが単純な問題に必要以上に複雑な意味を見出そうとしている時、その場にみんなを笑わせる〈愚者〉がいれば、少なくともしばらくの間は周りを笑わせて、その人たちをも自分のようにさせるでしょう。

四大元素の〈風〉もここのもう一つの象徴です。〈愚者〉は「熱気の塊」だという表現を、どれだけ頻繁に耳にすることでしょうか。しかし風とは生命と記憶、知識の土台でもあり、満たされるのを待っている空《くう》です。〈愚者〉は〈魔術師〉の対極であり、その逆も然りです。魔術師が自分の功績をすべて自分の力だと思うのは愚かしいですし、愚者は疲れた心の持ち主から癒しの笑いを呼び起こす魔術師なのです。

『イェツィラー文』は第十一の小径を、「『煌めく知性』……『因の因たる様相』に面することから、付与されし特別なる威厳」と、何もかもいい切っています。ここでのケテルはあらゆる顕現の源として捉えられるもので、それらがビナーによって形となり、コクマーによって活力となるのです。エノクは神とともに歩み、神が彼を取られたのでいなくなったのもこの小径です。伝説によれば、ケテルの大天使がこの預言者であるとされ、今やメタトロン、「相貌の天使」と名づけられています。

簡素さがこの小径の基調ですから、適切な言語で語りかけてくる象徴的意味を見つけるためには、先に進むしかありません。生命の木のこのレベルだと、自ら意味を探求しない限り、何の意味も摑み取れません。第十一の小径は断崖絶壁に導く一本道で、第十一から第十二の小径へ転落し、木の上の小径を下方に進むことでより深い顕現を得られるという見方もあります。生命の木は双方向に旅するべきものなので、ぜひこれもやるべきです。その時初めて、提供される教えの全体像が把握できるでしょう。

第十一の小径

マルクトの神殿に入ると、サンダルフォンとミカエルの両者が、私たちが小径の最後の方の旅をやり遂げたことを誇りにして、静かに迎えてくれます。一緒に来て、ネツァクの神殿へと上昇する翠玉の光に入って行く私たちを見送ります。銅の扉が弧を描いて開くと、ハニエルと、今回は黄金の武具に鮮やかな橙色のマントを纏ったミカエルがいます。急がずに、しかし静かなる目的を持って、連れて来られた扉を通ってケセドへの螺旋階段を昇り始めます。

次の神殿の水晶の扉が前方で輝く中、四人の大天使が前を進んで、私たちをケセドの青い光の中に招き入れます。ツァドキエルもカマエルもラファエルもみんな、仲間と一緒にコクマーの領域へと旅する準備が整っています。彼らがこの最後の小径の旅に一緒に来ることにしてくれたので、とても幸せです。しかし、これが彼らと一緒に歩く最後でないのも知っています。階段に戻って、ここからは七人の仲間と一緒に、コクマーの神殿へと昇って行くのです……。

行く先の微かな光に包まれて、ストーンヘンジのアーチのような立派な石門が見えます。その真ん中に立つのは、コクマーの大天使、ラツィエルです。力と権威の象徴で、厳めしく、畏敬の念を抱かせます。周りでは、玉虫色に光る銀の円盤、コクマーのオファニム《座天使》が旋回しています。彼は磨き上げられた御影石の床を横切って、両側を巨大な石柱に挟まれた御影石の祭壇へと私たちを案内します。御影石の上で、簡素な木の火、最初の祭壇の灯が燃えています。

両方の柱の間の空間が輝き出して、純粋な光の入り口になります。サンダルフォンが静かに、ローブを脱ぐようにといって、裸になった私たちが前に進み出ると、私たちがアシムを祝福した時に見たのと同じ存在が光の中から現れます。メタトロンが私たちを光の中に入れるために、来てくれるのです。前方に進み、また進み、と何度も同じ動作が繰り返され、しかしその都度、新たな次元に遷移しています。毎回私たちの本質も変化して、光の中をより深く進むごとに洗練されて行きます。その間ずっと、前のメタトロンと、後ろから一緒に来てくれている大天使の仲間たちを意識しています。

光の領域を歩き続けて、顕現の淵を漂います。私たちが周囲の様子に圧倒されてしまわないように、みんなで繋がってくれている、愛情深い心の感触があります。自分たちの作業は終えたなどと考えた自分たちがいかに愚かだったかに、ぼんやりとですが思い至ります。これは始まりに過ぎません。ここから始めるのです。光に裂け目が見えます。山の断崖絶壁にあったような裂け目がここにもあるのです。足を止めて覗き込むと、下では光が藍色へと暗くなっていて、私たちの太陽系が目前に広がって、全体が見渡せます。愛する仲間たちが、銘々一つずつ衣類の贈り物を手にして、周りに集まって来ます。彩色された脚衣《ホーズ》、白いシャツと上着、ベルト、羽根つき帽子、〈アレフ〉の文字つきの鎖、靴、杖、それに下げる皮袋、最後にハニエルが薔薇を持ってきてくれます。そしてみんなが後ろへ下がります。

後ろから、犬が吠えるのが聞こえます。黒犬で、月長石《げっちょうせき》の首輪をしています。私たちに向かって走って来るのを身を屈めて撫でようとすると、犬は飛び跳ねて、私たちを裂け目へ、その下の深みへと追い立てます。アイテールの中をゆっくりと回りながら落ちて、落ちて、自分たちが属する顕現の場所へと入って行きます。

上を向いて、自分たちがあの小さな一部を持って下界に降りるのだ、と認識しながら、天上の光の輝きを見ています。回り落ちる間も、皮袋はしっかりと摑んでいます。今までに学んで得たすべての記憶を中に納めているのですから。恐怖感はありません。あるのは、課せられた作業をずっとやり続けようとする、ある種の期待と熱意だけです。目を閉じて、無傷の記憶と共に、自分たちの世界に落ちて行きます。

第Ⅱ部

生命の木の光球

生命の木の光球やセフィロトは神性より流出したものと考えられているので、これらでの作業の影響が小径でのそれを超越する強烈さになるのも当然です。そこで個人指導や学校の教育課程に沿って学んでいる学徒は、光球をより良く役立てながら、良くない影響を避けるための特別な方式を教わります。「生命の木の四界」として知られる、段階的に力を強めながら光球と接触して行くやり方です。この段階を踏むことで、このような高密度の力の中枢が心に触れる衝撃を極少化しながら、より緊密な接触を得る能力を徐々に安全に構築できるのです。

一方、本書のようにオカルト訓練の初心者が読み利用するかもしれない書物では、「四界」についての議論は、その学習段階だとまだほとんど有用性がありません。それよりも、ほぼ初めて取り組む多くの読者に最適な、周波数をできるだけ下げたようなパスワーキングを組み立てる方が、ずっと良いと考えました。より深い知識を有した人なら、小径や光球での作業を自分に見合ったものに調節して活用できる十分な知識をお持ちだからです。

小径でのパスワーキングを組み立てるに際しては、内包する意味を強調するために使える神話や象徴が過剰なほどあります。しかし光球では異なる手法を取らなくてはなりません。というのも、小径は二つの末端を連結するものであるのに対し、光球はそれ自身の内部に、霊的な五官の等価物として内面世界で体験する精妙な情動を内包しているからです。この非常に個別な影響のために、私は光球でのパスワーキングを「体験」と呼ぶことにします。本当に個人特有の旅になるからです。多くの場合、伝統的な考えに沿ったり、それどころか『イェツィラー文』に記された洞察や経験から引用するよりも、各光球の本質的な要素を抽出しようと試みました。これらは心の繊細なレベルを解放して、後に完全な顕在意識の中にしみ込んでいく、感情に訴えるイメージや知識を注ぐように意図されています。

それぞれのパスワーキングへの道筋はいつも通りで、マルクトの神殿を通って生命の木を昇ります。第一部で神殿を詳しく描写しましたから、今後の文章では思い出すための短い記述だけにします。同じ話を繰り返す危険を冒してでもここでも読者に注意しておきますが、これらの旅は決してパーティ・ゲームでもファンタジー・ロールプレイングの方便でもありません。このことは光球を扱う際にますます重要になります。生命の木の光球は、他の性質に加えて、あらゆるレベルで霊魂の鏡として働きます。あるパスワーキングの結果もたらされた認識が内面での連鎖反応のきっかけになるのもよくあることで、そうなると鏡面効果によって人格レベルにまで直接作用が及ぶのです。鏡の反射であれ、経験であれ、好きになれるものばかりとは限りません！　しかし一つだけ絶対に確実なことがあります。あなたはそこから何かしらを学びます。だからこそこの本を買ってくれたのでしょう？

マルクトの体験

神殿の印象がどこか違っていて、空気が薄い高山の頂上にでもいるようなのです。祭壇の前に立つのはサンダルフォンではなく、長身の黒と黄色のローブを纏う者です。こちらに向けられた顔は厳粛で、ほとんど悲嘆にくれているようでもあり、私たちは彼の視線でその場に釘づけにされて、動けません。

これがマルクトに対応する二番目の大天使、ウリエルです。天使の中で最も長身で、鋭い眼光で永遠を見通すことができるとされています。四大元素に取り巻かれた大地の体験を教えるために来ています。

彼の輝く目が私たちから意識を引き出すと、長い時間をかけて空間を落下して、唐突に停止します……。目を開ければ高原にいて、風が恐ろしく強いので、今にも遠く離れた峡谷まで吹き飛ばされそうです。ウリエルが私たちと一緒に立って右側遠くを指すと、その先から細身のエーテル的生命体の群れが、こちらに向かってうねるようにやって来るのが見えますが、その中に一体、他より大きな者がいます。彼らは私たちを取り巻きながら、ウリエルの存在こそが彼らの喜びという様子で、ひらひら舞って近くへ寄ろうとします。背の高い者はまるでお伽話から抜け出たようで、すらりとして、妖精みたいな尖った顔と耳、藪睨みの銀の目をしています。髪は長くて銀色で、銀白色のマントに身を包んでいます。彼はウリエルにお辞儀して話しかけますが、その言葉は強風や微風のようで、私たちには理解できません。しかしウリエルが指で私たちの額に触れると、この風の元素霊の王、パラルダが私たちに語りかける言葉が理解できて、こちらからも言葉を返せるようになっているのです。彼は私たちに被せるようにマントを広げると、従者を引き連れ高原を離れ、大空へ飛んで行きます。いきなり外に引き出されて、とても怖い思いをするものの、すぐに落ち着きます。パラルダの笑いから、私たちをからかって楽しんでいるだけだと判明します。どんな元素霊もそうであるように、彼もいたずら好きのところがありますが、元素霊の王として、彼のみが不死の霊魂を授けられて、それが彼に愛し理解する能力を与えているのです。

　高い山々から、深い渓谷の連なりへと運ばれます。海を進む船のように森の間を漕ぎ抜け、木の枝を揺らします。さらに、身軽なのは自分たちの人間の形から、シルフ《風の元素霊》のそれに着替えているおかげです。これならパラルダのマントがなくても、仲間の後を追って、同じように急降下したり、飛び込んだりできるのです。しばらくの間、パラルダがこの自由を与えてくれます。私たちは子供に帰って遊びます。物干にかかった洗い立ての服を放り投げたり、教会の鐘塔の小さな鐘を次々鳴らしたり、地面すれすれに飛んで落葉を空中高く舞い上げたり、スカーフを引っぱったり、握っている手から傘や新聞を取ったりするのです。そうこうしていると、パラルダが彼のところに集合するようにと呼びかけて、みんな、海へ進もうとする嵐雲の上で休みます。

パラルダは、自分の仕事はゲームで遊ぶようなことばかりではない、彼の職務領域には気象が含まれると説明します。空気の動きが地球の気象の基本で、シルフたちは水の元素と密に働いて、流れる模様の通り、絶え間なく巡り続けるようにするそうです。地球周辺の貿易風の吹き方や、雨をもたらす水を含んだ雲の動きも、精密な模様に従っているのだといいます。ある地域に他より多くの雨を降らせるかどうかは、地軸の傾き方次第で決まっているのだとも教わります。パラルダは、ある程度まで気象の絵柄に影響を与えられる人もいて、雨や嵐を遅らせたり、または引き起こしたりできるといいます。こういったことは、人畜無害な時もあれば、大災害を引き起こす場合もあります。そのような人物がパラルダの支配を試みると、影響下に置かれることもあって、時には間違った命令だと理解しても、従わざるを得ない場合があります。降るべき場所から払いのけた雨は必ずどこかに降らせねばならず、それが収穫を待つ小麦畑の上になるかもしれません。あなたのピクニックの日の晴天の代価が、農家を破滅させるかもしれないのです。

では、損害や死をもたらす嵐や台風などはどうなのかと尋ねます。彼は因果関係の自然の摂理と、地球を取り巻く力場に縛られているのだと説明します。ある事象の組み合わせが起きた時、彼にはその結果を回避することはできないのです。地球が太陽から遠ざかるように傾いた時、彼の元素はどうしても空気を冷たくする地域を渡らなくてはならないので、冬をなくすことはできません。暖かさと冷たさの混合は霧を意味する、それが自然の摂理です。シルフたちは私たちの中にいて、一生共に働いてくれるのだとも学びます。彼らがいなかったら、呼吸も会話も歌うこともままなりません。しかし彼らが感謝されることは滅多にどころか、全然ないかもしれません。たまに、清浄で新鮮な空気を深呼吸して嬉しく感じれば、私たちが彼らの元素を意識していることが彼らに伝わるくらいのものでしょう。シルフたちは汚染によって、不幸な変化を被ります。この汚染によって、原初の構造とはかけ離れた醜く役立たずの別の存在形態へと、劣化・畸形化させられるのです。パラルダは立ち上がると、もう一度私たちの周りにマントを広げて、旅の次の行程の準備が整っているウリエルのところに返してくれます。

　無事に着くのを見届けたら、パラルダは私たちに別れを告げてウリエルにお辞儀すると、従者たちと一緒に自分の仕事に戻って行きます。

　ウリエルに、パラルダとの話で何かを学べたと感じるかどうか訊かれるので、私たちは感じるままに答えなくてはなりません。今度はウリエルと一緒に山から海へと降下して海面に立つと、ジェットコースターにでも乗った気分です。大天使が腰を屈めて海水に触れると、海底から水面へと、ウンディーネ《水の元素霊》たちが浮かび上がるのが見えます。彼らの王、ニクサも一緒です。彼の皮膚は緑がかっていて、髪と髭は海藻の色、白い泡で縁取られた深緑色のマントを纏っています。

　先ほどと同じ手順で彼の話も理解できるようになると、しきりに遊び場を見せようとする、笑うウンディーネたちに、海底へ連れて行かれます。魚の背に乗せてもらって鰓《えら》を出たり入ったりすると、ジャグジーの中で回るような感じがします。蛸と隠れんぼすれば、彼らが海の世界で楽しい生き物なのだと知ります。日の光とは無縁の洞窟や、かつては陸だったことが伺える、壁に人間と動物の情景が描かれた場所を探検します。その昔、波の上で築かれた都市全体が今は海底深く夢見ているのも発見します。

　次はニクサが元素の反対の面を見せます。金属製の缶の廃棄物から毒物が海水に溶け出るのは時間の問題です。彼に連れられて来た陸の近くからは、工場や下水道の汚染物が流れ込んでくるのが見えるし、感じられます。それらに触れられたウンディーネが、わけもわからぬままヘドロのような恐ろしいものに変身してしまうのを見ます。彼らが知っているのは、自分たちの生命の型だけなのに。彼らは海岸近くに棲むのを拒めません。そう運命づけられているのですから。それから広い河に連れて行かれて、化学物質に殺された魚が浮いているのも見ます。彼らが死ぬ時の苦しみ、こんなことで生命力を無駄にさせられた、彼らの大霊の怒りや憤りを感じます。一度に受け止められるのはもうこれが限界なので、ウリエルのところに返してくれるようにニクサにお願いします。

ゆっくりと水面へと浮上する先にウリエルが待っていて、なぜ彼の顔つきがあんなに険しく、物腰は謙虚なのか、私たちも理解し始めています。ニクサは別れ際に、水には物質の肉体で果たす役割があって、私たちのかなりの部分は水でできており、彼の元素の助けなしでは存在できないのだと念を押します。生命体としての私たちには、空気同様、水が不可欠です。ウリエルに別れを告げた海の王は、再び海中深く自分の世界に戻って行きます。

今度はウリエルに激しく活性化した火口の縁へ連れて来られます。四大元素の中でも、ありったけの勇気を集めてかからなくてはならないところです。地中深くから、ウリエルは「火の元素の王」ジンを召喚します。白熱の溶岩から現れるのは、『千夜一夜物語』のページからそっくりそのまま抜け出たみたいな姿です。魔人のような赤と黄色の装いで、連続的に形を変える生き物のような小さな炎に囲まれて、私たちの上に聳え立ちます。人間への愛はほとんどないと見受けられますが、ウリエルの要望に応じて、自分の王国を披露することには合意したようです。勇気はあるかと、最後はどこか面白がっている含みを持たせていいます。

彼もパラルダのようにマントを私たちの周りに広げると、気を落ち着ける間もなく、火口の中心目がけて飛び込みます。溶岩に着地する時は、逃げるまいと強く決意を固める必要があります。しかし、暖かい海に飛び込んだような感覚でサラマンダー《火の元素霊》が一斉に集まって来て、触ったり遊んだりしていると、次々に形を変えて行きます。こんな環境の中でどうやって見たり聞いたりできているのか、全然わかりませんが、もうそんなことはどうでもいいのです。

地球の岩を溶かして液状化する、激しい圧力を目の当たりにします。私たちもこれと一緒に山の小さな割れ目に流れ込んでは、この力で硬い石が割れるのを感じます。ジンはさらに遠く深く、火口の底、溶けた地球の核そのもの、この惑星の心臓中枢まで連れて行きます。ここが地球のティファレトで、親なる太陽の小さな欠片が輝いて、中から地球を温めているのです。ジンは、宇宙に存在する手段として、人類と地球は熱の中心核の必要性を共有するのだ、と説明します。彼は、どの光球にも生命の木が存在するという格言を深く考えて欲しい、と頼んで来ます。ここマルクトの太陽の中心に立つと、真実を現実に目にすることができるのです。

彼は、私たちの持つ太陽中枢は心臓と捉えられるけれど、それだけでなく、私たちを生かし続ける体温の核と見ることもできるかもしれないと説明します。これは彼の元素の働きであって、サラマンダーは物質的存在の側面が正しく機能するよう保持してくれます。体温が下がり過ぎれば肉体は死にます。内なるサラマンダーに接触することで、体温を上げたり下げたりもできるが、それらを安全に行うには、今よりずっと高度に訓練されている必要がある、と警告します。各チャクラの中心にも小さな太陽があって、これらもチャクラのエネルギーを増加させるのに使えるのです。

他の元素がそうであったように、人間は火の元素にも害を及ぼしているのか、と尋ねます。そうだが、及ぼし方が違う、とジンは答えます。原子力を使うのは害にならない、それは彼らの存在の一部だから。しかし原子力で人を殺したり致命傷を負わせるのは、彼らを犯罪行為に加担させることになってしまう。そんなことをしたら破滅は避けられないし、人間の悪意の一端を担うことになる。それでは罪のない子供を無理やり堕落した人生に追いやるようなものだ、といいます。

彼は再び地球内部の火を抜けて、私たちを噴火口の入り口まで連れ戻します。ウリエルが待っています。ジンがサラマンダーを周りに召喚すると、彼らは一つの巨大な生きた炎を形成して、地球の守護者に敬意を表しながら沈んで行きます。そうして彼らは消えて、私たちは残されて、ここで習い覚えたすべてをどう役立てると良いのか考えています。

ウリエルが優しく、用意はいいかと尋ねます。彼は私たちが学ぶ様子に満足しているようで、手を取って最後の会合に連れて行く準備をする際には、微笑みさえします。それは疵だらけの穴を穿たれた広大な荒廃地で、月の表面を思わせます。世界最大級の採掘場です。人類はここで、地球が内に隠し持つ豊かさそのものを爆破して剝ぎ取ったのです。金、もっと多くの金を儲けるために、美が破壊されてしまいました。

ダイナマイトで爆破されて開いたままの洞窟から、「地の元素の王」、ゴーブが登場します。人間とほぼ同じくらいの身長で、民話の伝統的なノーム《地の元素霊》に似ていますが、民話のノームのように平和そうな顔つきではありません。やつれて苦しそうで、自分の手に負えない出来事の連続で絶望の淵に追いやられた者特有の表情を浮かべています。ウリエルが彼の領地を見せて欲しいと頼みます。すると、初めて強い憎悪に近いものに直面させられます。ゴーブは、どんな権利があってここにきたのか教えろ、まだ懲りないのか？　母なる大地の苦しみを見てご満悦なのか？　と畳みかけてきます。

初めは手を貸すのを拒んだ彼ですが、ウリエルのお願いには疑いながらも従わねばならぬと感じて、嫌々ながら私たちを連れて行きます。彼の後に従い彼が現れた洞窟に入ると、自分が硬い岩の中をすり抜けていくのに気づきます。広大な洞窟は最大規模の聖堂が幾つか入るほどの大きさで、金や銀が埋蔵されていることを匂わせる、光る鉱脈も見えます。その間もずっと、ゴーブはぶつぶつと独り言で文句をいい続けて、時に私たちがもたつくと怒鳴り散らします。最後に上に向かう小径を昇ると、美しい木が密集した森に出ます。どこからも、何千マイルも離れた場所のように思えます。しかしそれも、鎖鋸《くさりのこ》の音が聞こえて、次から次へ木が切り倒されるのを見るまでのことです。ゴーブが私たちの頭に手を置くと同時に、自分たちが周囲で生育するものの一部になります。小さな生き物が罠に捕えられ、肉を裂かれる痛みと恐怖を感じると共に、木が死にゆく音を聞きます。

彼が印を作ると、私たちは再び大地に沈んで、管の中に吸い込まれるようにして旅を続けます。今度は不毛の地に出現します。不適切な耕作で酷使された大地に、少な過ぎる草で育てられる多過ぎる家畜。ここからは、たくさんの土地を連れ回されて、人間の強欲のために払わされた大地の犠牲を見せつけられます。地下に眠る鉱物のために切り取られた島、考えなしに、または人間につきものの気まぐれで、破壊された希少植物や動物。せいぜい一回か二回の収穫の後は使いものにならない砂漠と化す畑を作るために、焼き払われたサバンナ。田舎を切り開いて作った道は決して元には戻らずに、鞭打たれた奴隷の背中のような傷跡を残していきます。自分の種がより多くを得たいという欲求を制御できずに、種を維持するために他の生命体を滅ぼすという欲求を作り出した生命体により、むき出しにされて略奪されて、中側からくり抜かれる、惑星の心像が浮かびます。

見たもの何もかもに動揺して気分が悪くなって黙って立ち尽くしていると、ゴーブが初めて、ひょっとしたら、そして相当の無理をしながら、私たちを許すように見つめます。彼が座って一握りの土を取ると、彼の力でもって、土は小さな一盛りの鉱物塩と金属に精錬されます。これが地の、個々の人間の肉体に対する貢献だ、と彼はいっているのです。四大元素のすべてに、物質的存在の一部となって働く上での人類との取り決めがあるのだと説明してくれます。私たちは全体の一部ですから、地球に起きていることの潜在意識下の知識の一部として、これまでの生涯を通じて軋轢や緊張を感じているのです。どの爆破も、どの焼き尽くされる森も、どの失われる木も、動物も、人類に反響を引き起こすのです。

ゴーブは深いため息をつくと、地中に印を描いて、マルクトの神殿へ直帰させてくれます。ウリエルと四人の王が待っていて、私たちをしっかりと見つめながら、私たちが見て体験したことがいつの日か、地球の隠された力への新しい理解に発展することを願っています。

各元素が私たちの元に来て別れを告げます。もし話したいならば、今が心の内を明かす時です。時には、内面の感情を表せる言葉が見当たらないこともありますが、心には心の言葉があります。王たちは中央の扉から出て行きます。私たちはウリエルと向かい合って残されて、彼は祭壇からギリシア十字のような形の首飾り《レイメン》を取ります。四人の王の名前が刻まれています。彼らから一人一人への、私たちと共に、中で、周りで、一緒に働く喜びの証の贈り物です。彼らが返礼に求めるのは理解だけです。マルクトは理解の光球であるビナーの娘、といわれるのを思い出します。神殿が視界から消える間も、私たちは考え続けます。

イェソドの体験

今ではもう、マルクトの神殿への移動は簡単です。祭壇に向かって歩くにも、囁くくらいの足音しか立てません。サンダルフォンは背を向けて、光を内包する水晶の蒼い深みを覗き込んでいます。私たちも立って少しの間灯を凝視していると、大天使は微笑みながら振り向いて、生命の木の内なる宇宙を通る次の旅に送り出す準備が整っている、と告げるのです。

彼は中央の扉に、私たちが合流するのを待って、扉を開く印を描きます。扉を通って、月神殿への菫色《すみれいろ》の霧の小径に踏み出す一人一人に、軽く触れます。もう何回も旅した小径なので、自信を持って歩きます。すぐに見慣れた銀の扉が目に入ります。私たちが近づけば弧を描いて開いて、通り過ぎたら後ろで静かに閉じます。

中で何か待っている感じです。影の中から天使の階級に属する者が出てきます。その姿形は若い男性で、裸で、全身が薄く香油を塗ったように光っています。オリンピアの若い競技者を模したギリシアの男性裸像《クーロス》を連想させます。このような姿のケルビムからは限りない力の感覚が発散されていて、光の中に入って来ると折り畳んだ翼が見えますが、広げれば月神殿の両側の壁に触れることでしょう。

池の畔に立つと、その深みから発せられる真珠色の閃光が、水面下で曖昧な輪郭のきらりと光る銀色の微光になって、揺れているのが見えます。ケルビムが橋を渡って私たちの側に立つと強大な力に包まれて、その影響を感じ取れそうなほどです。とても優しく一人ずつ持ち上げると、そっと池の水面に横たえてくれます。しばらく浮かんだまま神殿の天井に描かれた小さな銀の星を眺めていたら、身体が水に潜って、紫色の水底へと沈み始めます。水が私たちをすっかり覆う時、最後に目に入るのは、銀の星とケルビムの輝く目です。

しばらく一定の速度で沈んだら停止して、流れに乗るように漂います。楽々と呼吸しながら、潜水夫みたいに、思い通り向きを変えたり、身体をひねったりできます。空気の元素と同じくらい、水の元素が自分たちにとって自然になっているのです。新しく見つかった能力を試すように動き回っていると、闇の中から奇妙な形をしたものや人影が現れます。最初は何だかわかりませんが、だんだんにそれらが、私たちが若いころ知っていた人たちの姿だと気づきます。みんな漂って通り過ぎます。微笑んだり、中には手を振る人もいますが、私たちを呼びとめたり話しかけようとはしません。さらにいろいろ現れて、ごく小さな子供のころ知っていた人たちまで遡ります。自分たちにとって本当に大きな意味を持っていた、お気に入りのおもちゃやペット、今の人生を築く重要な構成要素になっている夢の一部です。理由があって好きではない、それどころか大嫌いな人も見かけるかもしれません。今こそその感情の原因を探り出して、ことによれば消し去る時です。

水も、心像《イメージ》も、肉体も、私たちの存在の小宇宙全体に浸透する液状の実質である、大いなる総体の一部になったようです。奥深くにある記憶が呼び覚まされると、失われたり、半分忘れ去られた考え、希望、夢、痛み、紛争、自分たちにも隠されていた欠点などが、認識可能な形になって目の前に出て来ます。ここから何かを学べるかどうか、象徴や形を調べてみるのです。ここで探求すべきは知識です。

今度は暗くなって、大きな潮のうねりに取り込まれながら、あちらの端からこちらの端へと放り出されます。行く先に洞穴の口が見えたら、月の水の急流に押し流されて、闇の中へ運ばれて行きます。

中は暖かくて心地良くて、何の恐れもないまま、海の母の懐に抱かれてただ漂います。長い時代を超えて時のない永遠の中、もう内海に浮かんでいるのではなくて星の外海に入っているのに気づくまで、漂って夢を見続けます。幾万の星が幾万もの星に、私たちの小さな惑星から見えるよりも遥かにたくさん、重なり合っています。古い星や生まれて間もない星やこれから誕生する星に囲まれたり、通り過ぎたりしながら航海します。太陽が生まれては周囲に惑星が形成されて、古くなったら炎となって燃え尽きて死んで行くのを見ます。どれにも始まりと終わりがありますが、終わりとは、ある形から別の形に変化するだけのことなのです。死んだ太陽とその惑星の物質は、取り上げられて、新しい太陽へと姿を変えます。私たちもまたこの一部なのです。遠く離れた星や惑星や太陽系も、地球で私たちの身体に用いられているのと同じ材料と構造で作られています。形の必要性が生じるよりずっと前に、「炎と形の君主」により作られた元来の様式があるからです。「機械仕掛けの宇宙」が命じられた通りに作動するのを見て、その完璧さに驚嘆します。私たちもこの完璧の一部なのです。イェソドの天使の形は時に「建設者たち」と呼ばれます。彼らは太陽から微小なウィルスまで、あらゆる種の形の概念と構造に関連しています。万物が基本型を持っています。心臓と駆動力としての純粋なエネルギーの核を持つ、小さな太陽系なのです。

星幽体が引っぱられるのを感じます。放っては置けない感覚です。臍からごく細い銀色の紐が伸びているのに初めて気づきます。ほぼ透明の光の糸で、規則的な鼓動に合わせて脈打っています。私たちは、生命の星の種の血を持つ、「母なる海」から再生したのです。紐が強く締まって星幽体の潮目へと引き込まれながら、そこを通って闇の中核を持つ輝く光の光球へと向かいますが、星の海を出る寸前に、星の物質に手を伸ばして小さな一欠片をつまみ採ると、額……眉間に着けます。

さらに速く、今度は下の光球の闇の中核へと降下します。勢い良く立ち上る闇に覆われると、温かい液体の中に浮いていて、中を微光が通っています。それに向かって移動したら、頭が出る先はイェソドの神殿の池です。待機しているケルビムが腕を伸ばして一人ずつ水から引き上げると、優しく立たせてくれます。それからケルビムが額の星に触れると、星は身体の中に沈み込んで隠されますが、これからは内面のレベルで活動するのです。

神殿の扉へと案内されると、入り口のすぐ前の床に、銀のサンダルが一人に一足置かれています。イェソドのサンダルは、履く人を二つの世界を安全に歩いて行き来できるようにします。星幽体の領域とそれを超えたところに入る時、いつでも履けるように用意してくれるのです。私たちもこれを履く資格を得たのですから、誇らしげに足を入れます。ケルビムに感謝すると、私たちが扉を越えてその指し示す場所に戻る前の霞の中に入っていくまで、笑みを湛えて厳かに見届けてくれます。マルクトに向けて歩いていて、低次のレベルに近づくほど、身体に重みがついて来るのを感じるのです。前方の扉が歓迎するようにぱっと開くと、サンダルフォンの大きく広げた手が神殿に招き入れてくれます。扉が封印されたら祭壇の前に集まって、あれほどの愛を与えてくれた存在たちへの祝福をお願いします。そして恥じらいながらも誇らしげに、サンダルを大天使に見せます。神殿は消えますが、自分たちの世界が現れる最後の瞬間まで、サンダルフォンの笑う目が残ります。

ホドの体験

光に満ちた神殿が輝いて、しばらくは、クリスマス・ツリーの周りに集まる子供たちみたいな気分になります。ここ全体が形や色や位置を次々と変える光の点滅でいっぱいになって、喜びに目が眩んで息もできないほどなのです。サンダルフォンが両手を広げてやって来ると、神殿を満たす彼の笑い声にも、特有の光と色がついているかのようです。「火の霊魂」のアシムが、私たちのために踊ってくれるのだと教えられます。内面のレベルにある思いやりだとわかって、彼に、彼らに感謝の意を伝えてくれるよう頼みます。サンダルフォンは、それは自分たちでできるだろう、と優雅な仕草で天使の踊り手たちを前に集めます。

どの隅からも、輝く光が私たちに向けて集中します。私たちにとっては、こうやって彼らを見た方が見やすいのです。彼らの自然の形態は、人間の心には意味を持たないのですから。光は六芒星の形に集まると、大きな金剛石のように、私たちの前に掲げられます。彼らの踊りとそれを触発する愛情に感謝して、お返しに、彼らにケテルの光球の祝福があるようにと願います。

神殿に静けさが到来すると、一瞬、自分たちが何か間違えてしまったのでは、と心配になります。アシムは祭壇の前に集まって、サンダルフォンはその後ろに立っていて、光が不安で戦《おのの》きます。周りから圧力がかかって、突風の音がすると、とてつもない力で絞り上げられるような感覚が起きて、本能的に跪くのです。

東壁の中央の扉が輝き出して白い光のアーチになったら、白の光輝の中を通って全身が光の小片で構成されたような存在が登場します。私たちには強烈すぎて、顔を隠します。この「光の運び手」の明るさに耐えられないのです。アシムも震えて、目まぐるしい速さでスペクトルの端から端まで色を点滅させます。サンダルフォンだけがしばらく静かに立って、それからこの「相貌の天使」に微かにお辞儀をします。ケテルの大天使メタトロンが、私たちがお願いした祝福を、「火の霊魂」に授けに来てくれたのです。神殿に愛が入って来ます。地球上で知っているような種類の愛ではなく、もっと、ずっと偉大で、荘厳な、畏るべき感情です。アシムが「光」の形態に愛情深く包み込まれると、それは彼らを連れて戸口を通って消えて行きます。

サンダルフォンは私たちが元通りになるまで待って、それから左の扉を指します。扉が開くと、乗り慣れたガラスの球が待っています。中に入ったら開口部が閉じて、素早く滑らかに水神殿へ連れられて行きます。透明な扉はとてもすべすべで、私たちの感触には冷たくて、音も立てずに開きます。ホドが変化の光球であるとなれば、この体験では驚くようなことが待っているかもしれません。

若いギリシアの戦士のように装ったミカエルが待っているところに私たちが入って行くと、羽根飾りつきの兜を取って、傍に置きます。床から天井にまで達する火の柱には、初めて見た時と同様、息を飲みます。

削り出された氷の祭壇の奥深くには火の柱が反射して、灯の入った坩堝《るつぼ》はもう一度、このセフィラの仕組みを思い出させます。

ミカエルに水の柱まで連れられて、中に入ってみるようにといわれるのでその通りにしたら、絡みつく灰色の霧のように見えて感じられる何かの中に入っているのです。それらを形作る思念を刷り込まれる前の、星幽体のレベルにいるのだと認識します。この星幽体の質料にどうやって自分たちの意思を刷り込むかを学ぶために、ここにいるのです。これには技と忍耐力が必要なだけでなく、高等魔術への道を志す誰にでも要求されることでもあります。

最初に作業場所を作らなくてはなりません。凝ったものでなくて良いのです。ぐらつかない床のある、すっきりした空間が必要です。心を使ってこの灰色を押しやって、その下の適当と思われる何かを表に出すのです。次は作業台、壊れにくく丈夫で、ゆとりのある大きさのものにします。それは良いのですが、今度は床がなくなって、作業台だけが灰色の霧に埋もれてしまいます。何もかもをしっかり心に留めておくのは考えているより難しいことです。ここにこつがあります。何よりも先に頭の中でだけ、ゆっくりと注意深く、求めるものの完成像を構築しなくてはなりません。それが明確になったら外へ押し出して、星幽体の物質の中に持ち込んで重ね合わせるのです。そのためにまず、木の床の何もない部屋の中に、長い木製の作業台があるところを思い描きます。この光景を写真のように保持します。次にその写真を頭の中から霧の中へと滑り込ませると、写真は頭から出て、霧の中に移行します。こうして部屋がぱっと周りに姿を現したら、すかさずその場所に不要になるまでその形を保つよう教え込むのです。これで先に進めます。

葉を作ってみます。普段するように創造的想像力の中に作るのではなく、形の光球の中に作り上げます。

葉とは何か、何をするものなのかを把握して、日光と地球から採った鉱物を合わせて、養分を作りだす工場であるとして考えるのです。オカルトの格言「上なる如く、下もまた然り」を思い出してください。これの一つの応用です。

ここまで来れば、作業台にあらゆる形や大きさの葉が現れる側から、たちまち消えて行くのを見ているかもしれません。部屋を作ったのと同じ技法を試してください。最初に頭でもって、星幽体の質料に刷り込む前に形を考え出すのです。すべての物質の形は原子で構成されるので、最初から試みます。創造主ほどの精密さと叡智をもってやり遂げたい、は高望みに過ぎますが、自分なりの最善を尽くさなくてはなりません。何億もの原子から作られた一枚の葉を思い描くのです。どの原子も目指す道筋に沿って進もうと動いているごく小さな太陽系のようなものが日光を活用する能力、を考えれば良いでしょう。今度は動いている形を非常に細かい葉脈で覆います。冬に時折見かける、葉脈だけになって透ける葉のような感じにします。

葉脈に緑の光を採り入れて、葉が色味を帯びて来るのを見てください。ここまでのところで形を見失っているのに気づいたら、最初からやり直しです。何であれ、作り始めたものは必ず他の何かを作る前に完成させなければいけません。基本的な要素から始めて組み上げること、常にその形についてできる限りの知識を集めて、どこもかしこもどのように見えるかを知ってから取りかかること。このやり方なら、あらゆるレベルで使いものになる情報を集められるようになるでしょう。「神」のみがものを作れるのだと教わってきたかもしれません。この星幽体のレベルでは作れるけれど、物質的レベルでできるのは木を植えることだけで、その先は木にやってもらうしかないので作れない、という意味でなら正しいです。しかし同時に、男も女も私たちが「神」と呼ぶ者の子供たちであり、その父親たちの足跡に従うのだ、ということも思い出してください。人類は自分たちの種を作り出すという、神にも似た能力を与えられました。現実の世界で、他の生命体の姿や形を作ることはできないかもしれません。しかし私たちの試みから学ぶことは、それら、そして私たちをも創造した存在を理解する役に立つのです。

これは単に手を振り回して魔法の呪文を呟くだけの問題ではなくて、物事がどう働くのか、どのように組み立てられているのか、正確な知識を必要とします。話を葉に戻せば、前述の通り作り上げて、より厚みのあるもので葉脈を覆えば、多少は葉のように見えるでしょう。次はその像を頭から滑り出させて、作業台に置きます。どこかプラスティック製のように見えます。形は良いのですが、生命を欠いています。子供を作って、私たちの中から生命を与えることはできます。しかし、姿形が自分たちと違うものは、内面からは作れないのです。生きているかのようには作れますが、それではただの幻想、第二十六の小径で学んだのと同じようなものになってしまいます。しかしそれに私たちの物質的レベルで生命を与えることは、私たちの手には負えません。それでもなお私たちが学んだことは、非常に効力の高いタリスマンを作る際や、何よりも高度な儀式において、内的レベルの形を構築する助けになります。もしこのレベルで作られ必要なところに置かれるならば、これらの形は実に強い威力を持つのです。

葉を見つめて、これが赤杉の木や、虎や、色を変える能力のあるカメレオンだったら、どう取り組むのか考えます。しかしホドの形は、例えば数学者の頭の中に棲む等式、優れた作曲家が捉えて交響曲へと形を整える音の形など、抽象的なものにもなり得るのです。こういった形はビナーから引き出され、明確な意図を与えられるダアトとケセドを通ります。それからティファレトを通って送られ、最後にはホドに着きます。形状が生命力によって魂を吹き込む必要のあるものならば、ネツァクを通る稲妻の閃きに沿った小径を進むことになります。こうして始原の流出のすべてがマルクトの中に凝縮することで、霊魂が受肉する小径になるのです。

そろそろホドの神殿に戻る時間です。葉、部屋、作業台は星幽体の中に吸収させましょう。再び絡みつく霧の中に立っていますが、今ではこれが何を意味するのか、私たちの魔術の作業に利用できるものだと理解しています。ここで本当に重要で、覚えておかなくてはならないのは、自分の生命力でもって形に霊魂を吹き込んだり、生命を与えたりすることを試みては絶対に駄目、ということです。この規則はよくよく理解して、必ず従わなくてはいけません。試みてしまえば、非常に貴重な、決して取り戻すことのできない何かを失う羽目になります。

私たちの横に光の形態が現れます。ミカエルが私たちを連れ戻しに来てくれたのです。彼、または神が形作る使者の誰かを呼びさえすれば、行かなくてはならないところにどこへでも連れて行ってもらえます。神殿の視覚化だけでも十分です。肩に置かれたミカエルの手は温かくて力強く、霧は晴れて、私たちは軽い雨の中に立っているようです。そして前へ歩くと、神殿の水の柱から出て来ます。祭壇には葉の形をした緑の翡翠のブローチがあります。私たちの手で作った葉をミカエルが宝石に変えてくれたもので、私たちが内面のレベルにいる時、身につけるための贈り物です。

大天使が横について扉へと歩くと、開いてガラスの球が見えます。ミカエルの助けと贈り物のお礼を伝えてから、私たちの乗り物に乗ってマルクトに戻ります。そっと滑らかに、下の神殿へ降ります。サンダルフォンが待っていてくれるのがわかっています。旅から戻る度に、彼の歓迎を心待ちにしています。私たちの周りに反射するこの存在の愛情あふれる心遣いは、神殿を超えても私たちの生活の一部になっています。

大天使は祭壇で、彼の階級の天使の助手たちに対して祈願した祝福の贈り物に感謝して、こういうものが私たちが生命の木の存在に授けられる何よりも価値ある贈り物だ、と説明してくれます。このような祝福は、私たちには想像するしかない喜びを持って受け入れられますし、惜しみなく与えられるものです。人間が天使の階級に贈ることのできる、最高の贈り物なのです。心の中で、毎年の節分、特に降誕祭の夜と復活祭の朝にはここに来て、すべての光球と生命の木の中で働くあらゆる存在に祝福を授けることを誓います。

サンダルフォンの表情が突然の喜びで輝いているのは、私たちが何を考えているかを理解したからでしょう。私たちみんなを一つの協和音のように結びつける愛と親近感の流れが生まれて、神殿が消えても残ります。

ネツァクの体験

ネツァクの神殿では何もかもが静まり返っていて、サンダルフォンは不在で、彼の居場所にアシムが一体います。人間の形を纏って、体内から光で照らされた若い女の子のように見えます。私たちが柱の間を通り過ぎて、すでに開いて待っている右手側の扉に入って行くと、微かにお辞儀をします。すぐに、いつもネツァクに連れて行ってくれる翠玉の光の筋に取り込まれます。今回の上昇はゆったりと心地良いものです。冷たい透明な水に飛び込んで、水面から浮上する感じなのです。前方では、薔薇と灯火の光球に向けて、銅の扉が開きます。

緑の壁を透過する光が、神殿に心を落ち着かせる深海のような特質をもたらしています。足下の翡翠と銅のタイルは冷たくてすべすべです。両側にある水晶の薔薇から反射した虹色が祭壇に集中するらしく、その影響で殻が開いて、中の、天鵞絨《ビロード》の花芯に灯を持つ薔薇を覗かせています。ハニエルが火と水の柱の間に立つと、薔薇の芳香と生命力の活気でこの場の空気が重みを増します。

祭壇の前に一人に一脚、椅子が並べられて、それぞれの椅子の前には琥珀色の液体で満たされたグラスが一脚載っている、小さなテーブルがあります。ハニエルが私たちの後ろに回り込んで立つと、安心して飲みなさいといいます。蜂蜜と薬草の味がして、暖かさと香りでとても寛いで眠くなってしまいます。まさに魂にしみ入る、深い、心からの平和の感覚があります。

祭壇の薔薇が注意を引きます。ぐんぐん成長して、神殿いっぱいになるまで大きくなりそうです。いい香りの壁の中に私たちを包み込んだまま、さらに大きくなります。私たちは暖かく柔らかい赤の世界に存在します。香りがあまりにも強烈で、これまでに知っている何とも異なる質感を帯びています。

薔薇の花芯そのものの、聖堂にも似た構造の中にいるのに気がつきます。たくさんの回廊があって、それぞれが別の体験へと通じているのです。将来またここを旅する時は、試してみるかもしれません。しかし、今回は薔薇と灯りの密儀伝統を学びに来ています。私たちを包む光は暖かく柔らかく、純粋な生命力が放出する尊厳を感じます。息を止めさせ、心臓をかき立てます。

薔薇色の霞の中から、目の前に、見えない手で掲げられた灯りが近づけられます。眩い白色の光で輝いているので、長くは見つめていられません。これが「生命の灯火」です。さまざまに異なる形状がありますが、その一つなのです。「神の庭師」と名づけられた者によって、星の間を通って惑星から惑星へと運ばれます。この存在はエジプトの地、特にアレクサンドリアで崇拝されていました。この灯りがあらゆる男と女の間を行き来して、どんな信仰においても最も神聖なる儀式である、愛の行為によりもたらされた新しい霊魂の中心に灯るようになったのです。これは決して罪悪や羞恥と考えられるべきではありません。愛の儀式によって男と女は自ら神となり、生命を創造して、この灯りを継承させていくのです。必ずしも新しい生命が宿らなくても、愛し合う時、「生命の灯火」は二人の間で新しくなるのです。灯りを通すが良い。

二つ目の灯りが現れます。これが「犠牲の灯火」で、色は真紅です。これもまたさまざまな形を取り得るもので、「大いなる母」の灯りですから、時により、この出現が涙と悲しみをもたらすこともあり得ます。悲しみは彼女が教えてくれる教訓だからです。犠牲は大きくも小さくもなるでしょう。ある人にとって最悪なことが、別の人にはそれほどでもないようでいて、被る苦痛の度合は同じくらい深かったりしますから。犠牲もまた、必ずしも物理的かつ感情的な苦痛として受け止めるべきことではありません。親は子のために、愛や決して少なくない喜びを注いで多くを犠牲にします。この灯りから学ぶことは、大きくても小さくても、人生全体を彩るものなのです。禁欲主義の宗教生活は、一部の人にとっては自己中心的で、人生とその誘惑や悲しみからの逃避と見做されるかもしれません。しかしその生き方を選んだ人にとっては、選択の自由の犠牲となるのです。犠牲の中でも最も辛いのは、意見を述べるのを諦めることかもしれません。時にはあまりにも高く評価されがちなことですから。しかしこれは、深い理解をもたらすかもしれない犠牲です。灯りを通すが良い。

次に来るのは「力の灯火」です。はっきりした赤に微かな青味が入っています。最も頻繁に乱用されながらも、最も求められる灯りです。これを掲げる者に重荷を課します。しかしこれを遠ざける者ほど、誰よりも持つにふさわしいこともよくあります。この光は、冷たく無感情な、奪うだけで何も与えない光にもなり得ます。赤から紫にかけての忠誠にも、青から赤の交流にもなるかもしれません。戦争や流血の鮮紅色にもなるでしょう。持つ人によっては、そのように提示することが選ばれるため、鮮やかで単純な赤にもなります。そして重荷を引き受けることで「犠牲の灯火」と結びついて、より意思を高めます。力への愛はそれを公言する人を支配しますが、より高い権威に通じる手段としての力を含むならば、その人をいわば聖槍にも似た光の槍にするのです。灯りを通すが良い。

四つ目は「記憶の灯火」です。柔らかい青の炎を出して輝きます。銘々の人生の素晴らしいこと、禍々しいこと、すべてが保管されています。この灯りは内なる自己を照らし、奥深くまで覗き込むことを可能にします。参入者は一日の最後にこの灯りの下で記憶を探って、「今日一日、自分は何か誇れることをしただろうか、絶望したことはあっただろうか?」と問うべきです。この灯りは知性の炎を燃え上がらせて、知識への鍵を与えてくれます。その鍵によって、叡智と理解の両方を得られるかもしれませんが、両者は同じではありません。世界中の知識を集めたとしても、その知識を本当に理解しきれていなければ、叡智を与えてはくれないのです。「記憶の灯火」は他の全部と連動しているので、私たちは大人になっても子供時代の記憶を保ちますし、愛する人が先にいなくなってしまっても、顔を憶えています。とても負いきれないような重荷を和らげたり、力の誘惑に抵抗する強さを与えてもくれます。灯りを通すが良い。

今見ているのは、深い紫色の「服従の灯火」です。命令が正当で公正なものならば、服従することは不名誉にはなりません。強情さのための強情さは決して褒められることではありません。内なる自分への服従によって、新しい自由とあらゆるものに伏在する型の占める位置が発見されるかもしれません。この灯りは精神的、世俗的な物事に位置を占めますが、時には世俗を犠牲にして、精神に従わなくてはならないこともあります。そんな時、殉教の灯りが灯されて、次の灯りの力が必要となるのです。灯りを通すが良い。

これが「真実の灯火」です。目の前で金色に燃えています。この灯りを通じて、他者の心を知ることができるかもしれません。行き詰った時は、自分たちの中でこの灯りを灯しても良いのです。必要とする時、これらの灯りのどれでも、自分たちの中に持ち込めるのだと覚えておいてください。もしも原因が正当で、克服できなかったり、欺瞞があるか自分を偽っていれば、灯りは薄暗くなって使いものになりませんし、他人に偽りがあるならば、この灯りが探り出してくれます。「ネツァクの灯火」は何があっても消えはしませんが、時に薄暗く、遠くなるように見えるのは、自ら目の前にベールをかけてしまうせいです。この「真実の灯火」によって、他の灯りすべてが強調されます。灯りを通すが良い。

最後は「美の灯火」で、炎は鮮やかな翠玉の色です。美が内包されていますが、外側の形は粗そうで、目には美しくないかもしれません。しかしこの灯りの光で、固く閉じた蕾に隠された薔薇の花芯のような、眠れる美を目にすることができるかもしれないのです。私たちの内面に置かれたこの灯りは、道標のように光って他者をその光へ、そして私たちへと導きます。この灯りが他のすべての灯りを内包するのは、美が真実であり、力であり、記憶であり、生命であるからです。犠牲と服従も見つかるかもしれませんし、最も暗い時間を内面の視力にはっきりと見せることができます。詩人、画家、音楽家、子供、恋人の灯りです。これが最高の灯りなのは、美はあらゆるものの中にあって、それさえあればどんな時も、私たちがその空間に存在できなくなるほど暗くなることはない、美は逆境に対する勝利だからです。この灯りを、私たちの前に運んでもらいましょう。

灯りの後ろに薔薇が形作られて、灯りと私たちを取り囲むように成長します。共にもたらされた沈黙があまりにも深遠なため、それを知覚できるのは内面の耳だけです。賢者たちは、人間が獲得し得る七段階の沈黙のレベルを語ります。第一段階は平静、最後の第七段階は死で、この間にもっと多くの探求の余地があるのです。この沈黙の中、一人一人に何らかのメッセージが伝えられるかもしれません。受け取れるように準備して、瞑します。

さて、ネツァクの神殿が再び現れると、私たちは祭壇の前の椅子に座っています。立ち上がって与えられたものに感謝したら、ハニエルに別れを告げて、緑の光に入ってマルクトへの入り口に下ります。扉が開くと、炎のような姿のアシムが、私たちが中に入ったら扉を封印しようと待っています。何もかもが内面で均衡を取るようになるまで、しばらく休みます。準備が整えば、神殿が視界から消える間に、自分たちのレベルを形作らせることができるでしょう。

ティファレトの体験

神殿が現れるとすぐに、ここでのパスワーキングが特別重要になると認識します。四大元素の王たちがサンダルフォンと一緒に立って待っていて、彼らに授かったギリシア十字も祭壇の上に揃えられているのですから。それらを取って身に着けると、王たちが私たちを囲んで、パラルダが前、ニクサが左、ジンが右、ゴーブとサンダルフォンが後ろに着きます。中央の扉はすでに開いていて、この隊列のままその先の霞へ入ります。

歩調を揃えてイェソドの神殿への小径を進む間中、王たちから放散される力のオーラを強烈に意識させられます。しかしそれは私たちを威圧するのではなくて、彼ら地球の守護者たちとの、親しさと調和を感じさせるものです。イェソドの銀の扉へ近づくと、弧を描いて扉が開きます。

ガブリエルが、色彩が変わるローブを身体に纏わりつかせながら、橋の上に立っています。菫色《すみれいろ》と銀色の、オーラに包まれた荘厳な翼は、途中まで広げられただけで、神殿の両側の壁に触れています。サンダルフォンが私たちの後ろから進み出て挨拶を交わすと、両者の間に沈黙の精神的交わりの力が稲妻のように走ります。月の銀のサンダルを履くようにと渡されます。準備を整えると扉が開かれて、今度はガブリエルがパラルダを先導して、中央の扉を通ったのと同じ隊列で進みます。

目にするものが、とても言葉ではいい表せません。戸口から紺碧の影が延び、徐々に薄くなり色相を変化させながら、柔らかい、真珠のように輝く灰色へと移りゆき、さらに夜明けの薔薇色、琥珀色から黄色を経て、光のアーチが聳え立ちます。この目を見張るような空間を渡る、銀のサンダルを履いた足下からアーチまでが虹の橋で、真の美をもって架かる真夜中から夜明けへの小径なのです。

橋と直角に交わって両端が彼方へ消えて行く、もう一本の小径があります。この虹の道との交差点で待っているミカエルとハニエルが見えます。ここでも隊列を保ちながら橋に足を踏み入れると、突然心臓の中心に響く、上から押さえつけられるような力を感じます。何かが開花する感覚、まるで私たちの奥底で生きた花が花弁を一枚一枚開いていているようです。

待っている大天使たちのところに着くと、彼らが、私たちが彼らの光球での体験で知ったものを持っているのが見えます。ミカエルは翡翠の葉のブローチで留めた琥珀色の絹のマント、ハニエルは深紅の薔薇を一人一人に用意しています。彼らも隊列に加わって、ミカエルが片側のニクサの前、ハニエルが反対側のジンの前を進みます。こうしてみんなで約束の橋を、夜明けに向けて、ティファレトへと歩いて渡ります。

見えないけれど前進を妨げるある種の障壁を感じ始めます。その影響を受けているのは私たちだけで、強風に逆らうようにあがくしかありません。しばらくの間、橋から吹き飛ばされそうになります。つき添いはといえば、私たちの悪戦苦闘に気づいていないようで、そのままアーチに向けて歩を進めています。置き去りにされたくなかったら、どうにかしなくてはなりません。助けを求める必要がありますが、自尊心が自己認識の障壁になる場合があるのです。なぜならばこれは、必ずしも自分たちの持つ能力だけを頼りにやって行かれはしないという、人類が最も受け入れ難い考え方だからです。助けは必要とする時には、いつでもいくらでもあるのです。しかし助けを与えられる前に、求めなくてはなりません。人類に与えられた創造主の贈り物である自由意志は、たとえそれを行使する際に苦しむとしても、遵守されなければなりません。

　言葉に出さずに、助けを求めます。今やだいぶ先を進んでしまっている隊列ですが、歩みを止めます。私たちを追い越して進んだゴーブとサンダルフォンが戻ってきて、一人ずつ側についてくれて、微笑んでいます。とたんに力は弱まって、間もなく完全に消えて、歩き続けられるようになります。私たちは一つ以上の意味のある壁を突破したのです。

　ようやくアーチに辿り着くと、アーチの向こうの黄金の霞から現れるのはラファエルです。この前会った時は若いアポロンのようでしたが、今はティファレトの大天使そのものです。肌は黄金の光で輝いて、髪の毛は絹糸になった日差しのようです。薔薇色と琥珀色のローブは優雅な襞を作りながら四肢に沿って流れて、周りには高山から吹き下ろすようなワイルド・タイム《伊吹麝香草》と蜂蜜の芳香が漂っています。彼の存在そのものが、そのような存在を前に緊張してすっかり硬直している人間の神経に、癒しの香薬を注いでくれるのです。内なる耳に響く彼の声は、音楽の協和音のようで、その意味合いの繊細な調和は、いつか物理の心で表面化するものとして、私たちの中に埋め込まれます。

偉大なる存在と王たちの間で挨拶が交わされると、私たちはティファレトの神殿に通されます。王たちは四隅の玉座に就いて、大天使たちは花で覆われた祭壇の前で集います。聖杯は内包する力によってほぼ透明に輝いて、私たちは驚嘆して、期待しながら立っています。もしも光球との関連で、予期せぬことに備えて学ぶことがこれだけなのだとしても、決して失望はしません。

柱の間から小さな子犬が跳ねると、それを追いかけて六歳くらいの男の子が出てきます。四人の大天使の高貴な身分にはお構いなしに、彼らの間をうろちょろして子犬を追うと、やっと捕まえて腕に抱えます。それから私たちの方を向くと、たっぷりと笑い、小さな随分汚れた手を差し出します。導かれるままに柱を通り抜けると、楢の森の中にいます。中心木は非常に古くて、たくさん葉をつけています。幹の近くに若い男が立っていますが、相当近づくまで、彼が短い槍で木に打ちつけられて、地面に血が滴り落ちているのに気づきませんでした。子供は私たちに振り向いて、「これが、楢王でいる時のぼくだよ」といいます。

子供が私たちを引っぱって木々の間を抜けると、胸の高さまである実った穀物畑まで来ます。畑の真ん中には、蔓で縛られて、蔦と芥子と穀物の穂の冠を被った男が立っています。彼は若くて人生の最も満ち足りた時期にあり、頭を高く誇らしげに上げて、周囲の人々が鋭く研いだ鎌を素早く振り動かしながら、収穫に励むのを見て微笑んでいます。これでは、彼自身も切り倒されて、殺されてしまうことは避けられません。それでも子供は、「ぼくは毎年、穀物と一緒に切り倒されるんだ」と怖がる様子もなく語ります。

彼に従って小径を進んで、宿り木の実が幾つかぶら下がった手製の粗末な矢が刺さっている、美しい赤子を抱いた女性を通り越します。「大昔、ぼくの名前はバルドルだった」と、小さな案内役は幼い顔に何の恐れも見せずに教えてくれます。

今度は、古代梣《トネリコ》の木が空へと伸びる深い森に入ります。一番低い枝には二羽の鴉が止まって、根元で大きな灰色狼の番が喘いでいます。「世界樹」に磔にされているのは、顔色の悪い、髭を生やした隻眼の男です。ものいわぬまま吊られて、苦痛で口を開いているものの、その苦痛から逃れようとはしていません。「ぼくはユグドラシルに九日九晩吊るされたよ。だけどそこで多くを学んだ」と静かに語ります。

こうして世界が始まった時からの、この子供のすべての形態を見せてもらう形で、私たちはティファレトの世界を探検します。オルフェウスは破壊されて引き裂かれて、枝角の王は狩られて倒されたのです。プロメテウスはすでに見た通り、鎖に繋がれています。オシリスの木の棺を見下ろして、中を覗き込んで、ミトラとディオニュソスが死ぬのを見ます。高い丘の上で踊る愚者や、悉達多《シッダールタ》とタムスの弔いも見ます。最後に、三つの木の十字架が掲げられて、それぞれに男が磔にされている丘まで来ます。子供は平静な目で彼らを見て、真ん中の人物を指します。「彼らは、ぼくがまだあそこにいると思っている。だけど彼らもいつか悟るだろう。ぼくは決して、死んでおしまいではない、いつだって戻ってくると」。彼は愛らしく微笑みます。

「みんな、ここにまた来てくれるかな。ぼくはもっといろんなものを見せてあげられるよ」。十字架を差しながら、「こういうんじゃなくて、もっと素敵なもの。たくさんお話を知っているし、話すのは得意なんだ」。子供は笑って、向こうを向きます。

彼がこちらを向く間に子供の形は変化して、成長した男性になります。振り向くと、愛らしい微笑みはそのままで、「来なさい、戻る時間だ」といいます。彼に従って戻れば、二本の柱の間から神殿へ入ろうとしているのです。王と大天使たちが待っていて、彼が祭壇の前に進むと、紫のローブを纏わせて、黄金の冠を授けます。私たちは静かに立ち尽くすのみ、目の前の出来事をどう受け止めていいのかわかりません。

陛下は私たちの方をご覧になります。その眼と微笑みは先ほどの子供のままで、力と栄光だけが違うのです。

我は汝らと常に共に在る。礼拝堂に、大聖堂に、収穫祭の日の森に、至点のストーンヘンジに在る。グノーシス典礼に、マギの礼拝に在る。我は今の汝らの如き幼子であり、いずれ汝らがなる王である。ネミスと王冠、鹿角と司教冠を戴く。我は森の王。丘の踊り手、今や汝らの一部であり、この邂逅において、汝らの心に明らかとなった。汝らには、我を捜すことを、我のような者を探すことを命ず。円形広場の中で、丘の上で、森の中で。キリスト者の教会で、シヴァの神殿の中で、シャーマンの炎の側で、賢者の輪の中で、我が何処であろうと、如何なるように人間に知られていようとも、我を知ることを命ず。喜べ、穀物王となって切り倒されれば、進んで去らん。木に架けられても、弔うな。我は還るのだから。

「彼」が今度は、祭壇の前に立って、黄金の武具に身を固める、若いエジプトの戦士に姿を変えると、足元の子犬も、鬟を取った青いキルトに瑠璃石の胸当てを纏った若い男に変身しています。彼はジャッカルの頭の仮面を手にして、微笑みは異母兄弟のそれとよく似ています。こうしてホルスとアヌビスは一緒になって柱の間を抜けて、姿を消します。

私たちは訝しげにラファエルを見つめます。言葉にもできないことを私たちの思念は問いかけています。するど大天使が答えてくれます。

驚くには値しないだろう。あらゆる救世主と同じく彼もいまだ地球を歩いていて、これからもずっとそうするだろう。漁師、百姓、税金取り、レプラ*、物乞い、売春婦、みな「彼」と共に歩き、語って来た。汝らは、自分を彼らよりも取るに足らない者だと見做すのか？

神殿の静寂の中で、私たちはどうにか理解しようとします。サンダルフォンが優しく触れてくれて、背後のアーチを身振りでさします。ラファエルと王たちに別れの挨拶をすると、他の大天使たちと一緒に虹の橋を渡って帰ります。ミカエルとハニエルは途中で別れて、所定の場所に戻って行きます。私たちは、ガブリエルとサンダルフォンと一緒に歩き続けて、イェソドの神殿に入ります。ケルビムが一体、冷たい水の入った銀の杯を用意して待っています。そこでガブリエルに別れを告げたら、霞の小径を通ってマルクトへ歩いて降ります。

ティファレトの圧倒的な光と偉大さの後では、神殿は小さく静かに感じられますが、こちらの神殿も同じく聖なる偉大な場所なのだと知っています。今では、生命の木のどの部分においても、同じ性質の愛、同じ本質、同じ帰属感を見出せると理解しているのです。サンダルフォンが自分のオーラを優しく私たちの周りに拡げてくれて、そしてこの抱擁の中で、神殿はゆっくりと意識から消えます。

＊　聖書のレプラに同じ、古代末期においては重篤皮膚疾患（病名は特定されていない）を指すといわれる。

ゲブラーの体験

マルクトの神殿はエネルギーに溢れて活気づいています。興奮で輝いて、祭壇の灯さえもが、めらめらと天井に届く勢いで炎を上げているほどなのです。サンダルフォンは燃える香草の入った振り香炉を提げて、左側の扉を開く前に、私たちの周りのオーラを清めています。ガラスの球に乗り込んで、ホドの水神殿まで素早く上昇します。そしてそこからゲブラーの名で呼ばれる、審判の間に向かうのです。

ホドの扉が勢い良く開いて、象徴で覆われた床に足を踏み入れると、火の柱のところで瞑想中のミカエルがこちらを振り向きます。「神の戦士」と呼ばれる存在がこれほど穏やかで優しい表情を見せるのに、驚きを新たにします。

ミカエルは一人ずつ手をとってにこやかに挨拶すると、東壁に一つだけある扉へと連れて行きます。扉が印の力によって開かれると、何の警告もないまま、ゲブラーの歌う風に引き込まれます。反転、旋回しながら目まぐるしく上昇する間は、風の歌が勝利の賛歌のように響きます。突然持ち上げられたかと思うと、ゲブラーの神殿への入り口を守護する双子のスフィンクスの前に降ろされます。彼らはこちらを向くと、悪意ある目つきでじろじろ見てきますが、ここにいる権利のある者と認めたのか、また落ち着きます。

カマエルが前に進み出て、厳粛な、笑みのない顔で、炎の剣が載った祭壇に来るようにと命じます。私たちは祭壇の前で、剣のぎらぎらした色を奥深くまで凝視します。彼は、「裁判の君主」たちが待っている、絶対に恐れを見せてはいけない、これからどの光球で体験する何事も、私たちのためになることである、そして、自分たちの限界を超えることは決して要求されない、と説明してくれます。

炎の奥深くを見つめていると大きくなって、その燃える中心に私たちを取り込むのです。熱の衝撃はなくて、私たちをエネルギーで満たしてくれる、心地よい温かさだけが感じられます……。炎が燃え尽きると、巨大で天井の高いエジプトの神殿の中にいます。目の前では大勢が、半円形にしつらえられた、赤い砂岩から切り出された玉座に座っています。全員同じように、黒と黄色の麻の襞を取ったキルトと、同じ色の頭飾りで装っています。人間の男性や女性もいれば、鳥や獣の頭をした者もいます。誰もが、隼の飛ぶ姿を象徴する黄金の幅広の首飾りを提げて、右手に鞭を握っています。四十二人の霊魂の陪審員が静かに座って、待ち構えているのです。

彼らと私たちの間に二柱いらっしゃいます。その遥かに大きなお姿と高貴な振る舞いで、自分たちが神の御前にいることを知らされます。左側の黒檀の玉座におられるのがアヌビスです。緋色と黄金色のキルトをお召しになり、手をそっと膝の上に置かれています。右側はホルス、戦士の王子の色である緋色と白をお召しです。膝の上に剣を横に置いて、象牙の玉座におられます。最後にお目にかかった時とは全然様子が違います。この前はにこやかだったのが、今は厳しく頑なに見えます。しかし、ここはカマエルの注意を思い出して、勇気を奮い起こします。

神なる異母兄弟、オシリスの息子たちがお待ちです。二柱の間には黄金の天秤があって、片方の皿には羽一枚が置かれています。もう片方は、今のところ空です。

陪審員の最初の一人のところへ進み出ます。身体を前に乗り出すと、目の奥深くを覗き込まれます。心臓中枢に探照灯を当てられるようです。これほどの相手に嘘などつけるはずもなく、逃げ場もなければ、審判から逃れる言い訳もできません。質問は静かで平坦な声でされて、私たちの不安にはお構いなく、心の奥底から真実が浮上するのを感じます。しばらくすると、陪審員は鞭で次の陪審員を指すので、そちらに移動します。

この要領で、最後の者を除く全員から質問を受けては、答えます。とてもすべての質問に望ましい答を返すことなどできないとわかっています。答えられた者、答えたことのある者はほとんどいません。私たちにできるのは、審判を待つことだけです。そうやって、最後の陪審員のところまで来ます。女性です。彼女の目は慈悲と理解と愛を湛えて、最後の質問をする声は静かで優しい。

「汝が生きたことを喜ぶ者が、この地球上に一人いるか?」これがどれよりも一番重要な質問で、他のすべてを超える優先事項なのです。この世でたった一人にその喜びを与えられるならば、天秤は釣り合います。

最後の陪審員は玉座を降りて、歩き出す姿は一層優美さと威厳を増して、私たちを天秤まで誘導してください ます。アヌビスとホルスは、彼らの母、偉大なるイシスに挨拶するため、立ち上がります。彼女は順々に、一人一人の胸に手を当てて、中から水晶の心臓を取り出してアヌビスに渡します。彼が羽の反対の皿にそれを置くと、天秤はぴったり釣り合います。ホルスが心臓に息を吹きかけると、水晶は若い太陽神の生命エネルギーで満たされて、生命体に変わります。そしてイシスがそれぞれの心臓を胸に戻してくださいます。

ホルスが剣を持ち上げると、彼の手の中で爆発して、大きな炎になって私たちを飲み込みます。太陽エネルギーで脈打つ水晶の心臓は、その中に囚われてしまいます。そして炎がすっかり燃え尽きた時、私たちはゲブラーの神殿の柱の側に立っているのです。カマエルが微笑を浮かべて、今度は私たちをホドの神殿に連れ帰らせるために、歌う風を呼び寄せます。遠くから、私たち目がけて押し寄せる風の音が聞こえます。近づくにつれて音は大きくなって、持ち上げられて水神殿に戻るころには、彼らの息遣いを顔に感じます。

ホドの戸口にたどり着くと、安堵のため息をつくミカエルのもの問いたげな視線を受けます。彼の返礼の微笑は、大天使が見せるにしては最も少年っぽい、いたずらっぽい笑みです。彼は内側の扉を封印すると、神殿の扉の外にあるガラスの球へと私たちを連れて行きます。乗り込む前に、彼は自分のマントからひとつかみの雪の結晶を取り出します。それぞれ異なる形で、それぞれ完璧です。これがホドの変容する力の象徴で、水の元素が変形しますが、変形しながら、その次の型の中にも最初の形を封じ込めています。ミカエルは結晶を一つずつ私たちの胸の上に置きます。すると結晶は、水晶の心臓に吸収されるまで中に沈みます。火と氷が合わさると、オカルト作業のための非常に特殊なエネルギーが生まれるのです。ガラスの球に乗り込んでマルクトの神殿へと下降し始めたころにはもう、私たちの中の新しい力の源が働き始めています。

球が軽く跳ねて着地すると、サンダルフォンの手によって、扉が神殿の中から勢い良く開かれます。この熱烈な歓迎ぶりは、私たちがどうやってゲブラーの神殿を旅してきたかを、彼がすでに知っている証拠です。

これほどの存在が、彼らの庇護に委ねられた者に対して、いかに深く心を砕いてくれているのかを感じます。これほどの高位の天使が真の形や本質のままでは、人間の心はとても想像も理解もできないとわかっています。だから私たちを助けるために、できる限りのところまで古代の人類によって作り上げられて来た形をとって、喜んで下降してくれるのです。今接触しているのはそういう形であり、彼らがどうあるはずなのか、私たちの潜在意識に吹き込まれた通りの姿になっているのです。とはいっても、始源のものと対面できるほどの存在にとって、私たちの想像の及ぶ状態でいるのには、いかに大きな犠牲を伴うものかを覚えておかなくてはなりません。

神殿の中で点滅する姿から、アシムも一緒にゲブラーからの帰還を喜んでいるのがわかります。生命の木の旅の中でも重要な段階です。審判の広間で問われた問い、答えた答えについて、今後多くを考えることになるでしょう。現実の中で、陪審員と相対する時に備えなくてはなりません。私たちが考えを巡らせる間に、神殿は消えます。

＊註：四十二人の陪審員による質問は、巻末付録にあります。

ケセドの体験

神殿は果物や小麦でいっぱいです。私たちは、世界中で異なる時期に収穫を迎えることを忘れています。毎月、地球のどこかに収穫の時が来るのですが。サンダルフォンが祭壇に置いている、小麦の平たいパンを幾つか取ってくれます。食べたこともない独特の風味で、美味しいです。他の果物の中からも少し試して、どこで採れたか、どう育つのかといった大天使の説明を聞きます。食べ物を食べて味わうのに喜びを覚えるのは、このレベルにいても、自分たちのレベルにいる時と同じくらい自然に感じられます。それぞれのレベルに、固有の現実があるのです。このことは覚えておかねばなりません。

扉は開いていて、出発の時間です。ネツァクへと向かう眩《まばゆ》い翠玉の光の中に歩を進めます。これら星幽界のレベルにいても今ではすっかり寛げますし、前よりずっと自信を持って移動できるようになっています。

大きな銅の扉を通って中に入ったら、ハニエルはいないものの、エロヒムの一体が待っています。すらりとした色白の若い男性の姿で、曲線を描く白い翼を持つ彼は、ケセドへと向かう扉の側に立っています。足元には、何本かは金、何本かは銀の鏃がついた矢が置かれていて、弓を肩に担いでいます。エロスが、愛の霊視体験のセフィラへ連れて行ってくれるのです。

私たちが「大師」の光球への螺旋階段を登り始めると、彼もついて来て一緒にいます。細く小さな窓から日光が差しているので、昇るのに壁に取りつけられた炬火は必要ありません。窓からは奇妙な景色や、私たちが知っているどんなものとも違う形の生き物が見えます。前方にケセドへの水晶の扉が見えてくるまで石段を昇り続けます。エロスはここで矢の一本を私たちに向けて使うか否かを思案するように、探るような一瞥を向けつつ、別れを告げます。

扉を押せば、ガラスを爪で引っ掻くような音で鳴ります。ツァドキエルが待っていて、青と淡い黄色のローブが、私たちには感じ取れない軽い風に、緩やかにはためきます。両側にカシュマリムの存在を知らせる、輝く光の球を従えています。彼らは下方に伸びて、強烈過ぎて目に痛いほどの揺れる光の筋になります。ツァドキエルが静かに命じると、光は柔らかい青白さに抑えられて、見やすくなるのです。

床の青と白の水晶のタイルは、窓のステンドグラス越しの日光を反射しています。神殿全体が光で生き生きとしています。空気も、壁も、周りにいるものも、どこも。さらにたくさんのカシュマリムが現れて、ケセドの別な一角への入り口となる、複雑な幾何学模様の象徴を像ります。ツァドキエルの指示に従って、私たちは切子に磨き上げられた透明な水晶の、巨大な広間に足を踏み入れます。

殿堂がどこから始まってどこまで続くのか、それどころか、どのくらいの高さなのかさえ見当もつきません。柔らかい紺碧の光が場所全体を照らしています。中央に、白と青の縞模様の大理石のテーブルがあります。いくつかの不思議な形の欠片が載っていて、見ると何種類かの貴石を削って作られたもので、そんな欠片の一揃いが一人一人に用意されているのだとわかります。それで、私たちは何の目的でここにいるのでしょう？

私たちの名前を呼ぶ声がして、見上げると誰かが前に立っています。濃紺の簡素なローブを纏って、髪と髭には銀色の筋が通っていて、何よりその目が注意を引きます。時を超える、誇り、苦痛、愛、絶望が入り混じった目です。声も非常に権威ある者の響きで、誰もそんな声には逆らえません。

彼は貴石の欠片の一揃いを一人一人の前に置いて、あるべき型に組み上げなさいと指示します。暗黙のうちに理解するのは、これは個々人の人生の原型で、それも生まれた瞬間に定められた通りの、あるべき姿のこと、自分たちで変化させ、方向転換したものではないのだという認識です。

単なる雑多な外形の寄せ集めのようですが、振り返ってみれば、人生もそのようなものでしょう。ともあれ取りかかります。欠片の一部は、少なくとも最初のうちは難なく組み合わせられます。しかしそのうち、そこに合わさるはずの他の欠片が、壊れたり砕けたりしているのが見つかるのです。他の人の型を見本に組み立てられるものではありません。幸運に恵まれれば、初めに作った幾つかの輪郭を壊れた欠片と組み合わせられて、完璧とはほど遠く、完結もしていなければ美しくもないものの、何らかの型を得ることができます。

ここまで来ると、この再生作業において、石のそれぞれが象徴の一部を担う、重要な意味を持つものであるのに気がついています。となると、課題は二重の意味を持ちます。要するに欠片を合わせて型にすることと、それが象徴を表すようにすることです。人生の輪郭を壊したり歪めたりしたのはほかならぬ自分たちだと悟ると、「大師」の目から見て取れたのと同じ絶望が、今や私たちの目を覆い尽くしているのでした。型が正しく完成しないのは、もうわかっています。すると同じ声が最善を尽くしなさいと命じるので、従います。だんだんに型の一部を組み立てると、象徴が少し姿を現します。恐らく、いつかまたここを訪れた時、もう一度組み立てることができるでしょう。いったん象徴が理解できさえすれば、自分たちが従うべく定められた、人生の型も理解できるようになります。「大師」は、今となっては、すでに歪んでしまったものは直せない、しかし将来の外形が使いものにならなくなるのを防ぐことはできる、と説明します。常に新しい欠片が現れて、私たちが象徴を発見できて、使いこなせるようになるまで、型はどんどん続いていくのだと理解します。そしてまた、次の象徴と次の型が課せられるのです。

良くやり遂げたけれども、もっとうまくいったはずだとのお言葉を頂きます。私たちも重々承知している通りです。「大師」の示唆によってその前に立つと、ツァドキエルがいて、マルクトの神殿から平たい小麦のパンを一つと、ティファレトの祭壇から聖餐杯を持って来ています。

メルキゼデク、またの名を「平和の王子」がパンを取って聖別すると、みんなに一欠片ずつ小さくちぎります。この味と共に、これからも決して愛ある導きを欠くことはない、と理解を得ます。彼は、葡萄酒で満たされた聖餐杯を取って聖別すると、飲むように促します。飲むと、あらゆる信仰で源との意思疎通の手段として認められ用いられている、有史以前からのしきたりに倣っていることを認識します。パンと葡萄酒、パンと塩、ケーキとエール、柘榴の種、マナ、最期の晩餐。こういったものすべてが私たちの心の中を巡って、あの貴石の欠片のように、収まるべき場所を見つけるのです。愛の中では、信仰に区分はありません。

カシュマリムが現れて戸口の型を作ったら、大天使の後についてケセドの神殿に入ります。反省と高揚の両方を感じながら、光球とその守護者に別れを告げると、水晶の扉を通り抜けてエロスが待っているところまで行きます。ネツァクへ下降する帰り道では、考えたいことでいっぱいなので、みんな無言です。ハニエルが挨拶に来て、私たちの頭に冷たい両手を当てて、祝福してくれます。彼女は、私たちの中で「美の灯火」が輝いていること、太陽の火で水晶の心臓が鼓動していることを思い出させます。型の欠片が地球上での生活に登場したら、これらでもって試してみるかもしれません。それに励まされながら、金星の光球を出て、マルクトへそっと下降する翠石の光に入ります。

サンダルフォンが、小麦のパンと葡萄酒を楽しんだかと訊きます。男性も女性も、一人一人が豊かな叡智と理解を持つ小麦畑なのだ、しかしそれらが良く育つためには、暖かさと愛が欠かせない、と説明してくれます。そして私たちもまた、時が来れば刈り取られるのだといって優しげに笑いますが、彼の目は、そのことについてよく考えるようにと語りかけています。彼が蜂蜜のパンを差し出して、私たちがそれを取って食べる間に神殿は視界から消えて、残されるのはそこに神殿があったことを思い出させる、甘い後味だけです。

ダアトの展開

【註】ダアトはあそこにはありません。初期のカバラの文献では、セフィロトは十しかないとされて来たのです。しかし、著者が別な箇所でも指摘した通り、伝統はいずれ新しい考えや、伝統的な方法の新しい応用に取って代わられなくてはなりません。ダアトもその一例で、新しい考え方では、この光球を独自のセフィラとして捉えます。ただし生命の木の他の部分とは別なレベルにあります。だからこそダアトは、ここにはなく、あそこにもなく、ただ存在するのです……どこか別の場所……恐らくは両者に正接する辺りに。そのためダアトは、別次元への入り口、集会所、十字路となります。そしてオカルトの作業では、十字路は非常に不安定な場所です。仮に生命の木をティファレトのところで折り曲げれば、ダアトはイェソドと重なります。つまり月の光球の高次版なのです。ここでは「心像と夢の宝庫」が「太陽ロゴス」の鏡になります。

この光球に関する教えの大半は、オカルトの訓練のかなり高いレベルまで進む人にしか伝授されません。ありがちな言い訳に聞こえるでしょうが、図らずもこれは本当なのです。しかも懸念するのは学徒本人だけではなく、その人の人生と縁のある人たちにも累が及ぶかもしれないところです。周囲の光球からの小径を迎え入れていることから、ダアトはティファレトの別版ともなります。違うのはダアトへ向かう小径が、生命の木の隠された小径である点です。訓練されていなくて熱心な旅人は、自分はそんな小径を発見して旅したのだと思うかもしれません。しかしダアトはイェソド、錯覚の光球の高次版であること、光球が高次になるほど錯覚も大きくなることを思い出してください。ですからここでのパスワーキングは、できる限り穏やかにしてあります。

＊　＊　＊

神殿にはアシムがいます。扉はすでに開いて待っています。案内役の火花が、私たちをそっと扉からイェソドへの霞の小径へと押し出します。歩き出すと、足元で霞が渦を巻きます。月神殿に着くと、そこはケルビムだけで守られているのです。彼らはティファレトへ通じる扉の両側に立って、私たちがまっすぐ通り過ぎることになっているのを暗に知らせてくれます。

虹の橋も空っぽで、落ち着かせてくれる大天使たちがいない中を、自分たちのありったけの勇気を振り絞って前進しなくてはなりませんが、その初めの一歩を踏み出してしまえば、だいぶ楽になります。難なく渡り切って、ティファレトの神殿に向かう光のアーチに到着します。

祭壇の前には、無地の砂岩で作られた幅の狭い石棺が幾つか並んでいます。その横には四大元素の王たちがいて、霊柩に横たわるように指示すると、よじ登って中に入るのに手を貸してくれます。石棺に収まったら、重い蓋がぴったり閉じられて、暗闇の中で待ちます……。

前にビナーで感じたのと同じ、時間の認識がないまま待つ感覚があります。そのため、自分たちがもう棺の中にはいなくて、暖かい闇の中を漂っているのに気づくまで、少し時間がかかります。移動もしていますが、上に行くのか下に行くのか、前進なのか後退なのか、どちらともいえません。ごく小さな光の点々が出現すると、目の前で動く星の渦が、ゆっくりとその渦自体の中心に吸い寄せられていくのが見えます。これが、私たちがブラック・ホールと呼ぶ現象です。

私たちもまたこの渦に吸い寄せられて、すぐに深みあるいは高み、何であれ捕われたものの中に吸い込まれて行きます。速度が増して、白い光のトンネルを滑って通り抜けているようです。何の前触れもなく、私たちはあらゆる色相と色彩の光の粒子で構成された、どこかの何かの中にいるのに気づきます。名前を挙げられる色もあれば、これまで見たこともない色も、聞いたり感じたりするだけの色もあるのです。光の粒子から発する何百万もの光の筋は十字に交差して、色の重なりの層を絶え間なく変化させます。筋が触れ合うところではどこでも振動が起きて、それは私たちの世界では音とされるものですが、ここでは何か別物です。

時には線や色の似ている同士を突き抜けるように妨害が入ってめくれると、そこからほんの一瞬だけ、絶対的な無が見えるのです。自分たちがこの場所に順応するにつれて音が聞こえて、線が交差するところで生じる、ごく短い映像を捕えることができるようになります。よくよく耳を傾けると、声や文章の一部が聞こえます。中には馴染みのあるものもあります。古いニュース映画の実況の断片みたいに聞こえるのです。まるで図書館の中に保管されているような、地球の歴史の断片も現れます。映像を少しでも捕えようと必死になりますが、向こうが私たちをかわしてしまいます。

どうやら、宇宙で起こるあらゆるものが蓄えられて送り出される、ある種の母体の中にいるようです。見れば何だかわかる歴史の断片を思い出そうとしますが、十分長く記憶に留めていられません。この、時の門を使いこなすならば、自分たちの精神とここの環境をもっとしっかり制御する必要があります。すると、「精神」の言葉が奥底で閃きを呼んで、ふと足元を見下ろすと、そこには肉体がなくて、私たちは単に「精神」になっているのです！

私たちは物質から星幽界、そして純粋に精神の存在へと姿を変えています。もしかしたら、もう少し先まで行っているかもしれません。大きさがどのくらいなのか推察を始めることすらできないほど、複雑に絡み合った膨大な精神の綾模様の中の、思念として存在しています。しかし大きさはここでは意味を持ちません。ここではそもそも、何かと比較できる他の何かがないのですから。

私たちを取り巻くこの環境の先に、人が未顕現の宇宙に近づき得る限界があります。つまり、私たちは今「存在」の限界のちょうどこちら側に来ているのです。ここと今は、これまで起こったことのすべて、あるいはこれから未来で起こること、どんな現実のレベルにあってもこれから起こることです。ここに、存在する事実、生命、創造の統合された知識があります。あまり役に立ちそうもない言葉ですが、あるのはそれだけです。ここではただ在ることすらも考えてはいけません。とはいうものの、もしこの現在の形態が、何かの膨大な精神の母体の中のただの思念なのだとすれば、私たちはいったい誰の精神の中にいるのでしょうか？

優しく引っぱられる感覚に注意を喚起されて、私たちはまた動き出します。最初はゆっくりと、それからとても素早く。もう一度光のトンネルを通り抜けると、上に巨大な渦巻きがぶら下がっています。それが何なのか、巨大なものがもう少し小さく見渡しやすくなるまで離れたら、それは見慣れた形をしていて、私たちを観察しているかのようです。思念は現実になります。「神の目」が、宇宙の果てしない永遠の中に掲げられて、生命の小さな点々を穏やかに見つめると、今度は眠るように閉じて、私たちは暖かい暗闇に戻りますが、それも長い間ではありません。

　石棺の蓋が外されて、神殿の光に目をぱちくりさせます。手を貸してもらって石棺から出ると、ラファエルが癒しの手で私たちが使い切った力を回復させて、心を宥めてくれます。彼の触れ方は、最初は氷のように冷たくて、その衝撃で意識を完全に覚醒させたら暖かくなって、精神と星幽界の肉体の緊張を解いてくれます。十分元気を取り戻したところで、王たちがアーチとケシェト《弓状》の橋を通ってイェソドまで送り届けてくれて、ラファエルもついて来ます。ミカエルとハニエルも合流しようと待っていて、ガブリエルが扉を開け放つと、トランペットの音が彼の周りの至るところから鳴り響きます。私たちは初めて、ガブリエルの荘厳な翼の全貌を目の当たりにします。翼は持ち上げられて、外向きに開かれると、それから庇護と思いやりを示す動作で、私たちの上に曲げられます。

　全員が神殿に入ると少し止まって、ダアトがこの平和な場所の、より高次の側面であることを思い出します。大いなる目の体験が、イェソドがケテルへ直結する線上にあるという認識をもたらして、この光球の中の光球と一番近くで接触する使者としてのガブリエルを呼んだのです。

　マルクトへの道が開かれると、旅の最後の行程で、大地の神殿の静けさへと下降します。全員が鮮やかな赤いりんごの載った祭壇に集められます。サンダルフォンが一人一つずつりんごを渡してくれるので、誘惑されて、甘く熟した果実を齧ります。そうすると自分たちの思考がさらに明瞭になって、普段よりずっと高いレベルでの新しい理解が、収まるべきところに収まります。そこに蓄えられた、創造的宇宙のあらゆる知識、それにここの天使の位階としての蛇によって、もしかしたら、あくまでももしかしたらですが、ダアトは生命の木におけるりんごになるのかもしれません。神殿が消える時、大天使たちの優しい笑い声が、私たちのレベルの中まで着いて来ます。

ビナーの体験

【註】生命の木の、上の光球でのパスワーキングは、低次のセフィロトでのそれよりもずっと強い衝撃をもたらします。ビナーとコクマーの力は非常に激しく、最も低いレベルでの影響であってさえ、学徒は文章の平易さとはかけ離れた強烈な反応が呼び起こされることを覚悟しなくてはなりません。ですから、実際の旅に出発する前に文章を何度か熟読して、純粋に知性のレベルで慣れ親しんでおくことが一番です。加えて、パスワーキングは週末に行うことを勧めます。直後に影響が出たとしても、対処するのに一日余裕がありますから。

＊　＊　＊

神殿は準備を整えて待っています。扉を開けるサンダルフォンは、珍しく深刻そうです。驚くことに彼も一緒に来てくれて、ガラスの球に乗り込むと、その存在で球がとても小さく感じられます。上昇は素早く滑らかで、ものの数秒で水神殿の扉が見えます。扉がぱっと開くとミカエルがいて、橙色のマントは後ろに捲られて、中の明るい黄金の武具が神殿の光を受けて輝いています。彼が最初に私たち、次にサンダルフォンと挨拶すると、二人の先導で隣の扉へ向かいます。私たちを上に運ぶ歌う風も、今夜は控えめです。彼らの歌は、内なる静けさや、負いきれない重荷を引き受けるような内容です。

ゲブラーの柱が視界に入りますが、風は止まらずに、カマエルが合流するために少しだけ速度を落とすと、みんなを生命の木のさらに上の方へと運んで行きます。彼らの歌は、人類が耐えられないほどの、悲しい響きを伴ってきます。行く手で待つものの衝撃から私たちを防御するのは、三人の大天使の存在だけです。そのために同行してくれているのです。ですが、このレベルでは、大天使でさえも変わらぬ姿ではいられません。私たちが長いこと見慣れた形が変化し始めます。最初に炎の柱となったかと思うと、次はそれぞれ菫色《すみれいろ》、橙色、緋色の光で脈打つ球に変わります。最後にはもう目には映らず、音と心に触れる感覚の重なりのみで体験できる存在となります。私たちに理解できる限りでいうなら、銘々が仕える光球の、純粋な本質からなる存在の、単一の振動です。しかしそうなっても、彼らが私たちの脆弱な人間性を守護するために一緒にいてくれるのがわかっています。

風が去ると、完全な沈黙を体験して、恐怖の瞬間を味わいますが、やがてミカエルの振動が優しく触れるので、緊張が和らぎます。周囲のあらゆる方向にあるのは、もしこの場所にそういうものがあるのだとすれば、空間です。完全なる漆黒が迫って来ます。知覚することはできませんが、恐ろしい冷たさを心で感知しながら、唯一私たちとこれ……無……を隔てるものは、大天使の盾だけなのです。すでに肉体は纏っていないようで、何も感じられずに、どのようにしてもそれを意識できないまま、自分の考える自己として、ただ存在するだけなのです。

私たちは待ちます。沈黙に知覚があるような感じがして、まるでそれ自体の莫大さと静寂に永遠すら見失われてしまいかねないほどの、巨大な子宮に抱かれたようです。

私たちは待ちます。何を？　だんだん我慢できなくなってきます。私たちはなぜここに？　よもやこの光球からは、何も学ばずじまいなのでしょうか？　そんなことはこれまでなかったのに。

私たちは待ちます。怒りが制御不能な炎のように燃えています。そんな馬鹿な、これでは何も教わっていないではないか。沈黙が憤りを増幅させます。

私たちは待ちます。退屈し始めます。ここですることに何があるというのか、何も見えない、聞こえない、感じない。ビナーの体験は、これでおしまいだとでも。

私たちは待ちます。もしかしたら自分たちで何かすべきなのかも。彼らも、こちらから何かしてくるのを待っているのかもしれません。それとも、待つこと自体が教訓だとしたら？　もしそうなら、なぜこれほど怒りが湧いたり、我慢できなくなるのでしょうか？　答えは、大天使たちが心に触れて来るのに助けられて、乾ききった川床に水が滴り落ちるように、徐々に心にしみ込みます。私たちは時の奴隷なのです。ここでは、時はまだ存在していません。自分たちにある時の経過する感覚が、気を動転させるのです。時がなければ、「待つこと」の概念すら理解できません。時、沈黙、理解、受容、それらこそがビナーの教訓であり、体験なのです。

私たちは存在します。ビナーの永遠の無に抱かれて、自分たちをただ存在させます。私たちはまだ生まれてさえいません。それどころか、生まれるのは何百万年も先です。あるいは、何百万回もの人生を生きてきました。どちらの見解も正しいのです。漂うままに、自己や一時的な存在に縛りつけようとする何物をも捨て去るのです。沈黙と闇を通して、温かさ、愛、柔らかさ、食物、心地良さなど、あらゆる細い蔓が伸びて来るだけでなく、そこには力もやって来ます。阻むものがなく、愛する者が苦しんでいる時には、苦しみを止めるために動くことなく、立って見守れる力。なぜなら、力は苦しみも必要だと知っているからです。果てしない母の胸に抱かれる感覚は心地よさと安心をもたらしますが、そこにはあの恐ろしい力も存在するのです。愛と苦痛、心地良さと悲しみは、それぞれがお互いの一部なのです。地球上では、ページをめくってやり過ごしたり、目を逸らしたり、認めなかったりして、心から苦しみを退けることもできるでしょう。しかしこの理解は、それ自体に私たちを緊密に内包しているので、決して目を逸らせはしません。どんなにひどいことに見えても、どんなに痛みが深くても、どんなに長く苦しめられようとも、それは立って、立って裁判が終わるまで待つと、それから虐げられたものを元通りに立ち直らせるのです。「スタバト・マーテル（悲しみの聖母）」は待ちます。

形なきものに等しく広漠で、時よりも古い密儀伝統の表面に触れたことを、朧げにですが悟ります。しかしその接触こそが、学び取れる最高の教訓の一つなのです。私たちは束の間、時と空間から自由になりました。今では永遠に漂って、夢見ながら、自己を「大いなる母」の子宮の中で再生させて、かつてあなた自身の母の胎内で育ったように育ちます。ただ、今や私たちは星の子供たちなのです。

光の一点が闇に広がると、この魂の創世記から共にいる三人の存在の助けを借りて、顕現の子宮の開口部へと優しく促されて進みます。一瞬、安全で暖かな居場所を離れるのに不安を覚えますが、慣れない重力の感覚が生じて、それから光へと押し出されています。ミカエル、ガブリエル、サンダルフォンとの絆は断ち切られます。しかし必要とあれば、存在の起源に戻って来て良いのです。音は自らを聞こえるようにして肉体に感覚が戻って、自分たちの世界で物質の目を開いたら、それをごく一瞬だけ、天の目を通して見ます。私たちは内面の次元を通り抜けて、物質のレベルに帰って来ました。寛いでもう一度肉体の感覚を楽しんだら、ゆっくりと現実に目覚めます。

コクマーの体験

【註】ここは生命の木の最後から二番目の光球です。その美徳は〈叡智〉にあります。しかしこのレベルの叡智は、ホドのレベルでの叡智とは別物です。ここコクマーはもう生命の木の第一のセフィラーの一歩手前ですから、叡智とは究極の簡素さを意味します。実在よりもむしろ潜在的です。しかしこれは影響が弱いことではありませんし、それ以上に人類は今や非常に複雑な存在となっていますから、この尺度での簡素さには困惑するばかりになりかねません。こういうところでのパスワーキングを文字通り単純なものと受け止めて、「大いなる旅路」であるとは考えもしないでいると、心をその基本に立ち帰らされるような結果をもたらすことでしょう。そのような基本と取り組むのは、うんざりするほど厄介にもなるのです。

神殿の灯が現れると、サンダルフォンが右手側の扉をすでに開けているのが見えます。やや厳かな表情で、身につけているものをサンダルまですっかり脱ぐように、といいます。今から旅する先へは、出て来た時と同じように、何も纏わずに行くのです。

＊　＊　＊

緑色の光の中に入ったらそっとネツァクの領域まで運ばれて、今やすっかり見慣れた銅の扉がゆっくり開くと、ハニエルとエロヒム二体が私たちを迎えるために待っています。永遠の灯が灯る、透明な貝殻の載った翡翠の祭壇を通り過ぎて、ハニエルが扉を開けるのを待ちます。エロヒムにつき添われて、ケセドへの螺旋階段を昇るのです。着々と昇り始めると、無言の二体が後を追います。

ケセドの水晶の扉が壁の松明を反射しています。その光でもって、踊り輝く青い炎の扉に見えるのです。私たちが近づくと開いて、敷居にはツァドキエルが立っています。エロヒムは大天使にお辞儀をして私たちを彼に引き渡すと、ネツァクへの階段を降りて戻ります。私たちとツァドキエルには昇り階段が続きます。

少し息切れしているのは階段を昇るせいではなくて、今入りつつある生命の木のレベルが原因です。それでも、自分たちはこれからも安全で、この道を旅する権利を得ているのだ、と知っています。進む道が突然暗くなります。松明はもうなくなって、仄暗く柔らかい星の光が、どこか先の方から降り注いでいるだけなのです。

前を歩いていたツァドキエルが止まると、傍に寄って立ちます。そこに地球のストーンヘンジに似ている古代の石のアーチが見えます。その先が見えないので大天使に質問を始めますが、彼は私たちの唇に指を当てると、階段を降りて行ってしまいます。私たちだけで進まなくてはなりません。一歩進んでアーチをくぐると、そこは草に覆われた平原で、空気は澄んで、凍りつくような寒さです。暁が近いかのように静かに待機している雰囲気ですが、空はまだ真っ黒です。私たちの知るのとは違う北極星が北を巡っていて、星座は見慣れないものばかりです。私たちが知っている地球に存在する北極星の前に、たくさんの北極星が来ては去っているのです。草は四方八方から伸びていますが、どれもこの時にまさしくこの目的のために星が集められたような、この場所で終わっています。目の前には、粗く削りだされた石を並べた円環があります。石は全部で十二基、その中央に他より高いもう一基があります。石は、それ自体を銀色で覆う、星の光に触れようとするかのように立ち上がっています。それぞれの石の前に、灰色の頭巾と外套を纏う影が立っています。中央の石の前に立つのは、後ろの石と同じくらい背の高い、驚くべき威厳を持った者です。彼の頭の周りで動きがあって、初めは鳥かと思いますが、急降下して飛びかかるような様子を見たら、光の円盤です。色は鳩のような灰色ですが、地球の鳥の羽色にはない、鮮やかに光る斑点が少し入っています。

一番近い石まで歩いて行きますが、それでも影は身動きしません。後ろの石には「牡羊座」のヒエログリフが刻まれています。ゆっくりと巡って見て、それぞれの星座が順番通りに刻まれているのを確かめると、少しの間自分の星座のところで止まって、物言わぬ星座の君主と交流します。もし知っているなら、上昇宮のところで止まっても良いのです。次に来る時までに詳しい情報を得ておけば、出生図の惑星の君主たちとも交流できます。そうすれば自分たちの出生図に関する、多くの新たな認識がもたらされるでしょう。それから沈黙の命令に従って、偉大なる星座の中央に向かいます。

ラツィエルが手にする光を受けて輝く力の棒を掲げると、稲妻が夜空からモノリスに落ちて、鐘のような音を鳴らします。すると周囲の石からも、まるで地中深くにがっちり固定されている、巨大な機械が共鳴して唸るような振動が起きます。それに応える一オクターブ上の振動が、星座の君主たちから聴こえてきます。外側の石から光の筋が中央に向けて差し込んで、銀の輻を持つ巨大な車輪のような形になります。ラツィエルが深く息を吐くと、最後の三番目のオクターブの音が巨大な石から呼び出されます。石は光り始めて、足元の草を震わせたり揺らしたりすると、ゆっくりと回り出して、回りながら持ち上がっていきます。宇宙の闇に映える銀の車輪のように、私たちは荘厳に回転します。マツロトが「創造の踊り」での役割に就いているのです。

私たちの脆弱な人間性では、この生ける象徴の側に長く留まることはできません。帰る時です。ラツィエルの頭くらいの高さの位置についたオファニムが、私たちに向けて急襲するように飛んできます。美しい天使の輪は考えていたよりずっと大きく、地面のすぐ近くに浮いています。大天使の沈黙の命令が内面の耳に聞こえます。命令に従って一人ずつ輪の一つに踏み込めば、それは私たちを回転する輪から持ち上げて、星の光で照らされた闇を通り抜けると、コクマーの石のアーチに帰してくれます。そこではツァドキエルが、色を変えながら輝く輪から私たちを降ろすのを助けようと待っているのです。輪は浮き上がって沈み込む敬礼をしてから、ラツィエルの側へ戻ります。車輪はもうほとんど見えなくなって、ついには宇宙の計り知れない遠くへ消えて行きます。

ツァドキエルと一緒に螺旋階段を降りながら、体験したばかりのことを強く心に刻みます。ケセドの入り口で大天使は別れを告げて、待っているエロヒムに私たちを引き渡します。降り始めれば終わりがないほどに感じられますが、私たちの連れが手を取ってくれると、彼らの力が寒い日の温かい葡萄酒のように流れ込んで、ネツァクの神殿に辿り着くのです。

ハニエルが、以前もここで飲んだことのある、琥珀の液体の入った杯を持って挨拶しに来ます。これを飲むと落ち着いて元気づけられて、間もなくマルクトまでの、最後の下降への準備が整うのを感じます。ハニエルとエロヒムに感謝して目的地まで降りる光の筋に入ります。マルクトに到着するころには完全に回復して、出来事のすべてをサンダルフォンと分かち合いたくてたまらなくなっています。

アシムが神殿にいて、火花のように私たちの頭の周りを飛び交って、彼らも私たちのように喜んでいること、次は生命の木の最後の旅に向かうことを知らせてくれます。最後とは、これらの小径が、いつでも自分たちの必要や願望に応じて旅をしていい場所に初めてなることを意味します。生命の木を自分たちのものにするのです。私たちの中に根を張って、高く強く育っています。

マルクトにも生命の木の他のどの神殿にも自分たちの居場所を持つ権利を得たと確信して、遑《いとま》を告げます。生命の木方式で理解し合うことを学んでいるので、内面の振動に自分たちの感謝を響かせます。アシムは大天使の周りで群れて、私たちが最後に目にしたのは、火花で彩られた大天使の穏やかな顔です。

ケテルの体験

【註】賢者の言葉はしばしば慣用句の中に見出せます。いったいどれだけ「光を見た」、「夜明けが来た」などの表現を耳にすることでしょう。それまで誤解されていた何かが、遂に完全に明らかになることを示すのに用いられます。最も低いレベルでケテルのことを考えるとしたら、これが一番簡単で、どういう形であれどうにか対処することが期待できる唯一の捉え方です。ケテルにまつわる何事も、能動的に何かするより、観想の形で理解に努めるのが最善でしょう。瞑想と観想はかなり違うものです。前者はいくつかのやり方で、異なる姿勢でもって行われます。光の侍従（ＳＯＬ）の学舎で教わるように能動的になることもありますし、そのすべてではありませんが、東洋系の学舎では受動的になります。著者の知る観想についての一番的確な記述は、ガレス・ナイトのものです。「瞑想が、明かりを暗くした部屋で雑音や邪魔の入らぬようにして行う

のが最も効果的なのに対し、観想は裏庭でビールと煙草をお供に行うのが、最善の結果を引き起こし得る」そうです。まさしく、観想にはよりリラックスした雰囲気が必要とされると記しています。私の父が健康上の理由で禁煙を余儀なくされるまでは、夏の夜の極上の喜びといえば、庭で腰かけながら、「神様と一服する」ことでした。父はこの全能の神との穏やかで長閑《のどか》な会話から多くを得ていました。二人は気が合い、多くの難問が一日の最後の一本によって解決したものでした。恐らくは、創造主と問題を共有するという考え方によって、心が和らぎ明瞭になったのでしょう。私も以下のページで、ケテルと存在を分かち合ってその一部となるような感情を作り出したいと願っています。

＊　＊　＊

神殿は花々で満ちていて、その芳香と種類の多さに圧倒されそうです。サンダルフォンと一緒にいるのは、四大の元素霊の王とアシムです。王たちが私たちに、金糸の紐で締める簡素な白いローブを纏わせて、ギリシア十字を首に提げさせてくれると、最後の旅に赴く準備が整います。自分たちだけのためだけに旅するのではありません。まだこれらの小径の旅ができない人たちみんなのためでもあるのです。そして動物、植物、鉱物の王国のためにも、大使として、またより若年の同胞団の一員たる密儀参入者として旅するのです。

サンダルフォンが印を刻むと森に向かう小径へと扉が開いて……中で待ち構えているのは、立派な黒い牡牛です。向き直って来て、私たちが近づくと鼻を鳴らして、歩き過ぎるとその後ろに並びます。流れの速い川が行く手を横切るように曲がり込むところに石橋が架かっています。土手にはガブリエルとケルビムが立って、大天使が私たちに先に進むよう指し示すと、彼らは私たちの進歩に優しい誇りを目に映しながら、川を渡るのを見守ります。

道はでこぼこの土地に通じます。左側は見慣れた山岳地で、二人の姿が視界に入って来ます。一人はミカエルで、満面の笑みを浮かべています。もう一人はとても背が高くがっちりして、裸で髭を生やして、体側に長い傷跡が残ります。その腕で羽を休めるのは鷲で、プロメテウスは自由の身です。この前彼と出会った時よりも私たちの見方が明瞭になっているので、今では彼が、洪水の前に地球を歩いた偉大な者の一人だとわかります。龍の赤ん坊がミカエルの足下で遊び回っていると、彼は屈んで、鱗の生えた耳の後ろを掻いてやります。鷲は飛んで一緒に旅しようと、翼を広げます。

小径が海岸に沿って右に曲がると、暁の空の下の水際で待っているのは、金色の鬣《たてがみ》の獅子を側に従えたハニエルです。波間からはアプロディテが人類の祖先がしたように出現します。彼女は、私たちがこれから後から来る者たちを見守るのと同様に、人類の幼年時代を見守ったエロヒムを代表します。一休みして考えてみましょう。私たちが出現した時は、どちらかといえばアシムに近い、生命の火花に過ぎませんでした。そこから美しい物質的な形と素晴らしい精神力を持つものに進化しましたが、残念なことに、堕天使のようにしばしばそれらを乱用してきました。それでもなお、神の息子たち、娘たちと名づけられて、そう認められている、生まれながらの「ベニ・エロヒム」なのです。いずれ異なる生命の波の運命を導くのが任務となる時が来て、その時はもしかしたらエロヒムと呼ばれて、自分たちの形に創造するのかもしれません。しかし、自分たちが「顕現の王冠」に向けて上方に進化する鎖の環に過ぎないとも知ることになるでしょう。

獅子はハニエルの側を離れると後ろを歩く牡牛に合流して、私たちが旅を続けると、鷲は上空で緩やかな円を描いて飛んでいます。日が昇って、海辺を離れたら丘を越えて、鳥の歌で活気づいた森に通じる小径を登りますか。古代の楢の横にはラファエルと一緒に王たちがいます。王たちは初めて、敬意を示す仕草として、頭を前傾させます。まだ私たちの前で膝を屈めようとはしませんが、ことによれば、いつの日にか、人間は「四大元素の摂政」として戴冠するのかもしれません。

森を抜ける小径はひんやりと心地良くて、その先は両側に野原と山がある、広くまっすぐ開ける道に通じます。道端に戦車が待っていて、馬の側にはカマエルが立ち、彼の兜は日光を受けて光っています。炎に包まれているようでもあるのがはっきり見えて来ると、それは彼の上と後ろにいる、身を捩った龍の形だとわかって、ミカエルの足元で遊んでいた龍の赤ん坊を思い出させます。完全に成長した彼らはセラフィム、勇気と力と知識を与える者となりますが、私たちの民話では、人類によって退治される彼らの話だらけです……。

旅を続けます。上空では鷲が、視界から消えるまで高く太陽に向けて飛び立ったかと思うと、私たちの周りを巡る、激しく輝く光の点々を従えて戻って来ます。目の前の道に立つのはツァドキエルです。彼のローブの蒼さは、頭上に広がる空と調和しています。カシュマリムが周りに集まろうと、彼目がけて疾駆します。そして光のマントで彼を包んだら、それが輝いて溶けて、道には何もなくなるのです。

日が沈むと、間もなく、紫色の薄暮の中、星空の下で旅を続けます。獅子と牡牛と鷲がすぐ近くにいるのは、ここでは私たちが彼らの領域に入るからです。前には白い石の小さな半球状の建物があって、その戸口と道は直結しています。入って行くと空なのに、何だか特定できないものでいっぱいです。私たちの周りに聖獣が群れていて、そして初めて、獅子と牡牛が翼を得た姿になります。しかし確かに一種類欠けています。人間はどこでしょう? それに続く沈黙の中で、私たちはダアトの密儀伝統の一つを学びます……私たちこそが、欠けている要素なのです。獅子は私たちの心臓中枢に入る炎となり、心臓を愛で満たします。牡牛は地に溶けたら私たちの足の下から登り出て、忍耐と不動の信念の贈り物で満たすのです。鷲は羽毛を毟ると、柔らかい雨にして降らせて、明瞭な視覚と理解の世界への洗礼を施してくれます。

空の部屋が溶けて消えると、ツァドキエルとラツィエルが両側から現れます。私たちは宇宙の端に立っています。目の前には、本で見るずっと遠くの銀河系の写真のような、回転する光の輪。ゆっくりと回転して、私たちを中に招き入れて、生命の木全体と一つになります。愛情あふれる腕が支えると、光が落ち着かせて祝福してくれて、私たちは休みます。

これまで知らなかったほどの規模の知識と理解が、心と精神に流れ込みます。それを意識的に、はっきりと悟るのに苦労はいりません、これまでもずっと自分たちの一部だったのを、今まで知らなかっただけなのですから。今までの小径を歩んで光球を通る旅で巡り合ったみんなが心に触れる感触を確かめながら、緩やかに回転します。今では私たちの中のみんなの存在を、とてもいい表せなければ、いい表す必要もない苦楽として、より高次のレベルで感じて、知っています。私たちはずっとお互いの一部なのです。彼らが常に目にしたことのある形態でいるとは限りません。しかし私たちは彼らを、人類のあらゆる伝統や信仰を通じて知ることになるのです。ヒンドゥーの神々の中で、シャーマンの夢の中で、賢人のクラフトの中で、ホピ族のカチーナの中で、知るでしょう。丘の上の典礼や祭式、マサイ族の闘士の踊り、ドルイドの荘厳な行列でも知るでしょう。古代の忘れ去られた信仰を探って見つけ出すこともあります。現代人の新しくまだ試されたことのないやり方の中にも、今も、これからも常に存在するのです。私たちは螺旋のさらに深くに沈みます。

何の境界もありません。私たちはあらゆる考え、感覚、何もかも解き放って、ただ存在します。光の胎内に漂って、男または女として出現した、原始の地球の形にまで遡る祖先から構成される臍帯によって、この存在と結ばれています。こうして過去と繋がって、未来に思いを巡らせながら、私たちの銀河系に回旋して入って、常に誕生、あるいは死の瞬間にあり、どの存在の瞬間にも新しさがしみ渡っているのです。

私たちは夢見て、そして、出生図を回転させるマツロトと、時の存在の無を理解する術を学んだ、宇宙の永遠を思い起こします。あの母体と、完璧な姿に組み上げようとして苦心して失敗した水晶の型を思い出します。記憶の中で、天秤から自由になるための質問に再び答えて、男の子と犬と一緒に血も凍る穀物畑を歩いていきます。精神力で作った葉や、決して暗くならない灯火、夢の池から浮上する際のケルビムの目を、もう一度見ます。王たちと宇宙に立って、私たちが持って、使って、愛して、完全なる栄光へ導くようにと託された贈り物である青緑色の宝石、地球を見下ろします。

まったく平和な永遠の時、夏の朝に、深い眠りから覚めた瞬間のような気分です。もう螺旋の中ではなくて、空っぽのマルクトの神殿にいます。初めて見た時のことを思い出しながら、周りを見回します。ここは私たちの場所、心の中の神殿は、何者も触れたり取り上げたりできません。これから先、何年分もの力が在って、ここで精神や心の内を顕します。空の部屋ですが、私たちがいればもはや空ではありません。人類の戴冠への王道が、ここから始まるのです。

祭壇には黄金の王冠が載っていますが、本物の王冠ではなくて、その約束です。鍵もあります。私たちがまだ見つけていない、隠された扉の鍵です。旅する小径はまだあります。旅は終わりません。

最後に

私が初めて生命の木を訪れたのは何年も前のことで、以来何度も小径を歩んで、探し求めて、苦労の末、ついに隠された小径をも見つけ出し、旅しました。ですから旅がもたらしてくれる喜びも、不用意に旅してしまった時の辛さも、良く知っています。

西洋の密儀伝統の基本形は「探求」のそれです。強い呼びかけに従って「心の聖杯」を探し求め、丘や谷を越えて旅するもので、多くは折り返し点の手前で挫折します。しかしこの旅で最も重要なのは、オカルト用語でいう「帰還」なのです。探求を遂げたらちゃんと戻って来て、自分の旅した道を次の者が引き継げるよう訓練しなくてはなりません。これはどの志願者に対しても課せられる必須の要求であり、縛られる約束事なのです。自分の初期段階の訓練を振り返ってみても、生命の木の小径の手引きがあったらどんなにいいかと思ったことが何度もありました。もしかして手引きを用意するのは自分の役目ではないかとようやく気づいたのは、自分の探求がある程度達成されてからでした。本書で、その課題を適切に果たせていればと願っています。

本書のパスワーキング全体を通じて、「私たち」という言葉を使っているのにお気づきと思います。意図的にそうしたのは、誰にもたった一人で旅しているような気分を味わわせたくなくて、友達や仲間が行く先を照らしてくれているのを感じて欲しかったからです。オカルトの知識のある方なら、私が何をしたか、なぜそうしたか理解できるでしょう。最後の一文がいっていること、旅は決して終わりはしない、を信じてください。ビルボの歌のように、「道は続くよ、どこまでも」なのですから。

付録

四十二人の陪審員の審問

1 汝が纏う身体に十分気を配って来たか？
2 汝に割り当てられた時を満ち足りて生きたか？
3 汝の肉体と精神の穢れを取り去ったか？
4 汝の肉体だけでなく心もともに愛し合ったか？
5 汝に禁じられた知識を持ったか？
6 汝は剣あるいは糸車のみに従ったか？
7 汝の若き兄弟の身体を大切にしたか？
8 汝は盗みを働いたか？
9 汝は過剰に食物や飲料を摂ったか？
10 汝は殺生を行ったか？
11 汝は怒りによって不当な発言をしたか？
12 汝は他人の所有物を羨望の目で見たか？
13 汝は嫉妬を覚えたか？
14 汝は怒りに任せて男あるいは女の悪口をいったか？

15 汝は労働に勤《いそ》しんだか？
16 汝は密儀伝統を冒瀆したか？
17 汝は誤った誇りを抱いたか？
18 汝に割り当てられた道から迷い出たか？
19 汝は貴金属を貪欲に求めたか？
20 汝は世俗的になり過ぎたか？
21 汝は市場取引で公正であったか？
22 汝は負債のすべてを速やかに返却したか？
23 汝は恵まれない人に施しをしたか？
24 汝は他から利益を得るために嘘をついたか？
25 汝の舌は他に笑いを起こすために意地悪くなったか？
26 汝は良き友人であったか？
27 汝は誰かを、すべてから排除するほどに嫌ったか？
28 汝の肉体を、反対側から来た霊的存在にあけ渡したか？
29 汝は汝の両親の喜びであったか？
30 汝は光より生じるすべての信仰を尊重したか？
31 汝は神々と共に安らぐ時を過ごしたか？
32 汝は愛によって与えられた叡智を蔑ろにしたか？

33 汝の耳に向けられたのでないものを聞いたか？
34 汝は光の中に生きたか？
35 汝は弱き者の剣となったか？
36 汝は他の命を虜にしたか？
37 汝は自己の鏡と直面したか？
38 汝は他者の言葉を己のものとしたか？
39 汝はあらゆる旅の終わりが始まりであると知ったか？
40 汝は地球の兄弟を思い起こし、野や家の獣として汝に仕える若き兄弟に対して憐れみ深かったか？
41 汝の欲により、人あるいは獣の持つ力を超えて酷使したか？
42 汝が生きたことを喜ぶ者が、この地球上に一人いるか？

小径に対応する象徴

小径	番号	タロット	ヘブライ文字	シンボル
第十一	0	愚者	א	🜁
第十二	1	魔術師	ב	☿
第十三	2	女教皇	ג	☽
第十四	3	女帝	ד	♀
第十五	4	星	ה	♈
第十六	5	教皇	ו	♉
第十七	6	恋人	ז	♊
第十八	7	戦車	ח	♋
第十九	8	力	ט	♌
第二十	9	隠者	י	♍
第二十一	10	運命の輪	כ	♃
第二十二	11	正義	ל	♎
第二十三	12	吊された男	מ	▽
第二十四	13	死神	נ	♏
第二十五	14	節制	ס	♐
第二十六	15	悪魔	ע	♑
第二十七	16	塔	פ	♂
第二十八	17	皇帝	צ	♒
第二十九	18	月	ק	♓
第三十	19	太陽	ר	☉
第三十一	20	審判	ש	△
第三十二	21	世界	ת	♄

生命の木（日本語訳オリジナル）

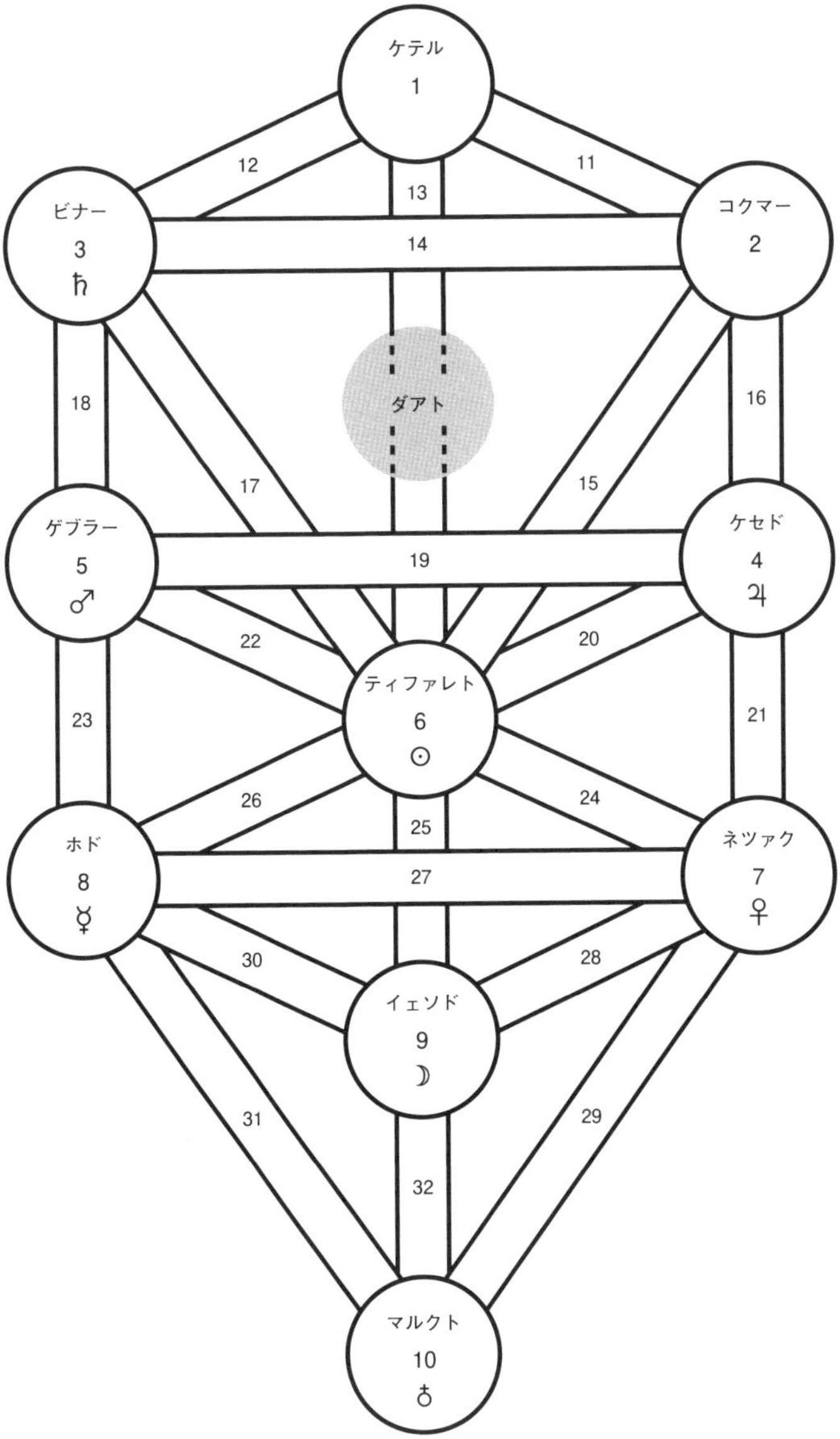

セフィロト

	称号	神名	大天使	天使団	宇宙のチャクラ
1	ケテル	エヘイエー	メタトロン	カイオト・ハ・カデッシュ	ラシット・ハ・ギルガリム
2	コクマー	ヤーまたはイエホヴァ	ラツィエル	オファニム	マツロト
3	ビナー	イエホヴァー・エロヒム	ツァフキエル	アラリム	シャバタイ
4	ケセド	エル	ツァドキエル	カシュマリム	ツァデク
5	ゲブラー	エロヒム・ギボール	カマエル	セラフィム	マディム
6	ティファレト	イェホヴァー・エロア・ヴァ・ダアト	ラファエル	マラキム	シェメッシュ
7	ネツァク	イェホヴァ・ツァバオト	ハニエル	エロヒム	ノーガ
8	ホド	エロヒム・ツァバオト	ミカエル	ベニ・エロヒム	コーカブ
9	イェソド	シャダイ・エル・カイ	ガブリエル	ケルビム	レバナー
10	マルクト	アドナイ・メレク	サンダルフォン	アシム	コーレム・イェソドス

セフィロト——訳語

	表題	神名	大天使	天使の位階	宇宙チャクラ
1	王冠	我有り／我成り	—	聖獣	最初の渦巻き／第一動者
2	知恵	主	—	輪	獣帯（黄道十二宮）の光球
3	理解	主なる神	—	玉座	休息——土星
4	慈悲	強大な神	—	輝ける者	正義——木星
5	峻厳	戦いの神／全能の神	—	炎の蛇	激しい力——火星
6	美	精神の光球に現れる神	—	王たち	太陽光——太陽
7	勝利	万軍の主	—	神々	輝ける壮麗さ——金星
8	栄光	万軍の神	—	神々の息子たち	星の光——水星
9	基盤	全能なる生ける神	—	強さ	月の炎——月
10	王国	主にして王	—	火の魂たち	基盤の破壊者／四大元素——地球

さらなる学習の参考図書

Gareth Knight, *Practical Guide to Qabalistic Symbolism*. 2 Volumes. Weisers.

J. Campbell, *Larrousse Encyclopaedia of Mythology. The Masks Of God*. Souvenir Press.

D. Hofstadter & D. Dennant, *The Mind's I*. Penguin. 1982.

M. Drury, *The Shaman and the Magician*. RKP. 1982.

M. Green, *Practical Techniques of Modern Magic*. Thoth Publications. 1993.

M. Green, *The Path Through the Labyrinth*. Thoth Publications. 1994.

M. Green, *The Gentle Arts of Natural Magic*. Thoth Publications. 1997.

R. Masters, J. Houston, *Mind Games*. Turnstone Press. 1973.

M. Anderson, L. Savary, *Passages*. Turnstone Press. 1977.

訳者あとがき

突然、国書刊行会刊行の魔術書の翻訳をしませんかと、憧れはしても現実には考えてもみなかったお話が舞い込み、不安よりも嬉しさが勝って早速取りかかりました。

『輝ける小径』の著者ドロレス・アッシュクロフト＝ノーウィッキ女史は、英国の最も正統的な魔術結社の一つである光の侍従（ＳＯＬ）の設立者の一人で、現在も世界各地で活躍中です。本書は、彼女の長年にわたる豊富な経験をもとに著した、カバラの生命の木を旅するパスワーキングの指導書です。同じく彼女の著書『魂の旅路』（現代魔術大系第二巻）の姉妹編に相当します。

パスワーキングとは、魂としての自己を心のスクリーンに映し出した一連の状況や光景に投影する、視覚化の実践法です。訓練を積めば五感すべてを駆使しての体験も可能です。

本書の各章は二部構成になっていて、前半では生命の木の小径や光球とそれにまつわる象徴を考察し解説します。後半にはパスワーキングと体験のシナリオが記されています。興味さえあれば初心者でも取り組めると思いますし、物足りなさを感じるくらいの方ならば、著者が記している通りご自身でレベルを調整することができるでしょう。

普通の文章ともワークショップの聞き書きの類とも違う、やや不思議な言葉の流れを翻訳するうちに、いつの間にかその世界に入り込んでいるのです。安全に有意義な経験を積むために、いかに周到に構成、検証された力試しの場面が用意されているのかが伝わってきました。そこで翻訳に際しては、パスワーキングや体験のシナリオでは、音読しながら耳で聞いて光景を視覚化していくのに物事の位置関係や順番がわかりやすいようにするなど、実践的に活用するための工夫を心がけています。同時に、本書を手に取ってくださるみなさまには、決して読むだけに留まらず、ぜひとも「私たち」の仲間となって旅に出て欲しい、という思いが強まりました。

翻訳に当たって、あらゆる面から的確なご指導を賜りました監修者の秋端勉氏、ご尽力いただきました国書刊行会の今野道隆氏に心より感謝いたします。そして翻訳のチャンスをいただいた上、辛抱強く面倒を見てくださった方々に、心の中で最大級の感謝を捧げます。

みなさまの心にも美しいマルクトの神殿が築かれて、天使たちに護られた実り多き旅が始まりますように。

高橋佳代子

［著者］ドロレス・アッシュクロフト＝ノーウィッキ
1929年イギリスに生れる。W・E・バトラーのもとで魔術を学び、魔術結社〈光の侍従（SOL）〉の創立に参加。バトラーの死後は後継者となって指導にあたり、現在も著作・講演等の活動を精力的に続けている。編著書に『エクスタシーの木』『新しい死者の書』『実践的魔術と西洋の秘教的伝統』他。

［訳者］高橋佳代子《たかはしかよこ》
長年魔術に関心を持ちながらも、主に音楽専門誌で活動。訳書：『エリック・クラプトンの軌跡』、マーク・イーガン『メソッド・オブ・モダン・ベーシスト』、マックス・ワインバーグ『The Big Beat』（以上、リットーミュージック）、ピーター・ギュラルニック『ロックに棲むブルース THE ROOTS OF ROCK』（大栄出版）など。

現代魔術大系3
輝《かがや》ける小径《こみち》

2016年12月20日発行
著者――ドロレス・アッシュクロフト＝ノーウィッキ
監修者――秋端勉
訳者――高橋佳代子
発行者――佐藤今朝夫
発行所――株式会社国書刊行会
東京都板橋区志村1-13-15　〒174-0056　tel 03-5970-7421　fax 03-5970-7427
印刷所――三報社印刷株式会社
製本所――株式会社ブックアート
ISBN ――978-4-336-03863-0